KB141116

아름다운 날들

John Stuart Mill
Utilitarianism

밀의
공리주의

존 스튜어트 밀 지음

류지한 옮김

울력

밀의 공리주의

지은이 | 존 스튜어트 밀
옮긴이 | 류지한
펴낸이 | 강동호
펴낸곳 | 도서출판 울력
1판 1쇄 | 2021년 3월 25일
1판 2쇄 | 2024년 2월 29일
등록번호 | 제25100-2002-000004호(2002. 12. 3)
주소 | 서울시 구로구 개봉로23가길 111, 8-402(개봉동)
전화 | 02-2614-4054
팩스 | 0502-500-4055
E-mail | ulyuck@naver.com
정가 | 13,000원

ISBN | 979-11-85136-63-9 03160

차례

옮긴이 서문

이 책은 존 롭슨(John Robson)이 편집한 *The Collected Works of John Stuart Mill*(Toronto University Press, 1972)에 수록된 J. S. 밀의 *Utilitarianism* 4th ed.(London: Longmans, Green, Reader, and Dyer, 1871)을 번역한 것이다. 밀의 *Utilitarianism*은 영문으로 55쪽에 불과한 적은 분량의 책이다. 하지만 밀의 *Utilitarianism*은 공리주의에 대해 논의할 때 가장 자주 그리고 가장 권위 있게 언급되는 저술일 뿐만 아니라, 서양 윤리학사에서 아리스토텔레스의 『니코마코스 윤리학』, 칸트의 『윤리 형이상학 정초』와 함께 3대 고전의 반열에 오른 책이다. 이 세 저작은 각각 현대의 대표적 윤리 이론인 덕 윤리, 의무론, 공리주의의 발원지로서 오늘날까지도 윤리학적 영감의 원천으로 윤리학계에 커다란 영향력을 발휘하고 있다.

밀의 *Utilitarianism*은 공리주의에 대한 오해와 반론에 응답하면서 공리주의에 대한 체계적 정당화를 제공하는 책이다. *Utilitarianism*은 좋음과 옳음의 관계를 해명하고, 결과주의 윤리 이론으로서 공리주의의 특징을 명료하게 밝히는 내용을 포함하고 있다. 아울러 *Utilitarianism*은 공리주의의 경쟁 이론인 직관주의의 한계를 비판하면서도, 정의와 권리를 비롯한 직관주의 상식 도덕의 핵심 도덕 규칙들을 공리의 원리에 의해 정당화함으로써 그것들을 공리주의 체계 내에 포괄하고 있다. 이렇게 관습 도덕과의 조화를 꾀함으로써, 밀은 공리주의에 대한 반감을 완화시키고 공리주의를 의무론과 쌍벽을 이루는 주요한 윤리 이론으로 자리 잡게 하였다.

밀이 *Utilitarianism*을 집필하게 된 주요 동기는 공리주의에 대한 오해를 바로잡고 반론에 답하는 것이었다. 역자가 *Utilitarianism*을 번역한 동기 역시 다르지 않다. 우리 사회에는 맹자가 묵자의 공리주의를 비판한 이래로 오늘날까지 이어지는 공리주의에 대한 뿌리 깊은 오해와 편견이 자리하고 있다. 그것은 공리주의가 이익만을 탐하고 쾌락만을 추구한다는 오해와 편견이다. 이런 오해는 공리주의와 이기주의의 차이를 모호하게 만들고 공리주의를 향락주의로 매도하는 분위기를 초래하였다. 역자는 이런 오해와 편견을 바로 잡고 공리주의에 대한 이해를 제공하는 데 다른 어떤 저작보다도 밀의 『공리주의』가 적합하고 도움이 되는 책이라고 생각한다.

밀의 *Utilitarianism* 번역본은 이미 다수가 존재한다. 그리고 어쩌면 이것은 밀의 *Utilitarianism*이 차지하는 사상사적 비중으로 미루어 볼 때 당연한 일일 것이다. 각각의 번역본은 모두 그 나름의 장점과 단점을 안고 있다. 본 번역서도 마찬가지이다. 번역에 착수하고 출간을 준비하면서 이미 가치 있는 번역서들이 존재하는데 굳이 새로운 번역본을 더해서 혼란을 부추기는 우를 범하는 것은 아닌가 하는 두려움이 있었음을 고백한다. 본 번역서가 기존 번역보다 더 낫다거나 기존 번역의 문제점을 해결하였다고 자신할 수 없는 것도 그 두려움의 또 다른 면일 것이다. 그럼에도 불구하고 새로운 번역본을 내게 된 것은 역자가 그동안 밀의 공리주의를 연구하고 글을 쓰는 과정에서 지녔던 문제의식 때문이다. 그 문제의식이란 다소 읽기 불편하고 투박하더라도 가능한 한 원문에 충실한 번역, 직역에 가까운 번역, 그래서 밀의 논지와 문제의식을 원문에 충실하게 따라가면서 읽을 수 있는 번역이 있었으면 좋겠다는 것과 더불어 『공리주의』의 장과 문단의 번호를 표기해서 쉽게 원문과 대조해 볼 수 있었으면 좋겠다는 것이다. 이 번역서는 그런 문제의식에서 비롯된 것이다.

이 번역본은 역자보다 앞서 밀의 *Utilitarianism* 번역본을 출간한 선학들의 노고에 힘입어 후발자의 이득을 누린 것임을 밝힌다. 일일이 번역자를 거명하지 않더라도 그분들의 노고에 힘입었음을 솔직히 밝히는 것으로 고마움을 대신하고자 한다. 이 번역본이 더 좋은 번역본의 밑거름이 되는 것으로서 선학들에게 진 빚을 갚았으면 좋겠다. 끝으로 이 책의 초역

원고를 함께 읽고 더 좋은 번역을 위해서 노력해 준 한국교원
대학교 윤리교육과 대학원 윤리학 스터디 멤버들에게 고마움
을 전한다.

옮긴이 류지한

공리주의

일러두기

1. 이 책은 존 롭슨(John Robson)이 편집한 *The Collected Works of John Stuart Mill* (Toronto University Press, 1972)에 수록된 J. S. 밀의 *Utilitarianism* 4판(London: Longmans, Green, Reader, and Dyer, 1871)을 번역한 것이다.
2. 이 책은 원서의 체제를 따랐다. 그리고 원문에서 이탤릭체로 표기된 것은 중고딕체로, 대문자로 표기된 것은 굵은 서체로 표기하였다.
3. 이 책은 원문의 단락에 장과 단락 순서를 나타내는 번호를 붙였다. 예로 1.1은 1장의 첫 번째 단락을 의미한다.
4. 본문 중에 작은따옴표는 옮긴이가 붙인 것이다.
5. 주석은 각주로 처리하였다. 원주는 (저자 주)로 표시하였고, 옮긴이의 주는 뒤에 '옮긴이'라고 표시하였다.
6. 본문 중에 [ ] 안의 것은 옮긴이가 내용의 이해를 돕기 위해 붙인 것이다.
7. 이 책은 국립국어원의 표준국어대사전에 올라 있는 용어는 붙여 썼다. 그렇지 않은 것은 띄어쓰기를 원칙으로 하였다.

1.1 우리 인류가 도달한 지식의 상황을 고려할 때, 중요한 주제들 가운데에서 옳고 그름의 기준에 관한 논쟁만큼 진전이 없고 기대에 미치지 못할 뿐만 아니라, 오히려 후진 상태를 보이는 것은 거의 없다. 철학의 여명기부터 **최고선**(*summum bonum*)에 관한 물음, 달리 말해서 도덕의 토대에 관한 물음은 사변적 사유의 중심 문제로 간주되어 왔다. 가장 재능 있는 지성인들이 이 문제를 푸는 데 전념하였지만, 여러 분파와 학파로 나뉘어 서로 치열한 논전을 벌여 왔을 뿐이다. 일찍이 이 문제에 관해서 젊은 소크라테스는 나이 많은 프로타고라스[1]의 말을 경청한 뒤, (플라톤의 대화편『프로타고라스』가 두 사람 간의 실제 대화를 기록한 것이라면) 대중들에게 인기가

1_ 프로타고라스(BC 490/485~415/410)는 고대 그리스 철학자로서 최초의 소피스트이자 가장 대표적인 소피스트이다. 그는 '인간은 만물의 척도'라는 인간 척도론을 통해서 상대주의적인 진리관을 주장하였으며, 참과 거짓의 구별보다는 빈약한 사실을 강한 사실로 만들기 위한 변론술과 수사학의 필요성을 강조하였다. 신의 존재에 관해서도 신이 존재하는지 존재하지 않는지 우리 인간으로서는 결코 알 수 없다는 불가지론을 주장하였다: 옮긴이.

있던 이른바 소피스트의 상식 도덕에 반대하고 공리주의 이론을 주장하였다.[2] 그 후 2,000년 이상이 지났음에도 불구하고 똑같은 논의가 지속되고 있으며, 철학자들은 여전히 여러 학파로 나뉘어 이 논쟁을 계속하고 있다. 이 문제에 관해서 오늘날 사상가들이나 우리 인류가 일치된 합의에 도달할 가능성은 소크라테스 시대보다 높지 않다.

1.2 모든 과학의 제1원리에 관해서도 이와 유사한 혼란과 불확실성이 있으며, 일부 경우에는 이와 유사한 의견의 불일치가 있는 것도 사실이다. 그리고 이런 점에 있어서는 가장 확실한 과학으로 간주되고 있는 수학의 경우도 예외가 아니다. 그러나 이런 사실이 과학 분야에서는 결론의 신뢰성을 그다지 손상시키지 않으며, 일반적으로는 실제로 전혀 손상시키지 않는다. 이것은 얼핏 이상하게 들리지만 그럴 만한 이유가 있다. 그 이유는 과학의 세부 이론은 보통 그 분야의 제1원리로부터 연역되지 않으며, 그 이론을 지지하는 증거도 제1원리에 의존하지 않는다. 그렇지 않다면 대수학보다 더 불확실하고 불충분한 결론을 이끌어 내는 과학도 없을 것이다. 학생들이 보통 대수학의 기초라고 배우는 것에는 그 어떤 확

2_ 플라톤의 대화편 『프로타고라스』에서 소크라테스는 쾌락주의를 옹호하는 논변을 전개한다. 소크라테스의 논의에 따르면 '쾌락은 그 자체만을 놓고 보면 본질적으로 좋고, 고통도 그 자체만으로는 본질적으로 나쁘다.' 그러나 쾌락 자체는 좋은 것이지만 때때로 그 결과는 나쁠 수 있으며, 고통 자체는 나쁜 것이지만 더 큰 쾌락을 낳거나 더 큰 고통을 방지할 경우에는 좋은 것일 수 있다고 주장한다. 밀은 『프로타고라스』에서의 소크라테스의 쾌락주의 논변을 통해서 공리주의 이론이 고대 그리스까지 거슬러 올라갈 수 있음을 보여 준다: 옮긴이.

실성도 없다. 왜냐하면 대수학의 가장 대표적인 학자들이 정립한 이 대수학의 기초는 영국 법만큼이나 허구로 가득 차 있고, 신학만큼이나 신비로 충만하기 때문이다. 어떤 한 과학 분야에서 제1원리로서 궁극적으로 받아들여지는 진리는 사실 그 과학 분야에서 잘 알려진 기본 개념들에 대한 형이상학적 분석의 최종 결과물이다. 진리와 과학의 이런 관계는 토대와 건물의 관계가 아니라, 굳이 파헤쳐서 햇빛에 노출시키지 않더라도 제 기능을 잘 수행하는 뿌리와 나무의 관계이다. 그러나 과학에서는 특수한 진리가 먼저 발견되고 이를 바탕으로 일반 이론이 정립되지만, 도덕이나 입법 같은 실천적 기술(practical art)[3]에서는 반대로 일반 이론이 특수한 진리에 선행한다. 모든 행동은 어떤 목적을 달성하기 위한 것이다. 그래

3_ 밀은 그의 저서 『논리의 체계』에서 과학과 기술(art)을 구분한다. 과학의 명제는 어떤 사실의 문제를 주장하는 데 비해서 실천적 기술의 명제는 무엇이 존재한다는 사실을 주장하는 것이 아니라 무엇이 존재해야 하는가에 관해 명령하거나 권장한다. 전자는 '이다' 또는 '일 것이다'라는 술어로 표현되는 데 비해서 후자는 '해야 한다' 또는 '해야 할 것이다'라는 술어로 표현된다. 목적과 수단을 연결하는 추리는 과학의 영역에 속하지만 목적 자체의 정의는 전적으로 기술에 속한다. 이런 구분에 따라 밀은 실천이성이 적용되는 삶의 기술(Art of Life)을 '도덕,' '타산' 또는 '방책(policy),' 그리고 '심미(aesthetics)' 이렇게 세 영역으로 구분한다. 그리고 각각의 영역을 옳은 것, 편의적인 것, 아름다운 것 또는 고귀한 것에 관련짓는다. 이 모든 기술은 하나의 제1원리를 가지는데, 이 제1원리는 각각의 기술이 추구하는 목표를 명확히 밝히고 그것이 바람직한 목표임을 확인해 준다. 밀은 이 제1원리를 '행동의 제1원리,' '목적론의 궁극적 원리,' '목적론의 일반 원리' 또는 '실천이성의 원리'라고 부르며, '행복의 증진,' '최대행복의 원리,' '공리의 원리'가 바로 그것이라고 말한다. Mill, John Stuart(1972), *The Collected Works of John Stuart Mill*, Vol. VIII, eds., John Robson (Toronto Univ. Press), pp. 949-50: 옮긴이.

서 행동의 규칙들의 전체적인 성격과 특징은 그것들이 추구하는 목적에 의해서 정해질 수밖에 없다. 우리가 무엇인가를 추구할 때, 우리가 추구하고 있는 것에 관해 분명하고 정확한 개념을 가지는 것은 우리가 기대하는 마지막 것이 아니라 우리가 필요로 하는 첫 번째 것이다. 옳고 그름을 검사하는 것은 무엇이 옳고 그른지를 확인하기 위한 수단이어야 하지, 이미 확인된 옳고 그름을 적용하여 도출하는 결과는 아니다.

1.3 이런 어려움은 우리에게 옳고 그름을 알려 주는 감각이나 본능 같은 자연적 능력이 있다는 대중적 이론에 호소한다고 해서 피할 수 있는 것이 아니다. 왜냐하면 ─ 그런 도덕적 본능의 존재 여부 자체가 하나의 논란거리일 뿐만 아니라 ─ 그런 도덕적 본능을 믿는 사람들이라고 하더라도 철학적 소양을 가지고 있다고 자처하는 사람이라면, 시각이나 청각 같은 우리의 외적 감각들이 실제로 주어지는 빛과 소리를 구별하는 것처럼 도덕적 본능 또는 도덕적 감각(도덕감)이 특수한 경우마다 옳고 그른 것을 구별할 수 있다는 생각을 포기하지 않을 수 없기 때문이다. 그나마 사상가라고 불릴 만한 자격이 있는 사람들의 해석에 따르면 우리의 도덕적 능력은 단지 도덕 판단의 일반적 원리들만을 제공할 뿐이다. [선천적인] 도덕적 능력은 우리의 감각적 능력이 아니라 이성 능력의 일부이다. 그것은 구체적 사례들에서 도덕성을 지각하기 위한 것이 아니라 추상적인 도덕 이론을 정립하기 위한 것이다.[4] 직

4_ 도덕감 이론(moral sense theory)은 영국의 섀프츠베리(Anthony Ashley Cooper, the third Earl of Shaftesbury)와 허치슨(Francis Hutcheson)이 주장

관주의 윤리학파도 귀납주의 윤리학파 못지않게 일반적 법칙의 필요성을 강조한다. 두 학파 모두 개별적 행위의 도덕성에 대한 판단은 직접적인 지각의 문제가 아니라 법칙을 개별적인 사례에 적용하는 문제라는 것에 동의한다. 그들은 또한 상당 부분 동일한 도덕법칙들을 인정한다. 그러나 그들은 그런 법칙들의 증거와 그 법칙들의 권위의 원천에 관해서 의견을 달리할 뿐이다. 직관주의자들의 견해에 의하면 도덕원리들은 **선험적**으로 명백하다. 그래서 사람들이 그런 원리에 동의하기 위해서는 그 용어의 의미만 이해하면 되고 그 밖의 다른 것은 필요 없다. 이에 반해 귀납주의자들의 견해에 따르면, 참과 거짓을 밝히는 것이 관찰과 실험의 문제인 것과 마찬가지로 옳고 그름을 밝히는 것 역시 관찰과 실험의 문제이다. 하지만 두 학파 모두 도덕은 일반적 원리들로부터 연역되어야 한다고 주장하며, 직관주의 학파도 귀납주의 학파만큼이나 도덕 과학(science of morals)의 존재를 확신한다. 그러나 그들은[즉, 직관주의자들은] 도덕 과학의 전제들로 사용되는 **선험적**

한 이론으로서 우리 인간은 자연적인 도덕적 능력인 도덕 감각을 지니고 있다고 주장한다. 도덕 감각은 외적 감각에 비견되는 일종의 내적 감각으로서, 외적 감각이 마치 사물을 지각하듯, 내적 감각인 도덕 감각은 즉각적으로 시비선악을 지각할 수 있다고 주장한다. 이들의 이론은 흄(D. Hume)과 스미스(Adam Smith)의 도덕 감정 이론에 영향을 주었으며, 허치슨이 처음 사용한 '최대 다수의 최대 행복'이라는 문구는 이후 공리주의의 슬로건이 되었다. 도덕감 이론은 즉각적이고, 직접적이며, 비추론적인 도덕적 인식을 주장하는 점에서 일종의 지각적 직관주의(perceptual intuitionism)에 해당한다. 밀은 지각적 직관주의를 거부하고, 만약 도덕감이라는 것이 있다면, 그것은 감각 능력이 아니라 자명한 도덕원리를 파악하는 일종의 이성 능력일 것이라고 주장한다: 옮긴이.

원리들의 목록을 만들려는 시도를 거의 하지 않을 뿐만 아니라, 그런 다양한 원리들을 하나의 제1원리나 의무의 공통 근거로 환원하려는 시도는 아예 하지 않는다. 그들은 보통의 도덕적 계율들을 **선험적인** 권위를 가진 것으로 가정하거나 아니면 그런 준칙들의 공통적인 기초로서 일반적 원리를 제시한다. 그런데 이 일반적 원리는 그런 준칙들 자체보다 훨씬 권위가 없고, 그래서 결코 대중적으로 수용된 적이 없다. 그러나 그들의 주장들[5]을 뒷받침하기 위해서는 모든 도덕의 기초가 되는 하나의 근본 원리나 근본 법칙이 있어야 한다. 또는 만약 그 원리나 법칙이 여럿이라면 그런 다양한 도덕원리들 사이에 확고한 우선순위가 있어야 한다. 그리고 그 하나의 원리는 자명해야 한다. 또는 [원리가 하나가 아니라 여럿이라면] 다양한 원리들이 상충할 때 그것들 간에 우선순위를 결정하는 규칙은 자명해야 한다.[6]

5_ 개별적 행위의 도덕성에 대한 판단은 직접적인 지각의 문제가 아니라 법칙을 개별적인 사례에 적용하는 문제라는 주장, 도덕은 일반적 원리들로부터 연역되어야 한다는 주장, 도덕 과학이 존재한다는 주장 등의 주장들: 옮긴이.

6_ 직관주의 학파는 인간이 자연적인 도덕적 인식 능력인 '도덕적 직관'을 지니고 있다고 보며, 이 직관 능력을 활용하여 즉각적·직접적·비추론적으로 시비·선악·정사에 대한 도덕적 인식을 할 수 있다고 본다. 직관주의 학파는 이 직관 능력을 일종의 감각 능력으로 보느냐 이성 능력으로 보느냐에 따라 '지각적 직관주의'와 '원리 직관주의' ― 후에 H. 시지윅은 원리 직관주의를 '독단적 직관주의'와 '철학적 직관주의'로 다시 구분한다 ― 로 구분되는데, 지각적 직관주의는 도덕감이 마치 감각 지각처럼 인식을 한다고 보는 데 반해서 원리 직관주의는 이성 능력인 도덕적 직관이 마치 수학적 이성처럼 선험적으로 자명한 도덕원리들을 인식할 수 있다고 주장한다. 밀은 이 두 직관주의를 모두 거부한다. 먼저, 지각적 직관주의자들이 주장하는 바와 같은 도덕감은 존재하지 않으며, 원리 직관주의자들은 아무런 증거도

1.4 이러한 결점이 실제로 얼마나 큰 악영향을 끼쳤는지 또는 인류가 궁극적 기준에 대한 명확한 인식이 없었던 탓에 인류의 도덕적 신념이 얼마나 결함 있고 불확실하게 만들어졌는지를 살펴보기 위해서는, 과거와 현재의 윤리 이론들에 대한 철저한 검토와 비판이 필요할 것이다. 그러나 인류의 도덕적 신념들이 어느 정도의 안정성이나 일관성을 유지해 왔다면, 그것은 주로 공식적으로 수용되지 않은 어떤 기준이 [즉, 공리의 원리가] 암묵적으로 영향을 미쳤기 때문이다. 이것을 보여 주는 것은 쉽다. 공인된 제1원리가 없다 보니 윤리학은 지금까지 인간의 실제적 감정을 지도하기보다는 그런 감정을 신성화하는 역할을 해 왔다. 그러나 인간의 감정들은, 즉 인간의 애호와 혐오의 감정들은 모두 인간의 행복에 영향을 미친다고 생각되는 것들에 크게 영향을 받는다. 그렇기 때문에 '공리의 원리(the principle of utility)' 혹은 벤담[7]의 표현대

제시하지 않으면서 그저 선험적으로 자명한 도덕원리의 존재를 주장할 뿐이라고 비판한다. 더욱이 그들은 자명한 도덕원리의 목록이나 제1원리를 제시하려고 하지 않는다. 그래서 다양한 도덕원리들 간의 상충을 해결할 하나의 원리를 제공하지 못한다. 밀은 이렇게 직관주의를 거부하고, 실험과 관찰에 기초해서 제1원리를 제시하고자 하는 귀납주의를 그 대안으로 제시한다: 옮긴이.

7_ 벤담(Jeremy Bentham: 1748~1832)은 1780년에 『도덕과 입법의 원리에 관한 서론(*Introduction to the Principles of Morals and Legislation*)』을 통해 공리주의를 하나의 체계적 윤리 이론이자 사회 개혁 이론으로 만든 장본인이다. 그는 인간의 모든 행동은 쾌락을 추구하고 고통을 피하고자 하는 경향에서 비롯되며, 쾌락이 유일한 본래적 가치이고, 고통이 비가치라는 쾌락주의를 바탕으로 공리주의를 전개하였다. 그러나 그는 쾌락은 오직 양에서만 차이가 나고 질적으로는 차이가 없다는 양적 쾌락주의를 주장함으로써 돼지에게나 어울리는 철학이라는 비판을 받았다. 밀은 벤담의 공리주의를 비

로 '최대 행복의 원리(the greatest happiness principle)'는 도덕 이론을 정립하는 데 있어서 큰 역할을 해왔다. 심지어 공리의 원리의 권위를 가장 경멸적으로 거부하는 사람들의 도덕 이론 정립에도 큰 역할을 해왔다. 그 어떤 학파도 행동이 행복에 미치는 영향이 도덕에서 가장 실질적이고 압도적으로 중요한 고려 사항이라는 것을 부인하지 못한다. 비록 그것을 [즉, 행동이 행복에 미치는 영향을] 도덕의 근본 원리와 도덕적 의무의 원천으로 인정하지 않는 학파라고 하더라도 마찬가지이다. 나는 훨씬 더 나아가서 어쨌든 논증이 필요하다고 생각하는 모든 **선험적** 도덕 이론가들에게도 이런 공리주의적 논증이 필수불가결하다고 주장할 것이다. 하지만 지금 나의 목적은 그런 선험적 도덕 이론가들을 비판하는 것이 아니다. 그러나 설명을 위해서 선험적 도덕 이론가들 중 대표적 인물인 칸트(I. Kant)[8]의 체계적 논저인 『도덕 형이상학』에 대해 언급하지 않을 수 없다. 칸트는 철학사의 이정표 중 하나로 길이 남

판적으로 계승하여 공리주의에 대한 비판과 대중의 오해로부터 공리주의를 옹호하는 것을 그의 사명으로 삼았으며, 이 책 『공리주의』는 그 결과물이라고 할 수 있다: 옮긴이.

8_ 칸트(Immanuel Kant: 1724~1804)는 공리주의 윤리 이론과 대척점에 있는 의무론적 윤리 이론을 주장한 독일의 철학자이다. 그는 행위의 도덕성은 행위의 결과나 행위를 통해서 달성되어야 할 의도에 있는 것이 아니라, 오직 보편화 가능한 준칙에 따라서 행위하라는 정언명령을 따르고자 하는 선의지, 즉 의무이기 때문에 행위하려고 하는 의지에 있다고 주장하였다. 밀은 이에 대해서 선한 의지나 동기는 행위자의 도덕성을 평가하는 기준이지 행위의 도덕성을 평가하는 기준은 아니라고 하면서, 행위의 도덕성은 행위의 결과가 공리를 증진하는지 또는 공리의 원리에 의해서 도출되는 규칙들을 따르는지에 의해서 결정되어야 한다고 주장한다. 2.19 참조: 옮긴이.

을 사상 체계를 제시한 탁월한 사상가이다. 칸트는 자신의 저서에서 도덕적 의무의 기원과 근거로서 보편적 제1원리를 제시하고 있는데, 그것은 "당신의 행위의 규칙이 다른 모든 이성적 존재들에 의해서 하나의 법칙으로 채택될 수 있는 그런 규칙에 따라서 행위하라"는 것이다. 그러나 그는 이 제1원리로부터 어떤 실제적인 도덕적 의무를 연역해 내려고 할 때 실패하고 만다. 그는 어이없게도 모든 이성적 존재들이 가장 잔인무도한 비도덕적인 행동 규칙을 채택한다고 해도, 거기에 어떤 모순이, 즉 (물리적인 불가능성은 말할 것도 없고) 어떤 논리적 불가능성이 있다는 것을 보여 주지 못한다. 칸트가 보여 주는 것은 단지 그런 비도덕적인 행동 규칙을 보편적으로 채택했을 때 나타날 **결과**를 아무도 바라지 않는다는 것뿐이다.

1.5 나는 이 책에서 더 이상 다른 이론에 관해서는 논의하지 않을 것이다. 대신에 나는 **공리주의 이론** 또는 **행복 이론**을 이해하고 평가하는 일과 공리주의에 적합한 증명을 제시하는 일에 전념하고자 한다. 이런 종류의 증명이 통상적이고 일반적인 의미에서의 증명이[즉, 추론적 증명 또는 연역적 증명이] 아님은 분명하다. 사실 궁극적 목적에 관한 문제는 직접적으로 증명할 수 있는 문제가 아니다. 좋은 것으로 증명될 수 있는 것은 무엇이든 그것이 좋은 것임을 증명하기 위해서 그것이 '증명 없이도 좋은 것으로 인정되는 어떤 것'에[즉, 궁극적 목적에] 대한 수단이라는 것을 보여 주어야만 한다. 의술은 사람들을 건강하게 만들기 때문에 좋은 것으로 증명된다. 그러나 건강이 좋다는 것을 증명하는 것은 어떻게 가능한가? 음

악은 다른 어떤 이유보다도 쾌락을 산출한다는 이유 때문에 좋다. 그러나 쾌락이 좋다는 것은 어떻게 증명할 수 있는가? 그렇다면 그 자체로 좋은 모든 것들을 포함하는 하나의 포괄적인 정식이[즉, 하나의 궁극적 목적이] 있고, 그 외의 좋은 것들은 목적이 아니라 수단으로 좋다는 주장이 있다면, 그 정식은[즉, 그 궁극적 목적은] 받아들여지거나 거부될 수는 있지만, 우리가 일반적으로 이해하는 증명의 대상은 아니다. 그러나 우리는 그 정식을 받아들이거나 거부하는 것이 맹목적인 충동이나 자의적인 선택에 좌우된다고 생각해서는 안 된다. 증명이라는 말에는 더 넓은 의미가 있다. 철학에서 논쟁의 대상이 되는 다른 문제들처럼 이 문제에 대해서도 넓은 의미의 증명이 가능하다. 이 주제는 이성적 능력의 인식 범위 안에 있다. 그리고 이성적 능력이 그 문제를 단지 직관의 방식으로만 다루는 것도 아니다. 지성이 그 이론에 동의할 것인지 아니면 반대할 것인지를 결정할 수 있는 고려 사항들이 제시될 수 있다. 그리고 이것은 증명과 같은 것이다.[9]

9_ 통상적 의미의 증명은 연역적 증명 또는 추론적 증명을 가리킨다. 이런 증명은 전제에서 결론을 추론하는 것이기 때문에 결론은 언제나 그 타당성과 건전성을 전제에 의존하게 되며, 전제는 더 상위의 전제에 의존하게 된다. 이런 위계를 따라가다 보면 다른 것들을 증명하는 데 사용되는 제1전제 또는 제1원리는 더 이상 호소할 수 있는 전제가 없으므로 그 자체로는 증명이 불가능하게 된다. 벤담도 다른 모든 것들을 증명하는 데 사용되는 제1원리 자체는 증명이 불가능하다고 했으며, 플라톤과 아리스토텔레스도 추론적 증명의 전제로 사용되는 제1원리는 증명되는 것이 아니라 직관지의 대상이라고 보았다. 밀도 이런 견해들을 수용하여, 공리 또는 최대 행복이 궁극적 목적이자 제1원리라는 것을 증명하는 것이 불가능함을 인정한다. 그러나 밀은 이런 제1원리의 문제를 맹목적 충동이나 자의적 선택에 맡길 수도 없고,

1.6 우리는 이제 이런 고려 사항들의 본성이 무엇인지, 그리고 그것들이 어떤 방식으로 그 [증명의] 경우에 적용될 수 있는지, 따라서 공리주의를 받아들이거나 거부하는 어떤 합리적 근거가 제시될 수 있는지를 살펴볼 것이다. 그러나 공리주의 정식을 이성적으로 받아들이거나 거부하기 위해서는 그 선행 조건으로 먼저 그 정식을 정확하게 이해해야 한다. 사실 나는 공리주의를 받아들이는 데 있어서 주된 장애물은 공리주의에 대해 사람들이 통상적으로 가지고 있는 불완전한 개념이라고 생각한다. 그리고 만일 그런 장애물이 제거된다면, 아니 단지 아주 심각한 오해들만이라도 제거된다면, 그 문제가 아주 단순해지고 어려움도 상당 부분 해소될 것이라고 믿는다. 그래서 나는 공리주의의 기준에 동의하기 위해 제시될 수 있는 철학적 기초에 대한 논의에 들어가기 전에, 먼저 공리주의 자체에 대한 설명을 제시하고자 한다. 공리주의가 무엇인지를 보다 분명하게 제시하고, 공리주의 아닌 것과 구별한 다음, 공리주의에 대한 실천적 반론이 공리주의의 의미에 대한 오해에서 비롯된 것이거나 그런 오해와 밀접히 관련되어 있음을 밝히고자 한다. 이런 기초적 작업을 하고 난 뒤 철학적 이론으로서 공리주의에 대한 논의를 전개할 것이다.

직관에 맡길 수도 없다고 본다. 그는 제1원리, 궁극적 목적의 문제에 관해서 이성적 능력의 인식 범위 안에서 합리적 근거를 제시하는 것이 가능하다고 보며, 이것을 엄밀한 의미의 증명과 구분해서 넓은 의미의 증명이라고 부른다. 그리고 밀은 그 넓은 의미의 증명 방법으로 귀납주의 학파를 따라서 공리의 원리에 대한 '증거에 의한 증명'을 이 책의 4장에서 시도한다: 옮긴이.

2.1 옳고 그름의 판단 기준으로 공리를 지지하는 사람들이 '공리'라는 용어를 '쾌락'과 반대되는 제한적이고 일상적인 의미로 사용한다는 주장이 있다. 이런 주장에 대해서는 그것이 무지함에서 비롯된 실수라는 것을 언급하는 것으로도 충분할 것이다. 공리주의에 대한 철학적 반대자들은 이런 식의 터무니없는 주장을 하지 않는다. 그들을 이런 오해를 하는 사람들과 한 순간이나마 혼동하는 것은 철학적 반대자들에게 결례를 범하는 것이다. 이런 터무니없는 오해가 더 이상한 것은 그 반대의 비판, 즉 공리주의가 모든 것을 쾌락과 연결시키며, 그것도 아주 긴밀하게 연결시킨다는 비판이 공리주의에 대한 공통된 비난 중 하나이기 때문이다. 어떤 유능한 작가가 적절하게 논평한 바와 같이 동일한 부류의 사람들이, 게다가 종종 동일한 사람들이 "공리가 쾌락 앞에 놓이면 공리주의는 실천 불가능할 정도로 무미건조하고, 쾌락이 공리 앞에 놓이면 공리주의는 실천적으로 너무 향락적이다"라고 공리주의를 비판한다. 이 문제에 관해서 조금이라도 알고 있

는 사람들은 에피쿠로스[10]부터 벤담에 이르기까지 공리에 관한 이론을 주장해 온 모든 사상가들이 공리가 쾌락과 반대되는 것이 아니라, 고통으로부터의 해방과 더불어 쾌락 그 자체를 의미한다는 것을 알고 있다. 그리고 그들은 언제나 유용한 것을 쾌적한 것이나 화려한 것에 대립시키는 것이 아니라 유용한 것이 무엇보다도 바로 이런 것들을 의미한다고 주장해 왔다. 그러나 보통 사람은 물론이거니와 신문과 잡지에 글을 쓰는 필자들뿐만 아니라 무게와 권위를 지닌 서적을 저술하는 저자들조차도 계속 이런 터무니없는 실수를 저지르고 있다. 그들은 공리주의에 관해서 아무것도 모르면서 단지 입으로만 공리주의를 떠들어 대면서, 습관적으로 공리주의가 아름다움, 화려함, 재미와 같은 몇몇 종류의 쾌락을 거부하거나 무시한다고 주장한다. 그런데 공리주의라는 용어를 무지 때문에 잘못 적용하는 것은 공리주의에 반대하는 경우만이 아니다. 때때로 공리주의가 천박함과 순간적 쾌락보다 우월하다는 의미에서 공리주의를 칭찬하는 경우에도 그 용어를 잘 몰라서 잘못 적용한다. 그리고 공리주의에 대한 이런 잘못된

10_ 에피쿠로스(BC 341~270)는 쾌락주의를 주창한 헬레니즘 시대의 철학자이다. 그는 쾌락을 고통의 부재로 정의하고, 고통이 사라지면 더 이상 쾌락의 증진은 없다고 주장하였다. 그는 육체의 고통과 영혼의 동요가 없는 아타락시아(ataraxia)를 최고 행복의 상태로 보았으며, 이런 상태에 이르기 위하여 욕망의 충족을 자연적이고 필연적인 욕망의 충족으로 제한하고, 정치적 소요나 대중의 소란에서 벗어나 소규모 공동체에서 우정을 나누면서 지혜를 통해서 죽음, 미신, 운명의 공포에서 벗어날 것을 주장하였다. 에피쿠로스의 소극적 쾌락주의는 밀의 질적 쾌락주의와 행복 개념에 중대한 영향을 미쳤다: 옮긴이.

용법이 대중적으로 알려진 유일한 용법이기 때문에 젊은 세대들은 그 용법으로부터 그 용어의 유일한 의미를 배우고 있다. 공리주의라는 용어를 처음 도입한 사람들은 그 용어를 여러 해 동안 고유한 명칭으로 사용하지 않았다. 그러나 만일 그 용어를 다시 사용함으로써 그 용어에 대한 심각한 오해를 바로잡는 데 도움이 될 수 있다면, 그 용어를 도입한 사람들이 그 용어를 다시 사용하고 싶어 하는 것은 당연한 일일 것이다.[11]

2.2 도덕의 토대로서 **공리** 혹은 **최대 행복의 원리**를 받아들이는 신조는[즉, 공리주의 도덕 이론은] 행위는 행복을 증진하는 경향에 비례해서 옳고, 행복과 반대되는 것을[즉, 불행을] 증진하는 경향에 비례해서 그르다고 주장한다. 여기서 행복은 쾌락의 향유와 고통의 부재를 의미하고, 불행은 쾌락의 결핍과 고통을 의미한다. 이 이론이 설정하고 있는 도덕의 기준에 대해 분명한 견해를 제시하기 위해서는 훨씬 많은 것들을 논의해야만 한다. 특히, 공리주의가 고통과 쾌락이라는 관념

11_ (저자 주) 내가 공리주의라는 용어를 처음 사용한 사람이라고 믿을 만한 이유가 있다. 그러나 내가 공리주의라는 용어를 만든 것은 아니고, 존 갤트(John Galt)의 소설 『교구의 연대기(*Annals of the Parish*)』 [(Edinburgh: Blackwood, 1821, p. 286)]의 한 구절에서 차용한 것이다. 그런데 이 용어를 여러 해 동안 사용하다가 나와 다른 사람들은 그 용어가 특정 분파들을 구별하는 배지나 구호와 비슷하게 사용되는 것이 싫어서 그 용어를 사용하지 않았다. 그러나 다양한 의견의 집합이 아니라 하나의 단일한 의견을 대표하는 명칭으로서 ― 공리를 적용하는 특정 방식이 아니라 공리를 하나의 기준으로 인정하는 것을 나타내기 위해서 ― 공리주의라는 용어는 언어상의 공백을 메워 주고 많은 경우에 지루한 완곡어법을 피할 수 있는 편리한 방법을 제공한다.

안에 무엇을 포함시키는지, 그리고 그것이 어느 정도 열린 물음으로 남는지 등에 관해 논의해야만 한다. 그러나 이런 보충적 설명이 이 도덕 이론이 기초하고 있는 삶의 이론(theory of life)[12] — 즉, 고통으로부터의 해방과 쾌락이 목적으로서 바람직한 유일한 것들이며, 모든 바람직한 것들은 (다른 여러 이론들과 마찬가지로 공리주의에서 이런 것들은 다수인데) 그것들 자체에 내재하는 쾌락 때문에 바람직하거나 아니면 쾌락의 증진과 고통의 방지에 대한 수단으로서 바람직하다는 삶의 이론 — 에 영향을 미치지는 않는다.

2.3 이런 삶의 이론은 많은 사람들의 마음속에 심각한 반감을 불러일으킨다. 특히 가장 존경할 만한 감정과 목표를 지닌 사람들에게서 그렇다. 그들은 (그들의 표현대로) 인생에 쾌락보다 더 높은 목표가 없다 — 쾌락보다 더 좋고 더 고귀한 욕망과 추구의 대상이 없다 — 고 상정하는 것은 완전히 비천하고 저급한 이론이며, 돼지에게나 어울리는 이론이라고 주장한다. 사실, 옛날에 에피쿠로스의 추종자들이 돼지에 비유되었던 것처럼, 현대에서도 공리주의를 지지하는 사람들은 독일, 프랑스, 영국의 비판자들로부터 종종 비슷한 비유의 대상이 되곤 한다.

2.4 그런 비판을 받을 때 에피쿠로스학파의 사람들은 항

12_ 삶의 이론이란 앞의 역자 주 3)에서 살펴본 삶의 기술에 관한 이론, 즉 삶의 기술의 궁극 목적 또는 제1원리에 관한 이론을 말한다. 밀은 이 삶의 이론에서 공리 또는 최대 행복(쾌락)이 궁극 목적이자 제1원리임을 밝히면서, 그것이 공리주의 도덕 이론의 토대임을 강조하고 있다: 옮긴이.

상 인간의 본성을 그렇게 저급하게 보는 것은 자신들이 아니라 비판자들이라고 대응했다. 왜냐하면 그런 비판은 인간이 돼지가 누릴 수 있는 쾌락 이외의 쾌락을 누릴 수 없다고 가정하기 때문이다. 만일 이 가정이 참이라면, 그 비판은 부정될 수는 없겠지만, 더 이상 비난은 아닐 것이다. 왜냐하면 만일 인간과 돼지의 쾌락의 원천이 정확하게 동일하다면 한쪽에게 좋은 삶의 규칙은 다른 쪽을 위해서도 충분히 좋을 것이기 때문이다. 에피쿠로스학파의 삶을 돼지의 삶과 비교하는 것이 모욕적으로 느껴지는 것은 바로 돼지의 쾌락이 인간의 행복 개념을 충족시키지 못하기 때문이다. 인간은 동물의 욕망보다 더 고등한 능력들을 가지고 있다. 일단 그런 능력들을 의식하게 되면 그런 고등 능력의 만족을 포함하지 않는 것은 행복으로 여겨지지 않는다. 물론 나는 에피쿠로스학파가 공리주의의 원리로부터 그들의 결론의 개요를 도출하는 데 아무런 잘못이 없다고 생각하지는 않는다. 이것을 적절한 방식으로 수행하기 위해서는 많은 스토아주의적인 요소들과 기독교적인 요소들도 포함되어야 한다. 그러나 단순한 감각의 쾌락보다 지성, 감정과 상상력, 도덕 감정에서 얻는 쾌락에 더 높은 가치를 부여하지 않은 에피쿠로스주의적인 삶의 이론은 없다. 그러나 공리주의 사상가들이 일반적으로 육체의 쾌락들보다 정신적 쾌락들에 우위를 부여하는 이유가 주로 정신적 쾌락의 더 큰 항구성, 안전성, 적은 비용 등 때문이라는 것 ― 즉, 정신적 쾌락의 본질적인 성질 때문이 아니라 그것의 상황적인 이익 때문이라는 것 ― 은 분명하다. 그리고 이 모든 점들에 대해서 공리주의자들은 자신들의 주장을 충분히 증명했다. 그러나 그들은 다른 근거를, 말하자면 보다 더 강력한 근거를 전체적인 일관성을 유지하면서 제시할 수도 있었다. 어떤 **종류**의 쾌락이 다른 종류의 쾌락보다 더 바람직하고 더 가치 있다는 사실을 인정하는 것은 공리의 원리와 완전히 양립 가능하다. 다른 모든 것들을 평가할 때는 양뿐만 아니라 질도 고려하면서, 쾌락을 평가할 때에는 오직 양에만 의존해야 한다고 가정하는 것은 부조리하다.

2.5 만일 쾌락에서 질의 차이가 무엇이냐고 묻는다면, 혹은 한 쾌락이 다른 쾌락보다 양이 많다는 것을 제외하고 단지 하나의 쾌락으로서 더 가치 있게 만드는 것이 무엇인지 묻는다면, 오직 하나의 답변만이 가능하다. 두 가지 쾌락 모두를 경험한 모든 사람들이, 만일 모든 사람들이 아니라면 대부분의 사람들이 도덕적 의무에 대한 감정과는 독립적으로 두 가지 쾌락 중에서 어떤 한 종류의 쾌락을 확실하게 더 선호한다면, 그것이 보다 바람직한 쾌락이다. 만일 양쪽 모두를 충분히 경험한 사람들이 그 둘 중 하나가 많은 양의 불만족을 동반한다는 것을 알면서도 그것을 훨씬 더 높이 평가하고 선호한다면, 그리고 양이 더 많은 다른 종류의 쾌락을 누릴 수 있는데도 불구하고 많은 양의 불만족을 동반하는 그 쾌락을 포기하지 않는다면, 우리는 그 선호된 쾌락이 비교에서 양을 사소한 것으로 만들 만큼 양을 능가하는 질적인 우월성을 지닌다고 정당하게 주장할 수 있다.

2.6 두 가지 쾌락에 대해 똑같이 잘 알고 있고 그 두 쾌락을

똑같이 감상하고 즐길 수 있는 사람들이 그들의 보다 고등한 능력들을 발휘하는 존재 방식(manner of existence)을 가장 뚜렷하게 선호한다는 것은 의문의 여지가 없는 사실이다. 동물의 쾌락을 최대한 누릴 수 있도록 보장해 준다고 해서 인간들 중에 하등동물로 되고자 하는 사람들은 없을 것이다. 또 지성을 갖춘 사람이 바보가, 교육을 받은 사람이 무식한 사람이, 감정과 양심이 있는 사람이 이기적이고 저열한 사람이 되려고 하지도 않을 것이다. 바보, 무식한 사람, 비도덕적인 사람들이 그들보다 자신들의 운명에 더욱 만족한다는 그럴듯한 설득도 그들의 선호를 바꾸지 못할 것이다. 그들은 바보와 공통으로 가지고 있는 모든 욕망의 가장 완전한 충족을 위해서 그들이 바보보다 더 많이 가지고 있는 것을[즉, 고등한 능력을] 포기하지는 않을 것이다. 만약 그들이 그렇게 [바보가] 되기를 꿈꾼다면, 그것은 그들이 너무나 극단적인 불행에 처해 있는 경우뿐이다. 그 불행으로부터 벗어나기 위해서 자신들의 운명을 자신들이 보기에 전혀 바람직하지 않은 것으로 바꾸려고 할 정도로 불행이 극심한 경우가 아니고서는 그런 것을 상상조차 하지 않을 것이다. 고등 능력을 가진 존재는 하등 능력을 가진 존재들보다 행복하기 위해서 더 많은 것이 필요하고, 더 예민하게 고통을 느끼고, 더 많은 영역에서 고통을 받을 수 있다. 하지만 이런 어려움에도 불구하고, 그는 결코 자신이 생각하기에 더 저급한 존재로 전락하기를 진정으로 바라지 않는다. 이처럼 저급한 존재가 되지 않으려는 의지를 우리는 나름대로 여러 각도에서 설명할 수 있을 것이다. 우리는 그것을 자부심 탓으로 돌릴 수도 있을 것이다. 그러나 자부심은 인류가 느낄 수 있는 감정 중에서 가장 존경할 만한 감정들과 가장 존경하지 않을 만한 감정들에 무차별적으로 주어진다. 또한 우리는 그것을[즉, 저급한 존재로 전락하지 않으려는 의지를] 스토아학파[13]처럼 자유와 개인적 독립에 관한 사랑 탓으로 돌릴 수도 있다. 스토아학파에 있어서 자유와 개인적 독립에 대한 호소는 그런 의지를 함양하기 위한 가장 기본적인 수단들 중 하나였다. 또 우리는 그런 의지에 대한 설명을 힘에 대한 사랑이나 흥분에 대한 사랑에서 찾을 수도 있다. 이 둘은 확실히 그런 의지를 가지게 하고 그것에 기여한다. 그러나 그런 의지에 대한 가장 적절한 이름은 존엄감(sense of dignity)이다. 모든 사람들은 어떤 방식으로든 존엄감을 가지고 있다. 정확한 것은 아니지만 대체로 그들의 고등 능력에 비례해서 존엄감을 가지고 있다. 그리고 존엄감이 강한 사람들에게 존엄감은 행복의 본질적인 부분이다. 그런 사람들에게 존엄감과 상충하는 것은 일시적인 경우를 제외하면 그들

---

[13] 스토아학파는 제논(Zenon: BC 333~261)에 의해서 창시된 헬레니즘 시대의 금욕주의 철학 사상으로서 에픽테투스, 세네카, 아우렐리우스 등이 이 학파의 대표 사상가들이다. 스토아학파는 세계 내에서 일어나는 모든 일들은 신적인 이성에 의해서 최선의 상태로 미리 필연적으로 결정되어 있기 때문에 변화시킬 수 없다고 보며, 이런 불변적인 운명 앞에서 우리가 취할 수 있는 바람직한 태도는 운명에 순응하고 자신의 운명을 사랑하는 것밖에 없다고 충고한다. 따라서 부, 명예, 권력, 행운 등과 같은 것들은 우리에게 달려 있지 않은 것들이기 때문에 그런 것들에 무관심해야 하며, 그런 것들에 흔들리지 않는 부동심(apatheia)을 지니고 오직 덕에만 전념할 것을 주장한다: 옮긴이.

이 진정으로 바라는 대상이 되지 못한다. 그런데 존엄감에 대한 선호가 행복을 희생하는 것이라고 생각하는 사람들, 즉 우월한 존재가 상황이 동일한 경우에 열등한 존재보다 더 행복하지는 않다고 생각하는 사람들은 '행복'과 '만족(content)'이라는 전혀 다른 두 가지 개념을 혼동하는 것이다. 즐거움의 향유에 있어서 하등 능력을 지닌 존재가 그런 능력을 완전히 만족시킬 기회가 가장 많다는 데에 대해서는 논란의 여지가 없다. 이에 비해서 고등 능력을 부여받은 존재는 그가 추구할 수 있는 어떤 행복도 세상의 실상이 그렇듯이 언제나 불완전하다고 느낄 것이다. 그러나 그는 참을 만하다면 그런 불완전함을 참는 것을 배울 수 있다. 하등 능력을 지닌 존재는 그런 불완전함이 제한하고 있는 좋음이 좋은 것이라는 것을 전혀 느끼지 못하기 때문에 그런 불완전함을 의식조차 하지 못한다. 고등 능력을 지닌 존재는 그런 불완전함 때문에 낮은 능력을 지닌 존재를 부러워하지는 않을 것이다. 만족한 돼지가 되는 것보다 불만족한 인간이 되는 것이 더 나으며, 만족한 바보가 되는 것보다 불만족한 소크라테스가 되는 것이 더 낫다. 만일 바보나 돼지가 다른 생각을 가지고 있다면, 그 이유는 그들이 그 질문에 대해서 오직 자기들이 속한 한쪽만을 알고 있기 때문이다. 그 비교의 다른 쪽인 인간과 소크라테스는 양쪽을 모두 안다.

2.7 [위의 주장에 대해서] 더 고급 쾌락을 향유할 수 있는 많은 사람들이 때때로 유혹을 이기지 못하고 더 저급한 쾌락에 빠져서 고급 쾌락을 뒤로 미룬다는 반론이 있을 수 있다. 그

러나 이것은 더 고급한 쾌락의 내재적 우월성을 인정하는 것과 양립할 수 있다. 사람들은 종종 성격의 나약함으로 인해서 얻기 쉬운 좋은 것이 가치가 더 적다는 것을 알면서도 그런 것을 선택한다. 이런 현상은 육체적 쾌락과 정신적 쾌락 사이에서 선택할 때 못지않게 두 가지 육체적 쾌락 사이에서 선택할 때도 일어난다. 그래서 그들은 건강이 더 좋다는 것을 잘 알면서도, 건강에 해로운 감각적 쾌락의 추구에 몰두한다. 더 나아가서 젊음의 열정을 가지고 고귀한 것을 추구하기 시작했던 많은 사람들이 세월이 흘러감에 따라 게으르고 이기적인 사람으로 타락한다는 반론도 있을 수 있다. 그러나 나는 이런 아주 일반적인 변화를 겪는 사람들이 고급 쾌락보다 저급 쾌락을 선호하는 선택을 자발적으로 한다고 생각하지 않는다. 나는 그들이 이미 고급 쾌락을 향유할 수 없게 되었기 때문에 저급 쾌락의 추구에만 배타적으로 몰두한다고 믿는다. 보다 고귀한 감정을 향유하는 능력은 대부분의 경우에 아주 연약한 식물과 같아서 영양 부족에 의해서 뿐만 아니라 적대적 영향에 의해서도 쉽게 죽고 만다. 그리고 대다수 젊은이들에게 있어서 그들의 지위로 인해 그들이 삶에서 종사하게 되는 직업과 그들이 속한 사회가 그런 고급 능력을 사용하는 데 호의적이지 않다면, 더 고귀한 감정을 향유하는 능력은 신속히 사라지고 만다. 사람들은 그들의 지적인 취미를 향유할 시간이나 기회가 없기 때문에 지적인 취미를 잃게 되는데, 그러면서 그들의 높은 열망도 잃어버리게 된다. 그래서 그들은 열등한 쾌락에 빠져들게 되는데, 그 이유는 그들이 의도적으로 열등한 쾌락을 선호해서가 아니라, 그런 쾌락이 그들이 접근할 수 있는 유일한 것이거나 그들이 계속 즐길 수 있는 유일한 쾌락이기 때문이다. 비록 모든 세대에 걸쳐서 많은 사람들이 이 두 종류의 쾌락을 결합하려는 시도를 하다가 실패하기는 하였지만, 나는 두 종류의 쾌락을 즐길 수 있는 능력을 똑같이 가지고 있는 사람들이라면, 누구라도 알면서 그리고 평온한 상태에서 저급 쾌락을 선호할 것이라고는 생각하지 않는다.

2.8 나는 유능한 판단자의 이런 판결 외에는 호소할 데가 없다고 생각한다. 두 가지 쾌락 중에서 어느 것이 최상의 가치가 있는지 혹은 두 가지 존재 방식(mode of existence) 중에서 어느 것이 가장 쾌적한 느낌을 주는지와 같은 질문에 관해서는 그것의 도덕적 속성 및 그것의 결과와 무관하게 양쪽을 모두 잘 알고 있는 사람들의 판단이, 또는 만약 그들의 판단이 일치하지 않는다면 그들 중 다수의 판단이 최종적인 것으로 인정되어야 한다. 쾌락의 질과 관련해서 이 판단을 받아들이는 데 주저할 필요가 없다. 왜냐하면 쾌락의 양에 관한 문제에서도 호소할 수 있는 다른 재판정이 없기 때문이다. 두 가지 고통 중에서 어떤 고통이 더 심한지 또는 두 개의 즐거운 감각 중에서 어떤 것이 더 강렬한지를 결정하는 데 있어서 그 두 가지에 정통한 사람들의 다수결 외에 다른 무슨 수단이 있겠는가? 고통도 동질적이지 않고, 쾌락도 동질적이지 않다. 그리고 고통은 언제나 쾌락과 이질적이다. 그렇다면 어떤 특정 고통을 감수하면서까지 특정 쾌락을 추구할 가치가 있는

지를 결정하는 데 있어서 그것을 경험한 사람들의 감정과 판단 외에 무엇에 호소할 수 있겠는가? 그러므로 그런 사람들의 감정과 판단이 고등 능력으로부터 도출된 쾌락이 그 강도의 문제와 무관하게 그 종류에 있어서 고등 능력과는 거리가 먼 동물적인 본성이 누릴 수 있는 쾌락보다 더 선호할 만하다고 선언한다면, 이 문제에 대해서 그런 감정과 판단은 동일하게 존중되어야 한다.[14]

2.9 나는 이 점이 인간 행위의 지도 규칙인 **공리** 또는 **행복**의 완전하고 적절한 개념의 필수적 부분임을 강조해 왔다. 그러나 이것이 공리주의의 기준을 받아들이는 데 있어서 결코 유일한 필수불가결의 조건은 아니다. 왜냐하면 공리주의의 기준은 행위자 자신의 최대 행복이 아니라 모든 사람들의 행복의 최대량이기 때문이다. 그리고 고귀한 성격이 그 고귀함으로 인해 언제나 더 행복할 것인지에 관해서는 의문이 제기될 수 있다고 해도, 그런 고귀한 성격이 다른 사람들을 더 행복하게 만들고 세상을 크게 이롭게 할 것이라는 점에 대해서는 의심의 여지가 없다. 그러므로 공리주의는 사람들의 성격의 고귀함을 일반적으로 배양함으로써만 그 목표를 달성할 수 있다. 비록 각 개인은 단지 다른 사람들의 고귀함에 의해서 혜택을 받고, 그 자신의 고귀함은 자신의 행복에 관한 한 아무런 혜택이 되지 않는다고 할지라도 그렇다. 그러나 이 마

14_ 2.8에서 밀은 쾌락의 양의 많고 적음의 판정, 쾌락과 고통의 교량(較量), 쾌락의 질의 판정, 쾌락의 양과 질의 교량 모두를 유능한 판단자의 의견 또는 그들 사이의 다수결에 따를 것을 주장한다: 옮긴이.

지막 말은[즉, 그 자신의 고귀함은 자신의 행복에 도움이 되지 않는다는 말은] 부조리하다. 그럼에도 그런 부조리를 굳이 언급하는 것은 더 이상의 논박이 필요 없게 만들기 위해서이다.

2.10 위에서 설명한 바와 같이 **최대 행복의 원리**에 따르면, 다른 모든 것들을 바람직한 것으로 만드는 궁극적 목적은 (우리 자신의 선을 고려하든 다른 사람들의 선을 고려하든) 우리가 가능한 한 고통으로부터 해방되고 양과 질 두 측면 모두에서 가능한 한 풍부한 즐거움을 누릴 수 있는 존재 상태에 이르는 것이다. 질의 판정, 그리고 양에 대비해서 질을 측정하는 규칙은 비교의 수단을 가장 잘 갖춘 사람들, 즉 그런 쾌락을 경험할 수 있는 기회 및 이에 더해서 자기의식과 자기관찰의 습관을 갖춘 사람들이 느끼는 선호이다. 공리주의에 의하면, 이것은[즉, 최대 행복은] 인간 행동의 목적이므로, 또한 필연적으로 도덕의 기준이기도 하다.[15] 따라서 도덕의 기준은 '인간 행위를 위한 규칙들과 지침들'이라고 정의될 수 있다. 이런 규칙들과 지침들을 준수함으로써 지금까지 기술해 왔던 존재 상

15_ 밀은 공리 또는 최대 행복이 모든 인간 행위의 (궁극) 목적이자 제1원리이기 때문에 당연히 도덕의 토대가 되며, 도덕은 그 토대 위에서 작동하기 때문에 최대 행복은 필연적으로 도덕의 기준이 된다고 주장한다. 이런 주장은 "행복은 행위의 목적들 가운데 하나라는 자격을 확립하게 되고, 결과적으로 도덕의 기준들 중 하나라는 자격을 확립하게 된다"는 4.3의 주장과 "행복은 인간 행동의 유일한 목적이고, 행복의 증진이 모든 인간 행위를 판단하는 기준이 된다. 이것으로부터 행복의 증진이 도덕의 기준이 되어야 한다는 결론이 필연적으로 도출된다. 왜냐하면 부분은 전체 안에 포함되기 때문이다"라는 4.9의 주장으로 이어진다: 옮긴이.

태가 모든 인류에게 가능한 한 최대한 보장될 수 있을 것이고, 인류에게 뿐만 아니라 사물의 본성이 허용하는 한에서 쾌락과 고통을 느낄 수 있는 모든 유정적 존재들에게까지 보장될 수 있을 것이다.

2.11 그러나 이런 이론에 대해서 또 다른 종류의 반대자들이 반론을 제기한다. 그들은 어떤 형태의 행복이든 행복은 인간의 삶과 행위의 합리적 목적이 될 수 없다고 말한다. 그 이유는 우선 행복의 실현이 불가능하다는 것이다. 그래서 그들은 경멸하는 투로 당신은 어떤 행복할 권리를 가지고 있는가라고 묻는다. 칼라일[16]은 "당신은 조금 전까지만 해도 도대체 존재할 권리라도 가지고 있었는가?"라는 질문을 부가함으로써 같은 의문을 제기한다. 그리고 반대자들이 제시하는 두 번째 이유는 사람들이 행복 없이도 살 수 있다는 것이다. 모든 고귀한 사람들이 그렇게 생각해 왔다. 만일 이런 고귀한 사람들이 체념의 교훈, 즉 행복을 포기하는 교훈을 배우지 않았다면 고귀해질 수 없었을 것이다. 그들은 이 교훈을 철저히 배우고 충실하게 따르는 것이 모든 덕의 시작이자 필요조건이라고 확언한다.

2.12 이 비판들 중 첫 번째 비판은 잘 정초된 것이라면 그 문제의 핵심을 건드리는 것이다. 왜냐하면 만약 행복이란 것

16_ 토머스 칼라일(Thomas Carlyle: 1795~1881)은 스코틀랜드 출신의 영국의 철학자이자 급진적인 사회 비평가이다. 그는 독일 고전철학과 낭만주의의 영향을 받아서, 물질주의, 공리주의를 반대하고 자본주의를 비판하였다. 밀은 『자서전』에서 자신의 편협한 사상을 극복하는 데 칼라일에게서 큰 도움을 받았음을 밝히고 있다: 옮긴이.

이 전혀 인간이 누릴 수 있는 것이 아니라면, 행복의 달성은 도덕의 목적이나 어떠한 합리적 행위의 목적도 될 수 없기 때문이다. 그러나 설혹 그렇다고 하더라도 이 문제에 관해서 공리주의를 지지하는 논거는 아직 남아 있다. 왜냐하면 공리는 행복의 추구뿐만 아니라 불행의 방지나 완화도 포함하기 때문이다. 그리고 비록 행복의 추구라는 목표가 터무니없는 비현실적 목표라고 하더라도, 적어도 인류가 생존하는 것이 적절하다고 생각하는 한 그리고 노발리스(Novalis)[17]의 권유대로 특정한 조건 하에서 인류가 동시 자살로 도피하지 않는 한, 인류의 불행 방지나 완화에 대한 필요는 더 크고 더 절실할 수밖에 없을 것이다. 그러나 인간이 행복한 삶을 사는 것이 불가능하다는 적극적인 주장은 말장난이 아니라면 최소한 과장된 것이다. 만약 행복이라는 말이 매우 유쾌한 흥분 상태의 지속을 의미하는 것이라면, 그런 행복이 불가능하다는 것은 명백하다. 고양된 쾌락의 상태는 짧은 순간만 지속될 뿐이거나 기껏해야 약간의 휴지기가 있는 경우에 여러 시간 혹은 여러 날 지속될 뿐이다. 고양된 쾌락의 상태는 때때로 일어나는 즐거움의 밝은 섬광이지, 영구적이고 지속적인 불꽃은 아니다. 인생의 목적이 행복이라고 가르치는 철학자들도 그들을 비웃는 사람만큼이나 이것을 충분히 잘 알고 있다. 그들이 의미하는 행복은 황홀함으로 가득 찬 삶이 아니다. 오히려 행

17_ 노발리스(1772~1801)는 독일 초기 낭만주의의 시인이자 사상가로서, 본명은 프리드리히 폰 하르덴베르크(Friedrich von Hardenberg)이다: 옮긴이.

복은 [①] 고통은 적고 일시적이고, [②] 쾌락은 많고 다양한 가운데, 수동적 쾌락보다 능동적 쾌락이 확실히 우위를 점하는 상태에서, [③] 삶이 줄 수 있는 것보다 많은 것을 삶에서 기대하지 않는 것을 삶의 전반적 토대로서 삼는 것, 그런 것들로[즉, ①, ②, ③으로] 이루어진 존재 상태에서 느끼는 황홀함의 순간들이다. 그러한 것들로 이루어진 삶은 그런 삶을 살 만큼 운이 좋았던 사람들에게는 언제나 행복이라는 이름에 걸맞은 삶으로 보였다. 거의 모든 사람들이 그런 행복에 도달하는 데 있어서 유일한 현실적 장애물은 현재의 잘못된 교육과 왜곡된 사회질서이다.

2.13 공리주의 비판자들은 어쩌면 행복이 인생의 목적이라고 배운 사람들이 그런 적당량의 행복에 과연 만족할 것인가라는 의문을 제기할지도 모른다. 그러나 인류의 많은 사람들은 그보다 훨씬 더 적은 행복으로도 만족해 왔다. 만족스러운 삶의 주요한 구성 요소는 평온(tranquillity)과 [유쾌한] 흥분 두 가지인 것으로 보인다. 사실, 그중 하나만으로도 종종 만족한 삶을 위해서 충분한 것으로 보인다. 많은 사람들이 충분히 평온한 상태에서는 아주 적은 쾌락으로도 충분히 만족할 수 있고, 충분히 [유쾌한] 흥분 상태에서는 상당한 양의 고통을 감내할 수 있다. 대부분의 사람들이 이 양자를 결합시키는 데 있어서 본래적인 불가능성은 전혀 없다. 왜냐하면 이 둘은 전혀 양립 불가능한 것이 아니고 자연적인 동맹 상태를 이루고 있어서 한 상태가 지속되는 것은 다른 상태를 위한 준비가 되거나 다른 상태에 대한 욕구를 일으키기 때문이다. 지나

친 게으름으로 나태함의 악덕을 지닌 사람들만이 일정한 휴
식을 누린 이후에도 [유쾌한] 흥분을 원하지 않는다. 반대로
흥분 상태에 병적으로 집착하는 사람들만이 흥분 뒤에 오는
평온함을 그 흥분 상태에 비례해서 즐거운 것으로 느끼지 않
고 지루하고 재미없다고 느낀다. 외적인 면에서 어느 정도 운
이 좋은 사람들이 삶에서 자신들의 삶을 가치 있게 만드는 충
분한 즐거움을 찾지 못한다면, 그 원인은 일반적으로 그들이
자신 외에 누구에게도 배려와 관심을 가지지 않는 이기심 때
문이다. 공적인 일이나 사적인 일 그 어느 것에도 애착을 갖
지 않는 사람들에게 삶에서 흥분을 느낄 만한 것들은 많이 줄
어든다. 그리고 그런 사람들은 모든 이기적 관심이 끝나는 죽
음의 시간이 다가올수록 그 어떤 것에서도 가치를 발견하는
경우가 줄어든다. 이에 반해서 죽음 이후에도 이어질 관심의
대상들에 개인적인 애정을 쏟는 사람들은, 특히 인류의 집단
적 이익을 추구하는 동포애를 함양한 사람들은 죽음을 목전
에 둔 순간에도 젊고 건강했던 시절처럼 삶에서 생생한 관심
을 유지한다. 이기심 다음으로 인생을 불만족스럽게 하는 주
된 원인은 정신 교양의 부족이다. 교양 있는 정신 ― 나는 철
학자의 정신을 의미하는 것이 아니라, 지식의 원천에 열려 있
는 정신, 그리고 그런 정신의 기능을 어느 정도 이상으로 사
용하도록 교육을 받은 사람들의 정신을 의미한다 ― 은 주변
의 모든 것들에서 무궁무진한 흥미의 원천을 발견한다. 즉,
자연물, 예술 작품, 시의 상상력, 역사적 사건, 인류가 걸어온
과거와 현재, 그리고 그들의 미래의 모습 등에서 흥미를 발견

한다. 물론 이 모든 것들에 무관심할 수도 있고, 정신 능력의 1,000분의 1도 사용하지 않는 것도 가능하다. 그러나 이런 것은 사람이 처음부터 이런 것들에 대해 어떠한 도덕적 관심이나 인간적 관심도 가지지 않을 때에만, 그리고 그것들에서 단지 호기심의 충족만을 추구할 때에만 가능하다.

2.14 문명국가에 태어난 사람은 누구나 사색의 대상들에 대해서 지적인 관심을 갖기에 충분한 정신문화를 유산으로 물려받는다. 사물의 본성상 그렇지 못할 이유가 전혀 없다. 마찬가지로 어떤 사람도 자신의 야비한 개별성에 집중하는 것이외에 다른 어떤 감정이나 관심도 갖지 않는 이기주의자가되어야 할 본래적 필연성은 없다. 이보다 훨씬 우월한 것들이지금도 충분히 많아서, 인류가 앞으로 어떻게 될 수 있을 것인지에 대한 충분한 전조를 보여 준다. 잘 양육된 사람이라면누구나, 비록 정도는 다르겠지만, 진정한 개인적 애정과 공공선에 대한 진지한 관심을 가지는 것이 가능하다. 관심을 가질것도 많고, 즐길 것도 많고, 고치고 개선해야 할 것도 많은 세상에서 웬만한 도덕적 소양과 지적 소양을 지닌 사람이라면누구나 부러워할 만한 삶(존재 상태)을 영위할 수 있다. 그리고 그런 사람이 악법이나 다른 사람들의 의지에 예속되어서자신이 보유한 행복의 원천을 사용할 자유를 금지당하지만않는다면, 또 그가 신체적, 정신적 고통의 중대한 원인인 삶의 구체적인 악 — 예컨대 빈곤, 질병, 그리고 애정의 대상들의 불친절함이나 무가치함 또는 그 애정의 대상을 일찍 잃는것 — 에서 벗어난다면, 그는 이런 부러워할 만한 존재 상태

(삶)에 이르는 데 실패하지 않을 것이다. 그러므로 중요한 문제는 극히 드문 행운이 아니라면 완전히 피하기 어려운 이런 재앙들과 싸우는 것이다. 현실이 보여 주듯이 이런 재앙들을 피할 수는 없다. 그리고 때로는 재앙의 정도를 실질적으로 완화하는 것조차도 가능하지 않다. 그러나 조금이라도 존중받을 만한 의견을 가진 사람이라면 누구나 세상의 큰 구체적 악들의 대부분이 제거될 수 있고, 인간사가 계속 발전한다면 종국에는 크게 줄어들 것임을 의심하지 않을 것이다. 어떤 의미로든 고통을 수반하는 빈곤은 개인의 건전한 양식 및 검약함과 함께 사회의 지혜가 발휘된다면 완전히 해소될 수 있을 것이다. 가장 다루기 힘든 적인 질병도 적절한 건강 교육과 도덕교육 그리고 해로운 영향에 대한 적절한 통제를 통해서 그 규모를 계속 줄여 갈 수 있을 것이다. 그리고 과학의 발전을 통해 미래에는 훨씬 더 직접적으로 이 끔찍한 적을 정복할 수 있을 것이다. 이런 방향으로 모든 진보가 일어난다면, 우리는 우리의 생명을 단축시키는 것들로부터 벗어나게 될 뿐만 아니라, 우리가 훨씬 더 염려하는 것, 즉 우리를 행복하게 해 주는 사람들을 빼앗기는 것으로부터도 벗어나게 될 것이다. 운의 부침은 있게 마련이고 또 세상 형편과 관련되어 있는 다른 실망스러운 문제들도 생기기 마련이지만, 이런 것들은 주로 사려 깊지 못함이나, 무절제한 욕망, 또는 나쁜 사회 제도나 불완전한 사회 제도들로 인해 생기는 것이다. 요컨대, 인간 고통의 모든 중요한 원인들은 인간의 관심과 노력에 의해서 상당한 정도로 극복될 수 있으며, 그중 많은 것들은 거의

완전히 극복될 수 있다. 그러나 안타깝게도 그런 것들의 극복 과정은 더디게 진행되고 있다. 이런 세상은 의지와 지식이 부족하지만 않다면 쉽게 실현될 수 있는 것이다. 하지만 느리게 진행되는 까닭에 그런 정복이 완료되기 전에 그 과정에서 수많은 세대들이 사라져 갈 것이다. 그러나 충분히 지적이고 관대한 정신을 지닌 사람이라면 누구나 그런 극복을 위해 노력하는 과정에서 아무리 작고 보잘것없는 역할을 맡는다고 할지라도 그런 싸움의 과정 자체에서 고귀한 즐거움을 느끼게 될 것이다. 그래서 그는 어떤 형태의 이기적인 탐닉의 유혹 앞에서도 그런 즐거움을 포기하지 않을 것이다.

2.15 이상의 논의를 바탕으로 우리는 이제 앞에서[즉, 2.11에서] 반대자들이 주장한 반론, 즉 우리는 행복 없이 사는 것을 배울 수 있다는 반론과 행복 없이 사는 것을 배워야 할 의무가 있다는 반론을 적절하게 평가할 수 있는 위치에 서게 된다. 사람들이 행복 없이 살 수 있다는 데에 대해서는 의문의 여지가 없다. 심지어 야만적인 것과는 거리가 먼 우리가 살고 있는 현 세상에서도 20명 중 19명의 사람들은 비자발적이긴 하지만 행복 없이 살고 있다. 그리고 보통 영웅이나 순교자들은 자신들의 행복보다도 더 소중하게 여기는 무엇인가를 위해서 자발적으로 행복 없이 살아간다. 하지만 여기서 더 소중히 여기는 그 무엇인가가 다른 사람들의 행복이나 그 행복을 위해 필요한 것이 아니라면 무엇이란 말인가? 자기 몫의 행복이나 그 행복의 기회를 전적으로 포기할 수 있다는 것은 고귀한 것이다. 그러나 결국 이런 자기희생도 어떤 목적을 위한

것임이 분명하다. 자기희생 그 자체가 목적은 아니다. 그리고 자기희생의 목적이 행복이 아니라 행복보다 더 좋은 덕이라고 할지라도, 영웅이나 순교자가 자신의 희생이 다른 사람들을 비슷한 희생에서 구해 줄 것이라고 믿지 않으면서 그런 희생을 할지는 의문이다. 그가 자신의 행복을 포기하는 것이 동료 인간 중 어느 누구에게도 도움이 되지 않는다고 생각하면서, 오직 그들도 자기처럼 행복을 포기할 운명으로 만들기 위해서, 그래서 그들도 행복을 포기한 사람들과 동일한 조건에 처하도록 만들기 위해서 그런 자기희생을 하겠는가? 세상의 행복의 양을 증가시키는 데 가치 있는 공헌을 하기 위해서 인생의 개인적 즐거움을 스스로 포기할 수 있는 사람들에게 모든 영예가 돌아가야 한다. 그러나 그 외의 다른 목적을 위해 자기희생을 하거나 그런 척하는 사람은 돌기둥 위에 올라가 수행하는 금욕주의자들과 마찬가지로 칭찬받을 만한 일을 하는 것이 아니다.[18] 그런 사람은 사람이 무엇을 할 수 있는지를 증명할 수는 있어도, 사람이 무엇을 **해야 하는지**에 대한 모범이 될 수는 없다.

2.16 누군가 자신의 행복을 완전히 포기함으로써만 다른 사

18_ 밀이 염두에 두고 있는 인물은 성 시메온 스틸리테스(St. Simeon Stylites: 390~459)이다. 시리아의 수사로서 최초의 주상(柱上) 고행자였다. 그는 처음에는 2m 높이의 돌기둥 위에서 수행하였으나 나중에는 15m 높이의 돌기둥에서 수행했다. 그는 죽을 때까지 기둥 꼭대기에 있었는데, 그가 머무르는 기둥은 순례지가 되었다. 시메온은 많은 사람들을 개종시켰으며, 시메온의 명성에 감동을 받아 수사들과 수녀들이 그의 금욕 생활을 본받으려고 애썼다: 옮긴이.

람들의 행복을 가장 잘 증진할 수 있는 경우는 세상의 질서가 아주 불완전한 상태에 있을 때뿐이다. 그렇지만 세상이 그렇게 불완전한 상태에 있는 한, 나는 기꺼이 그런 희생을 하는 것이 인간에게서 발견할 수 있는 최고의 덕이라는 것을 인정한다. 그리고 역설적인 주장이긴 하지만, 이런 조건의 세계에서는 행복을 포기하고 살아갈 수 있는 의식적인 능력이 그나마 가능한 행복을 실현할 수 있는 최선의 전망을 제시한다. 왜냐하면 사람이 인생에서 운의 부침을 넘어설 수 있도록 해 주는 데는 그런 의식 이상으로 중요한 것이 없기 때문이다. 그런 의식을 지닌 사람은 최악의 운명과 불운이 닥쳐온다고 해도 이런 것들이 그를 굴복시킬 수 없다고 느낀다. 일단 그런 의식을 가진 사람은 인생에서 일어날 수 있는 나쁜 일에 대해서 지나치게 근심하지 않고, 로마제국의 가장 어려운 시대에 살았던 많은 스토아주의자들처럼 나쁜 일들이 얼마나 지속될지, 언제 끝이 날지 등에 대해서 걱정하지 않으면서 평온함 속에서 자신이 누릴 수 있는 만족의 원천을 일구어 갈 것이다.

2.17 한편, 스토아주의자나 초월론자들과 마찬가지로 공리주의자들도 당연히 자기 헌신의 도덕을 자신들의 불가결한 일부라고 주장할 수 있다. 공리주의 도덕은 인간이 다른 사람들의 선을 위해서 자기 자신의 가장 큰 선을 희생할 수 있다는 것을 인정한다. 공리주의는 단지 희생 그 자체가 선이라는 것을 부정할 뿐이다. 공리주의는 행복의 총량을 증가시키지 않거나 증가시키는 경향이 없는 희생을 낭비라고 본다. 공리

주의가 지지하는 유일한 자기희생은 다른 사람들의 행복이나 그 행복의 수단을 위해 헌신하는 자기희생뿐이다. 달리 말해서 공리주의는 전체 인류의 행복 또는 그 인류의 집합적 이익의 한계 내에 있는 개인들의 행복이나 그 행복의 수단을 위해 헌신하는 자기희생만을 지지한다.

2.18 공리주의에서 행위의 옳음의 기준은 행위자 자신의 행복이 아니라 그 행동에 의해서 영향을 받는 모든 사람들의 행복이다. 공리주의에 대한 비판자들은 이것을 좀처럼 잘 인정하지 않는다. 그러나 나는 이 점이 공리주의의 핵심이라는 것을 다시 강조한다. 공리주의는 행위자 자신의 행복과 다른 사람들의 행복 사이에서 공평무사하고 박애심을 지닌 관망자처럼 엄격하게 공평할 것을 요구한다. 나사렛 예수의 황금률에서 우리는 공리주의 도덕의 완전한 정신을 읽을 수 있다. '네가 대접받기를 바라는 대로 남을 대접하라.' 그리고 '네 이웃을 네 자신처럼 사랑하라'는 황금률은 공리주의 도덕의 완전한 이상을 나타낸다. 이런 이상에 가장 가깝게 도달하기 위한 수단으로서, 공리주의는 다음과 같은 것들을 요구한다. 첫째, 법과 사회제도는 모든 개인들의 행복 혹은 (보다 현실적으로 말하자면) 모든 개인들의 이익이 사회 전체의 이익과 가능한 한 최대한 조화를 이루도록 만들어져야 한다. 둘째, 교육과 여론은 인간의 성격에 지대한 영향을 미치기 때문에, 교육과 여론은 그 힘을 각 개인의 마음속에 자신의 행복과 전체의 선 사이에 연상 관계(association)를 확립하는 데 사용해야 한다. 특히, 보편적 행복에 대한 관심이 규정하는 긍정적이고 부정

적인 행위 방식과 그 자신의 행복 사이에 분리될 수 없는 연상 관계를 확립하는 데 그 힘을 사용해야 한다. 그래서 지속적으로 일반 선(general good)에 반하는 행동을 통해서는 개인의 행복을 추구하는 것이 불가능하다고 생각하도록 만들어야 할 것이다. 뿐만 아니라 일반 선을 증진하려는 직접적인 충동이 각 개인에게 행동의 습관적인 동기들 중 하나로 자리 잡아서, 그와 관련된 감정들이 모든 인간의 유정적 삶 안에 크고 중요한 위치를 차지하도록 해야 할 것이다. 공리주의의 이런 진정한 성격을 이해하면서도 공리주의 도덕에 대한 비판자들이 공리주의 도덕에는 없고 다른 도덕에는 있다고 주장하는 장점들이 있을 수 있는가? 그것이 무엇인지 나는 알지 못한다. 가령, 다른 윤리 체계가 공리주의보다 더 아름답고 더 고양된 어떤 인간 본성의 발전을 촉진할 수 있는가? 혹은 그런 윤리 체계가 그들의 명령을 실효화하기 위해 의존하는 어떤 행동의 원천들 가운데 공리주의가 접근할 수 없는 것이 있는가? 내가 아는 한 그런 것들은 없다.

2.19 공리주의의 반대자들이 언제나 공리주의를 오해한다고 볼 수만은 없다. 반대자들 중에는 공리주의의 공평무사한 특성을 정확히 이해하는 사람들도 있다. 이런 비판자들은 오히려 공리주의의 기준이 인간의 본성을 고려할 때 너무 높다고 비판한다. 그들은 사람들에게 언제나 사회의 일반 이익(general interests)을 증진하려는 동기에서 행위하라고 요구하는 것은 지나치게 과도한 요구라고 주장한다. 그러나 이것은 도덕의 기준이라는 말의 의미를 오해하고, 행위의 규칙

과 행위의 동기를 혼동한 데서 비롯된 것이다. 윤리학의 임무는 우리의 의무가 무엇인지를 알려 주거나, 어떤 검사를 통해서 그런 의무들을 알 수 있는지를 말해 주는 것이다. 그러나 어떤 윤리 체계도 우리가 하는 모든 행위의 유일한 동기가 의무감(feeling of duty)이어야 한다고 요구하지는 않는다. 오히려 우리가 하는 행위의 백분의 구십구는 의무감이 아닌 다른 동기에서 행해진다. 그러나 그 행위가 의무의 규칙들을 위반하지 않는 한, 그 행위는 옳은 것이다. 동기는 행위자에 대한 가치 평가와 관계가 있을지언정, 행위에 대한 도덕성 평가와는 관계가 없다. 공리주의 도덕 이론가들은 이 점을 다른 어떤 이론가들보다 강조한다. 그렇기 때문에 공리주의에 대한 이런 특정한 오해가 공리주의에 반대하는 근거로 사용되는 것은 공리주의에 대해 매우 불공정한 것이다. 물에 빠진 동료를 구한 사람은[정확히 말해서 그런 행위는] 그 동기가 의무에서였건 아니면 그의 수고에 대해 보상을 받으리라는 희망에서였건 그것과 무관하게 도덕적으로 옳은 것이다. 자신을 신뢰하는 친구를 배신하는 사람은[정확히 말해서 그런 배신행위는] 비록 그의 목적이 자신이 더 큰 의무를 지고 있는 다른 친구를 도와주기 위한 것이라고 할지라도 옳지 않다.[19] 그

19_ (저자 주) 지적으로 그리고 도덕적으로 공정한 비판자인 존 데이비스 목사(John Llewellyn Davis, 1826-1916)는 이 구절에 대해 다음과 같이 비판한다. "익사하는 사람을 구하는 행동의 옳고 그름은 그 행동의 동기에 확실히 의존한다. 가령 어떤 독재자가 자신으로부터 도망치기 위해 바다에 뛰어든 그의 적을 더 고문하기 위해서 익사의 위험에서 구했을 경우, 그런 구조 행위를 '도덕적으로 옳은 행동'이라고 확실하게 말할 수 있는가? 또는 윤리학

러나 오직 의무의 동기에서 행해진 행위와 직접적으로 원리를 따라서 행해진 행위에 대해서만 이야기하더라도, 공리주의가 사람들에게 언제나 세상[의 일반 선]이나 사회 전체[의 일반 선]와 같은 폭넓은 일반성에 전념하라고 요구하는 것은 아니다. 그렇게 생각하는 것은 공리주의적 사고방식에 대한 오해이다. 대부분의 선한 행동은 세상의 이익을 위해서가 아니라 개인의 이익을 위해서 의도된 것이다. 그리고 이런 개인의 이익이 모여서 세상의 이익을 형성하는 것이다. 그리고 이

에서 통상적으로 드는 사례들 중 하나를 들어보자. 가령 어떤 사람이 친구로부터 받은 신뢰에 따르는 의무를 이행할 경우에 그 친구 자신이나 그 친구와 관련된 다른 사람들에게 치명적인 해를 끼치게 되기 때문에, 그 친구로부터 받은 신뢰를 배신한다면, 공리주의는 그 배신을 가장 비열한 동기에서 행해진 비도덕적 행위와 마찬가지로 '비도덕적 행위'라고 부를 수 있겠는가?"

나는 물에 빠진 사람을 구한 다음에 죽을 때까지 더 고문하려고 그 사람을 익사에서 구한 사람은, 의무나 애타심에서 같은 일을 한 사람과 그 동기 면에서만 다른 것이 아니라 그 행동 자체도 다르다고 주장한다. 위와 같은 경우에 사람을 구조하는 것은 그 사람이 익사하도록 내버려 두는 것보다 훨씬 더 잔혹한 행위를 하기 위해 필요한 첫 번째 단계일 것이다. 만약 데이비스 목사가 "어떤 사람을 익사에서 구하는 행동의 옳고 그름은 확실히" 그 행동의 동기가 아니라 "의도에 아주 많이 의존한다"고 말했다면, 어떤 공리주의자도 그와 의견을 달리하지 않았을 것이다. 그러나 데이비스 목사는 충분한 주의를 기울이지 않아서, 이 경우에 동기와 의도라는 두 가지 개념을 혼동하고 있다. 공리주의 사상가들, 특히 벤담은 이 점을 설명하는 데 다른 어떤 것보다도 많은 노력을 기울였다. 행위의 도덕성은 전적으로 의도 — 즉, 행위자가 하고자 의욕하는 것 — 에 달려 있다. 그러나 동기, 즉 그에게 그렇게 할 것을 의욕하도록 만든 감정은 만일 그것이 행위에서 차이를 초래하지 않는다면 도덕성에 있어서도 차이를 초래하지 않는다. 동기는 행위자에 대한 도덕적 평가에서 아주 중요하다. 특히, 그런 동기가 좋거나 나쁜 습관적인 성향 — 유용하거나 해로운 행위들을 발생하도록 할 가능성이 큰 성격의 경향성 — 을 지시할 때 더욱더 그렇다.

런 경우 가장 유덕한 사람이라고 해서 그의 생각이 그와 관련된 특정한 사람들을 넘어서 더 일반적인 사회나 세상으로 확대될 필요는 없다. 그가 자기와 관련된 특정한 사람들을 이롭게 하면서 다른 누군가의 권리 — 합법적이고 공인된 기대 — 를 침해할 우려가 있는 경우에만 자신의 생각을 더 일반적인 사회나 세상으로 확대할 필요가 있다. 공리주의 윤리에 따르면 행복을 증진하는 것이 덕의 목적이다. 그런데 (천 명에 한 명 정도를 제외하면) 어떤 사람이 그렇게 대규모로 행복을 증진하는 권한을 가지는 것은, 달리 말해서 공적인 시혜자(public benefactor)가 되는 것은 예외적인 경우이다. 이런 경우에만 그는 공적 공리(public utility)를 고려하도록 요구받는다. 그 외의 다른 모든 경우에 그가 관심을 기울여야 할 것은 사적 공리(private utility), 즉 몇몇 사람들의 이익이나 행복뿐이다. 자신의 행위의 영향력이 사회 일반에까지 확대되는 사람들만이 늘 [공적 공리라는] 그런 넓은 목표에 관심을 기울일 필요가 있다. 삼가야 할 행위 — 특수한 경우에는 그 결과가 이로울 수 있음에도 불구하고 도덕적 고려에서 삼가는 것들 — 에 관해서 말하자면, 그런 행위는 일반적으로 시행된다면 일반적으로 해로운 결과를 낳는 그런 부류의 행위에 속하는 행위이며, 이 점이 그 행위를 자제할 의무의 근거라는 것을 의식적으로 알지 못한다면 지성적인 행위자라 할 수 없을 것이다. 이런 인식이 함의하는 정도의 공익에 대한 관심은 모든 도덕 체계들이 요구하는 것보다 더 크지는 않다. 왜냐하면 도덕 체계들은 모두 사회에 명백하게 해로운 것은 하지 않도록 명하기 때문이다.

2.20 동일한 고려 사항이 공리주의에 대한 또 다른 비판을 해소하는 데도 적용된다. 이 비판은 도덕적 기준의 목적 및 '옳은'과 '그른' 같은 단어의 의미에 대한 훨씬 더 큰 오해에 기초하고 있다. 종종 공리주의는 사람을 냉정하고 동정심 없게 만든다고 비판받는다. 즉, 공리주의는 개인들에 대한 사람들의 도덕 감정을 냉담하게 만들고, 행동의 결과만을 메마르고 엄격하게 고려하도록 만들며, 그런 행동을 하게 만든 성품의 자질을 도덕적 평가에서 고려하지 않는다고 비판받는다. 만약 이 비판이 의미하는 바가 공리주의자들은 어떤 행위의 옳고 그름에 관한 판단이 그 행위를 한 사람의 성품의 자질에 관한 견해에 영향받는 것을 허용하지 않는다는 것이라면, 이것은 공리주의에 대한 비판이 아니라 도덕의 기준을 가지는 것 자체에 대한 비판이다. 왜냐하면 우리가 아는 어떠한 윤리적 기준도 어떤 행위가 좋은지 나쁜지를 결코 그 행위를 좋은 사람이 했는지 나쁜 사람이 했는지를 근거로, 더욱이 그 행위를 사랑스러운 사람, 용감한 사람, 자비로운 사람이 했는지 아니면 그 반대되는 사람이 했는지를 근거로 결정하지는 않기 때문이다. 이런 고려 사항들은 행위에 대한 평가가 아니라 사람에 대한 평가와 관련이 있다. 그러므로 우리가 사람들의 행위의 옳고 그름 외에도 사람들의 다른 면들에 관심을 갖는다는 사실과 공리주의 이론 사이에 모순되는 점은 없다. 스토아주의자들은 그들 사상 체계의 일부인 언어를 역설적으로 오용(誤用)함으로써 덕 이외의 것에는 모두 무관심하고 오직

덕만을 추구하였다. 그래서 그들은 덕을 가진 사람은 모든 것을 가지고 있고, 오직 덕을 가진 사람만이 부자이며, 아름답고, 왕이라고 말하기를 즐겼다. 그러나 스토아주의와 달리 공리주의는 유덕한 사람에 대해 이런 식으로 말할 수 없다. 공리주의자들은 덕 외에도 우리가 지닐 만한 다른 바람직한 것들과 성품의 자질들이 있다는 것을 잘 알고 있으며, 그 모든 것의 온전한 가치를 기꺼이 허용한다. 또한 공리주의자들은 옳은 행위가 반드시 유덕한 성격을 나타내는 것도 아니고, 비난받을 만한 행위가 종종 칭찬받을 만한 성품의 자질에서 비롯된다는 것도 잘 알고 있다. 어떤 특수한 경우에 이런 현상이[즉, 행위에 대한 평가와 행위자에 대한 평가 간의 상이함이] 분명하게 나타날 때, 공리주의자들은 행위에 대한 평가를 수정하지는 않지만 행위자에 대한 자신들의 평가를 수정한다. 그럼에도 불구하고 공리주의자들은 장기적으로 볼 때 좋은 성격에 대한 최선의 증명은 좋은 행동이고, 나쁜 행위를 산출하는 뚜렷한 경향을 지닌 정신적 성향은 나쁜 것이라는 견해를 지지한다. 이런 입장 때문에 공리주의는 많은 사람들에게 인기가 없지만, 이런 인기 없음은 옳고 그름을 진지하게 구별하는 데 관심이 있는 사람이라면 누구나 공유할 수밖에 없는 것이다. 이런 비난은 양심적인 공리주의자가 물리치려고 애쓸 필요가 없는 비난이다.

2.21 만약 위의 반론이 의미하는 바가 많은 공리주의자들이 공리주의적 기준을 가지고 행위의 도덕성을 평가하는 데에만 배타적인 관심을 기울이고, 인간을 사랑스러운 존재나 존경

할 만한 존재로 만들어 주는 성향인 성격의 다른 미덕들을 충분히 강조하지 않는다는 것이라면, 그런 반론은 인정될 수 있다. 도덕 감정은 함양하면서도 공감 능력이나 예술적 감상 능력은 함양하지 않는 공리주의자들이 이런 잘못을 범한다.[20] 그런데 [이 잘못은 공리주의자들만 범하는 것이 아니라] 동일한 조건 아래 있는 다른 모든 도덕 이론가들도 역시 그런 잘못을 범한다. 그래서 다른 도덕 이론가들이 제시할 수 있는 변명을 공리주의자들도 똑같이 제시할 수 있다. 즉, 만약 모종의 잘못이 있을 수밖에 없다면, 차라리 이런 종류의 잘못이 더 낫다고 변명할 수 있다.[21] 사실 다른 도덕 이론의 지지자들과 마찬가지로 공리주의자들 중에도 자신들의 기준을 너무 엄격하게 적용하는 사람도 있고 너무 느슨하게 적용하는 사람도 있다. [자신들의 기준을 적용함에 있어서] 어떤 공리주의자들은 청교도적으로 엄숙한 반면에 다른 공리주의자들은 죄인들이나 감상주의자들이 바라는 만큼이나 관대하다. 그러나 전체적으로 볼 때 도덕법칙을 위반하는 행위를 억제하고 방지하

20_ 밀이 여기서 염두에 두고 있는 공리주의자는 아마도 자신의 아버지인 제임스 밀인 듯하다. 밀은 『자서전』에서 자신이 아버지로부터 받은 교육은 지식 교육과 도덕교육 위주의 교육이었고 감정 교육이나 예술 교육은 받지 못하였다고 술회하고 있다: 옮긴이.
21_ 공감 능력이나 예술적 감상 능력의 함양과 도덕 감정의 함양을 모두 함께 할 수 없어서 둘 중의 하나밖에 하지 못하는 잘못을 할 수밖에 없다면, 공감 능력이나 예술적 감상 능력을 함양하면서도 도덕 감정을 함양하지 않는 잘못보다는 공감 능력이나 예술적 감상 능력을 함양하지는 못하더라도 도덕 감정을 함양하는 잘못을 저지르는 편이 더 낫다는 변명이 가능하다: 옮긴이.

는 데 주로 관심을 기울이는 하나의 이론으로서 공리주의 이론은 그러한 위반 행위에 대해서 여론의 제재를 사용하는 데 있어서 다른 도덕 이론들에 뒤지지 않을 것이다. 상이한 도덕의 기준을 주장하는 사람들이 '어떤 행위가 도덕법칙을 위반하는가?'라는 물음에 대해서 때때로 의견을 달리할 가능성이 높다는 것은 사실이다. 그러나 공리주의가 도덕적 물음들에 대한 의견의 차이를 세상에 처음 도입한 것은 아니다. 하지만 늘 쉬운 것은 아니지만 공리주의는 모든 경우에 있어서 그와 같은 차이를 해결할 수 있는 구체적이고 지적인 방식을 제공한다.

  2.22 여기서 공리주의 도덕에 대한 통상적인 오해들 중 몇 가지에 더 주목하는 것이 불필요한 일은 아닐 듯싶다. 심지어 이런 오해들 중에는 너무나 명백하고 심각해서 정직하고 지성적인 사람들이 그런 오해를 한다는 것이 불가능한 것처럼 보이는 것도 있다. 그 이유는 상당한 수준의 정신적 능력을 지닌 사람들조차도 자신들의 편견에 기초한 견해의 의미를 이해하기 위해 거의 노력을 기울이지 않기 때문이며, 또 사람들은 일반적으로 이런 자발적인 무지를 결점이라고 생각하지 않기 때문이다. 그런 까닭에 고상한 원리와 철학을 모두 가졌다는 명성을 듣고 있는 사람들의 심사숙고된 글에서도 윤리학 이론들에 대한 가장 저속한 수준의 오해가 지속적으로 등장한다. 예컨대, 우리는 공리주의가 **무신론적** 이론이라는 비판을 자주 듣는다. 이 비판은 한낱 가정에 불과하다. 그럼에

도 불구하고 우리가 이 비판에 대해서 응답할 필요가 있다면, 그것은 우리가 신의 도덕적 성격에 대해 어떻게 생각하느냐에 달려 있다고 할 수 있다. 신이 무엇보다도 자신의 피조물들의 행복을 바라고, 이것이 창조의 목적이라고 우리가 진심으로 믿는다면, 공리주의는 무신론적 이론이 아닐 뿐만 아니라 다른 어떤 이론보다 더 심오한 종교적 이론이라 할 수 있다. 만약 그 비판이 의미하는 바가 공리주의는 계시된 신의 의지를 도덕의 최고 법칙으로 인정하지 않는다는 것이라면, 내 대답은 이렇다. 신의 완전한 선함과 지혜를 믿는 공리주의자는 반드시 공리의 요구를 최고 수준으로 충족시키는 것만이 도덕 문제에 관해 신이 계시하는 것으로 적절하다고 믿는다.[22] 그러나 공리주의자들을 제외한 다른 사람들은 기독교적 계시가 무엇이 옳은지를 매우 일반적인 방식으로는 알려 주지만, 구체적으로는 알려 주지 않는다고 생각한다. 그들은 이것보다는 오히려 기독교적 계시는 사람들에게 무엇이 옳은지를 스스로 찾도록 하고, 그것을 찾았을 때 실천하도록 이끄는 정신을 사람들의 마음과 가슴에 불어넣기 위해서 의도된 것이며, 그런 것에 적합한 것이라고 생각한다. 그래서 그들은 우리에게 신의 의지를 해석해 줄 수 있는 윤리학 이론이 필요하다고 생각한다. 이런 견해가 맞는지 틀린지에 관해서 여기

22_ 이런 종류의 공리주의를 신학적 공리주의라고 한다. 가장 유명한 인물은 페일리(William Paley: 1743-1850)인데, 목사였던 페일리는 1785년에 출판된 『도덕과 정치철학(Moral and Political Philosophy)』에서 '신은 우리가 모두의 행복을 증진하기를 원하기 때문에 우리는 신의 의지에 복종해야 한다'고 주장하였다: 옮긴이.

서 논의할 필요는 없다. 왜냐하면 자연 종교이건 계시 종교이건 종교가 윤리적 탐구에 줄 수 있는 도움은, 그것이 무엇이든, 다른 도덕 이론가들과 마찬가지로 공리주의 도덕 이론가들에게도 열려 있기 때문이다. 다른 도덕 이론가들이 유용성이나 행복과 무관한 초월적인 법칙이 지시하는 것을 보이기 위해서 종교를 이용할 정당한 권리를 가지듯이, 공리주의자도 어떤 행동 경로의 유용성이나 해로움에 대한 신의 증언(가르침)으로서 종교를 이용할 수 있다.

2.23 또다시 비판가들은 **편의**(expediency)와 **원리**를 대조시키는 일상적인 용법을 이용해서 **공리**에 '편의'라는 이름을 붙임으로써 간단히 공리주의를 비도덕적인 이론이라고 낙인찍는 경우가 자주 있다. 그러나 '옳음'과 반대되는 의미에서의 '편의'는 일반적으로 행위자 자신의 특정한 이익을 위해 편의를 추구하는 것을 의미한다. 예컨대 어떤 장관이 자신의 직위를 유지하기 위해서 조국의 이익을 희생시키는 경우에 그의 행위는 이런 의미에서 편의적이다. 이것보다 더 나은 의미의 편의는 어떤 규칙을 준수하면 훨씬 더 높은 정도의 편의를 산출함에도 불구하고 그 규칙을 위반하면서까지 어떤 즉각적인 목표나 일시적인 목적을 위해서 편의를 추구하는 것을 의미한다. 이런 의미에서 **편의적인 것**은 유용한 것과 동일한 것이 아니라 해로운 것의 일종이다. 그러므로 일시적인 당혹감을 모면하기 위해서 혹은 우리 자신이나 다른 사람들에게 즉각적으로 유용한 목표를 달성하기 위해서 거짓말을 하는 것은 이런 의미에서 편의적이라고 할 수 있다. 우리 스스로 진실성

문제에 대한 감수성을 계발하는 것은 우리의 행위를 통해서 기여할 수 있는 사회적으로 가장 유용한 것들 중의 하나이고, 그런 감정을 약화시키는 것은 가장 해로운 것 중의 하나이다. 그리고 의도하지 않았다고 해도 진실로부터 벗어나는 것은 사람들의 주장의 신뢰성을 그만큼 약화시킨다. 이런 신뢰성은 현재의 모든 사회적 복지를 지지해 주는 주요한 버팀목일 뿐만 아니라, 신뢰성의 부족은 문명과 덕, 그리고 인간의 행복이 가장 광범위하게 의존하는 모든 것들을 다른 어떤 것보다도 더 퇴보시킨다. 그렇기 때문에 우리가 현재의 이익을 위해서 그런 엄청난 편의를 가진 [진실성의] 규칙을 위반하는 것은 편의를 산출하는 것이 아니다. 그리고 이 규칙은 인류가 서로 간의 약속에 부여하는 신뢰의 많고 적음과 관련되기 때문에 자기 자신이나 다른 사람들의 편의를 위해서 그 규칙을 위반하는 사람은 인류에게 선을 빼앗고 악을 가하는 것으로 가장 나쁜 인류의 적 역할을 하는 것이다. 그러나 신성하기까지 한 이 규칙조차도 예외를 허용한다. 이 점은 모든 도덕 이론가들이 인정하는 것이다. 그런 예외들 중에서 대표적 예는 어떤 사실을 알리지 않는 것이 (예컨대, 악의를 가진 사람에게 정보를 알려 주지 않거나 치명적으로 아픈 사람에게 나쁜 소식을 말하지 않는 것처럼) 누군가를(특히 자기 자신을 제외한 다른 사람을) 중대하고 부당한 악으로부터 구할 수 있는 경우이면서 또 효력을 발휘할 수 있는 유일한 방법이 사실을 부인함 — 거짓말을 함 — 으로써만 가능한 경우이다. 그러나 그런 예외가 필요 이상으로 확대되지 않도록 하고 진실성에 대한 신뢰를 약화시키는 효과를 가능한 최소화하기 위해서는, 그런 경우들이 예외라는 점이 인정되어야 하고, 가능한 한 그 한계가 분명하게 설정되어야 한다. 공리의 원리가 어떤 장점을 가지고 있다면, 그것은 서로 상충하는 공리들을 견주어 보는 데 용이하고, 그래서 공리가 더 우세한 영역을 확실하게 결정할 수 있다는 점이다.

2.24 공리주의의 지지자들이 응답해야 할 또 다른 비판은 행위를 하기 전에 어떤 행동 노선이 일반 행복(general happiness)에 미치는 영향을 계산하고 견주어 볼 시간이 없다는 것이다. 이것은 마치 우리가 어떤 행동을 하기 전에 매번 구약성경과 신약성경을 전부 읽을 만한 시간이 없기 때문에 우리가 기독교의 가르침에 따라 행동할 수 없다고 말하는 것과 같다. 이 반론에 대한 응답은 충분한 시간이 있다는 것이다. 즉, 인류의 전체 과거가 바로 그런 시간이다. 과거의 모든 시간 동안 인류는 경험을 통해 행동의 경향을 배워 왔다. 그리고 그런 경험 위에 삶의 모든 타산과 모든 도덕이 기초한다. 그런데 비판자들은 이런 경험의 경로가 아직 시작도 되지 않아서 시작이 지금까지 연기되어 왔던 것처럼 말한다. 그래서 어떤 사람이 다른 사람의 재산이나 목숨을 뺏으려는 유혹을 느끼는 그 순간에 도둑질과 살인이 인류의 행복에 해가 되는지 여부를 최초로 고려하기 시작해야 하는 것처럼 말한다. 그럴 때에도 나는 그런 범죄를 저지르려고 하는 사람이 그 질문의 답을 찾는 것이 어렵지 않다고 생각한다. 어쨌든 그는 이미 그 문제를 힘들이지 않고 해결하고 있다. 그런데 인류가

공리를 도덕의 판단 기준으로 받아들이기로 합의하고도, 무엇이 유용한지에 대해 아무런 합의도 하지 않고, 또 그런 주제들을 어린이들에게 가르치고 법과 여론을 통해서 강제하기 위해 아무런 조치도 취하지 않을 것이라고 가정하는 것은 정말로 터무니없는 것이다. 어떤 윤리적 기준이든 인류의 보편적인 무지 상태와 결합된다면 그런 윤리적 기준은 잘 작동하지 않을 것이다. 이것을 증명하는 것은 어렵지 않다. 이런 보편적 무지를 가정하지 않는 한, 어떤 가설을 따르더라도 인류는 지금까지 어떤 행위들이 자신들의 행복에 어떤 영향을 미치는지에 대한 믿음을 형성해 왔음이 분명하다. 이렇게 전해 내려온 믿음들이 대중을 위한 도덕의 규칙들이 된다. 그리고 철학자들이 그것보다 더 좋은 것을 발견하기 전까지는 이 도덕의 규칙들은 철학자들을 위한 것이기도 하다. 철학자들이 지금도 여러 주제에 관해서 이런 일을[즉, 보다 좋은 도덕의 규칙들을 찾는 일을] 쉽게 할 수 있을지도 모른다. 그리고 그렇게 널리 수용되고 있는 윤리의 규칙들은 결코 신성한 권리를 지니지 않는다. 또 인류는 행위들이 일반 행복에 미치는 효과에 대해서 아직도 배울 것이 많다. 나는 이 모든 것들을 인정한다. 아니 진심으로 그렇게 주장한다. 공리의 원리에서 추론된 결론들은[즉, 지침들은] 다른 모든 실천적 기술의 지침들 (precepts)처럼 무한히 개선될 것이고, 인간 정신이 진보하는 한 그런 지침들의 개선은 영원히 계속될 것이다. 그러나 도덕의 규칙들이 개선될 수 있다고 생각하는 것과, 중간 단계의 일반화를 완전히 건너뛴 채 제1원리에 의해 각 개별 행위를 직접 검사하기 위해 애쓰는 것은 별개의 문제이다. 제1원리를 인정하는 것과 제2차 원리들을 허용하는 것이 일관성이 없다는 주장은 이상한 생각이 아닐 수 없다. 여행자에게 그의 최종 목적지를 알려 주는 것이 그리로 가는 도중에 눈에 잘 띄는 표지물과 이정표를 사용하는 것을 금지하지는 않는다. 행복이 도덕의 목적이고 목표라는 명제가 그 목표로 가는 길을 내서는 안 된다거나 그 목적지로 가는 사람들에게 어떤 방향으로 가라고 충고해서는 안 된다는 것을 의미하는 것은 아니다. 다른 실천적 문제에 관해서는 이런 터무니없는 말을 하지도 않고 듣지도 않으면서, 유독 이 주제에 관해서만 이런 터무니없는 말을 하는 것은 정말로 해서는 안 되는 일이다. 아무도 선원들이 항해력을 계산할 때까지 기다릴 여유가 없다는 것을 이유로 항해술이 천문학에 기초하지 않는다고 말하지는 않는다. 선원들은 합리적인 존재이기 때문에 이미 계산된 항해력을 가지고 바다로 나아간다. 마찬가지로 모든 합리적 존재들은 일상적인 옳고 그름에 대한 문제뿐만 아니라 그보다 더 어려운 현명함과 어리석음에 대한 문제들에 대해서도 이미 마음을 결정한 채로 인생의 바다로 나아간다. 예견하는 것이 인간의 특징인 한, 사람들은 앞으로도 계속 그럴 것으로 보인다. 우리가 무엇을 도덕의 근본 원리로 채택하건, 우리는 그것을 적용하기 위해서 하위 원리들을 필요로 한다. 하위 원리 없이 근본 원리를 적용하는 것은 불가능하다. 이것은 모든 체계에 공통된 것이다. 그렇기 때문에 그것은 어떤 특정한 체계에 반대하는 논증이 될 수 없다. 그러므로 인류가 그와 같은 2차 원리를 갖지 못할 것이라고 그리고 그들의 삶의 경험으로부터 아무런 일반적 결론도 끌어내지 못한 채로 지금까지 지내 왔고 앞으로도 언제나 그럴 것이라고 주장하는 것은 철학적인 논쟁에서 유례가 없을 정도로 가장 터무니없는 주장이라고 할 수 있다.

2.25 공리주의에 반대하는 상투적인 논증들 중 나머지 논증들은 주로 인간 본성의 공통적인 나약함과, 자신의 인생 경로를 결정함에 있어서 양심적인 사람들을 곤혹스럽게 하는 일반적인 어려움에 그 비난의 근거를 두고 있다. 우리가 흔히 듣는 비판은 공리주의자가 자신이 처한 특수한 경우를 도덕 규칙이 적용되지 않는 예외로 만드는 경향이 있고, 그래서 유혹이 있을 때 공리주의자는 도덕 규칙을 지키는 것보다 위반하는 것이 공리가 더 크다고 강변한다는 것이다. 그러나 우리가 악을 행할 때 변명을 제공하고 우리 자신의 양심을 속이는 수단을 제공할 수 있는 윤리 이론이 공리주의밖에 없을까? 도덕에는 상충하는 고려 사항들이 존재한다는 것을 하나의 사실로 인정하는 모든 이론들은 그런 변명이나 수단을 풍부하게 제공한다. 그리고 정상적인 사람들이 믿어 온 도덕 이론들은 모두 그렇게 한다. 우리가 행동 규칙을 어떤 예외도 인정하지 않도록 만들지 못하고 또 어떤 종류의 행동은 언제나 옳거나 언제나 그른 것으로 확실히 분류하지 못하는 것은 도덕 이론의 잘못이 아니라 인간사의 복잡함 때문이다. 그래서 어떤 윤리 이론이든지 상황의 특수성에 대처하기 위해서는 행위자의 도덕적 책임 하에 어느 정도 융통성을 부여해서

도덕법칙의 엄격성을 완화하지 않을 수 없다. 그리고 이렇게 융통성을 부여하는 모든 윤리 이론은 자기기만과 부정직한 결의론(casuistry)[23]을 끌어들이게 된다. 그러나 명백히 갈등하는 의무를 포함하는 경우들이 발생하지 않는 도덕 체계는 존재하지 않는다. 이런 경우들이 윤리 이론에서 진정한 난점이자 개인의 행위를 양심적으로 지도할 때 부딪히는 복잡한 점이다. 그것들이 실천적으로 얼마나 성공적으로 극복되는지는 개인의 지성과 덕성에 따라 달라진다. 그러나 [어떤 윤리 이론이] 상충하는 권리들과 의무들에 대해 판정을 내려 줄 궁극적 기준을 가지고 있기 때문에 그러한 의무의 갈등 문제를 다루는 데 적합하지 않다는 주장은 성립될 수 없다. 만약 공리가 도덕적 의무의 궁극적 원천이라면, 도덕적 의무의 요구들이 상충할 때 공리에 호소해서 그런 의무의 갈등을 해결할 수 있다. 비록 그 기준을 적용하는 것이 어렵다고 할지라도 아무 기준도 없는 것보다는 낫다. 반면에 다른 윤리 체계에서는 도덕법칙들이 모두 독립적인 권위를 주장하기 때문에, 그런 도덕법칙들 사이의 갈등을 조정해 줄 자격이 있는 공통의 심판이 없다. 그래서 그것들 중 하나가 다른 것보다 우월하다는 주장은 궤변 이상의 논거를 제시하지 못한다. 그리고 만약 그런 우월성에 대한 주장이 일반적으로 그렇듯이 암묵적으로

23_ 결의론(casuistry)이란 도덕적 결론에 도달하기 위해 사례 비교와 유추(analogy)를 사용하는 것을 지칭한다. 결의론은 사례, 역사, 선례 및 상황으로부터 분리된 일반적이고 보편적인 규칙, 원리, 이론에 대해 회의적이다. 그래서 결의론은 새로운 사례들을 전형적인 선행 사례와 비교하여 결정을 내리는 유비 추리를 강조한다: 옮긴이.

공리에 대한 고려에 영향받아서 결정되지 않는다면, 개인적 욕망과 편파성을 따르는 행동이 자유롭게 활개 칠 여지를 제공할 것이다. 우리는 2차적 원리들이 갈등하는 경우에만 제1원리에 호소할 필요가 있다는 것을 명심해야만 한다. 도덕적 의무의 경우치고 모종의 2차적 도덕원리들과 관련되지 않는 경우는 없다. 만약 단 하나의 2차적 원리만 있다면, 그 원리를 인정하는 사람의 마음속에서는 그것이 어떤 것인지에 관한 그 어떤 진정한 의문도 거의 생기지 않을 것이다.

3장

공리의 원리의 궁극적 제재에 관하여

3.1 어떤 도덕적 기준(moral standard)에 대해서도 다음과 같은 물음이 정당하게 자주 제기된다. 그 도덕적 기준의 제재(sanction)는 무엇인가? 우리가 그 기준을 따라야 할 동기는 무엇인가? 혹은 보다 구체적으로 그것의 의무의 원천은 무엇인가? 그 기준의 구속력은 어디로부터 나오는가? 이런 질문들에 답하는 것은 도덕철학의 필수적 부분이다. 이 질문들은 다른 이론들보다 공리주의에 특히 잘 적용되는 것처럼 보인다. 그래서 그것은 공리주의에 대한 반론의 형태로 자주 제기된다. 하지만 실제로 이 물음은 모든 기준들에 대해서 제기되는 것이다. 사실 이 물음은 어떤 사람이 하나의 기준을 **채택하도록** 요구받을 때마다 혹은 도덕을 어떤 토대 위에 세우는 일에 익숙하지 않았던 사람이 도덕의 토대를 찾도록 요구받을 때마다 제기된다. 왜냐하면 교육과 여론을 통해 신성시되어 온 관습 도덕(customary morality)만이 **그 자체로** 의무라는 감정을 우리 마음에 불러일으키는 유일한 도덕이기 때문이다. 그래서 어떤 사람에게 관습이 지금까지 지지하지 않았

던 다른 일반 원리를 제시하고, 그에게 사실은 그 일반 원리에서 관습 도덕의 의무들이 **도출된** 것이라고 말하고 그것을 믿으라고 하면, 그 주장은 그 사람에게 하나의 역설처럼 들릴 것이다. 그 이유는 원래의 정리(theorem)보다 거기서 도출된 결론이 더 구속력이 있어 보이고, 토대가 없는 것이 토대가 있는 것보다 상부구조물을 더 잘 지탱하는 것처럼 보이기 때문이다. 그래서 그는 자신이 도둑질하거나 살인하거나 배신하거나 속여서는 안 된다고 느낀다. 하지만 그는 [공리의 원리와 같은 일반 원리에 대해서는] 왜 자신이 '일반 행복을 증진해야 하는지?' 그리고 '자신의 행복이 일반 행복과 일치하지 않는 경우에도 왜 자신이 일반 행복보다 자신의 행복을 선호해서는 안 되는지?' 의문을 느끼게 된다.[24]

3.2 도덕감(moral sense)의 본성에 관한 공리주의 철학의 견해가 맞다면, 이런 어려움은 도덕적 성격을 형성하는 데 영향을 미치는 것들이 공리의 원리의 결론의 일부만을[즉, 관습 도덕의 의무만을] 받아들이는 것이 아니라 공리의 원리 자체를 받아들이기 전까지는 사라지지 않을 것이다. 즉, 교육의 개선을 통해, 정상적으로 잘 교육받은 젊은이가 동료 인간들과 하나가 되고자 하는 감정이 범죄를 두려워하는 만큼이나 우리의 성격에 깊이 뿌리내리고(그리스도가 이런 것을 의도했다는 것

---

[24]_ 정리이자 토대로 작용하는 일반 원리보다 결론이자 상부구조물인 관습 도덕의 의무가 더 구속력이 있어 보이기 때문에 사람들은 관습 도덕의 의무에 대해서는 구속력을 느끼지만 일반 행복의 증진 같은 일반 원리에 대해서는 구속력에 의문을 느낀다: 옮긴이.

은 의문의 여지가 없다), 그것이 우리의 본성의 일부로서 우리의 의식에 완전히 고착되기 전까지 이런 어려움은 언제나 일어날 것이다. 그러나 한편으로 이런 어려움은 공리주의 이론에만 특별히 적용되는 것이 아니라, 도덕을 분석하고 도덕을 원리들로 환원하려는 모든 시도에 내재하는 것이다. 그 원리가 적용되어 도출된 의무들만큼 그 원리 자체가 이미 사람들의 마음속에서 신성함으로 뒤덮여 있지 않는 한, 도덕을 분석하고 원리들로 환원하려는 시도는 언제나 그것들의 신성함을 훼손한다.

3.3 공리의 원리도 다른 모든 도덕 체계들이 사용하는 모든 제재들을 가지고 있으며, 그것들을 가지지 못할 이유도 없다. 이 제재들은 외적 재재이거나 내적 제재이다. 외적 제재에 관해서는 길게 말할 필요가 없다. 외적 제재는 우리가 동료 인간들이나 **우주의 지배자**로부터 호의를 얻고자 하는 희망과 미움받는 것에 대한 두려움이며, 이는 또한 우리가 동료 인간들에 대해 공감이나 애정을 가지는 것들이거나 우리 자신에게 돌아오는 결과와 무관하게 신의 의지를 실천하는 신에 대한 사랑과 외경심이다. 다른 도덕 이론들은 이 모든 준수의 동기들과 완벽하게 그리고 강력하게 결부되어 있다. 공리주의 도덕이라고 해서 그러지 못할 이유는 전혀 없다. 특히, 우리가 동료 인간들과 관련해서 언급한 동기들은 일반적인 지적 수준에 비례해서 공리주의 도덕과 확실히 결부되어 있다. 왜냐하면 일반 행복 외에도 도덕적 의무의 다른 근거가 있는지 여부와 관계없이 사람들은 진정으로 행복을 원하기 때문이다.

뿐만 아니라 행복을 추구하는 자신들의 실천이 아무리 불완전하다고 해도, 사람들은 남들이 자기들에게 자신들의 행복을 증진하는 행동을 하기를 바라고 또 그것을 권장하기 때문이다. 종교적 동기에 관해서 말하자면, 대부분의 사람들이 고백한 대로 사람들이 신의 선함을 믿는다면, 일반 행복 증진이 선의 본질 또는 심지어 선의 유일한 기준이라고 생각하는 사람은 신도 반드시 그것에 동의할 것이라고 믿을 수밖에 없다. 그러므로 모든 외적인 보상과 처벌의 힘은, 그것이 물리적이든 도덕적이든 또는 신으로부터 나온 것이든 사람으로부터 나온 것이든, 인간이나 신에게 사심 없이 헌신하는 인간 본성의 능력들이 허용하는 모든 것들과 더불어, 공리주의 도덕이 인정되는 것에 비례해서 공리주의 도덕을 강화하는 데 사용될 수 있다. 그리고 교육과 일반교양이 그 목적에 부합하는 방향으로 더 많이 사용될수록 더욱더 강력하게 공리주의 도덕을 강화할 것이다.[25]

3.4 외적 제재에 관한 논의는 이 정도로 하자. [이제는 내적 제재에 관해서 논의하기로 하자.] 의무의 내적 제재는 우리의 의무의 기준이 무엇이건 하나이고 언제나 동일하다. 그것은 우

25_ 3.3에서 밀은 벤담의 제재에 관한 논의를 비판적으로 계승하면서 여기에 추가로 내적 제재에 관한 논의를 제시하고 있다. 벤담은 모든 행위의 동기를 제공하는 쾌락과 고통을 제재의 원천으로 보고, 제재의 종류를 물리적 제재, 정치적 제재, 대중적 제재, 종교적 제재로 나누었다. 밀은 벤담의 이네 가지 제재가 모두 외부적 권위에 그 근거를 두고 있다는 점에서 이 넷을 외적 제재로 분류한다. 밀은 외적 제재 외에도 인간의 내면에 자리하는 또 다른 제재, 즉 내적 제재가 있다고 주장하면서, 내면의 도덕적 감정인 '양심'이 바로 내적 제재라고 주장한다: 옮긴이.

리 안에 생기는 하나의 감정이다. 이 감정은 의무를 위반하는 경우에 수반되는 다소간 강렬한 고통이다. 이런 감정은 적절히 함양된 도덕적 본성을 가진 사람에게는 보다 심각한 경우에 그런 고통을 피하는 것이 불가능할 정도로 고조된다. 이 감정이 아무 사심 없이 발휘될 때, 그리고 특정한 의무의 형태나 단지 부수적인 환경과 연결되는 것이 아니라 의무의 순수한 관념과 연결될 때, 바로 이 감정이 **양심**의 본질을 이룬다. 그런데 이런 단순한 사실은 일반적으로 여러 가지 것들 — 동정심, 사랑, 훨씬 더 많게는 공포, 그리고 모든 종류의 종교적 감정들, 어린 시절과 우리의 모든 과거에 대한 추억, 자존심, 다른 사람들한테서 존중받고 싶은 마음, 때로는 심지어 자기 비하의 감정 — 에서 비롯된 2차적인 연상들로 모두 뒤덮여 있어서 아주 복잡한 현상으로 나타난다. 내가 보기에 이런 현상의 극단적 복잡함이 도덕적 의무와 관련된 신비한 성질의 기원이다. 여러 사례에서 보이는 인간 정신의 하나의 경향에 의해서 이런 신비한 성질은 도덕적 의무의 관념에서 비롯되는 것으로 여겨지는 경향이 있다. 그래서 사람들은 신비한 법칙에 의해서 우리의 현재 경험 안에 도덕적 의무의 관념을 불러일으키는 특정 대상들에만 도덕적 의무의 관념이 결부될 수 있고, 그것들 이외의 그 어떤 대상에도 그런 도덕적 의무의 관념은 결부될 수 없다고 믿는다. 그러나 도덕적 의무의 구속력은 복합적 감정 안에 존재한다. 이런 감정은 우리가 그 [도덕의] 기준을 위반하려고 할 때 그렇게 하지 못하도록 억제하는 감정이다. 그럼에도 불구하고 우리가 그 기준을 위반하는 행위를 한다면, 아마도 나중에 후회의 감정을 동반할 수밖에 없는 그런 감정이다. 우리가 양심의 본성이나 기원에 관해서 어떤 이론을 가지건, 이것이 양심에 관한 이론의 핵심이라 할 수 있다.

3.5 그러므로 (외적 동기는 논외로 하고) 모든 도덕의 궁극적 제재가 우리 마음속에 있는 하나의 주관적 감정이라고 한다면, 내가 보기에 공리의 기준은 어떤 제재를 가지고 있는가라는 질문에 대해 공리주의자들이 당혹해 할 이유는 전혀 없다. 이 질문에 대해 우리는 다른 모든 도덕적 기준들의 대답과 동일하게 답할 수 있을 것이다. 즉, 우리는 인류의 양심적 감정들(conscientious feelings)이 도덕의 궁극적 제재라고 답할 수 있다. 물론 공리주의가 호소하는 양심적 감정들을 지니지 않은 사람들에게 이런 제재는 아무런 구속력도 가지지 못할 것이다. 그러나 이런 사람들은 공리주의 도덕원리만이 아니라 다른 어떤 도덕원리도 따르지 않을 것이다. 이들에게는 어떤 도덕원리도 외적 제재를 통하지 않고서는 구속력을 발휘할 수 없다. 하지만 그런 감정들이 인간 본성에 관한 하나의 사실로서 존재한다는 것, 그런 감정들이 실재한다는 것, 그리고 그런 감정들을 잘 함양한 사람들에게 그 감정들이 강력한 힘을 발휘한다는 것은 경험에 의해서 입증되는 것이다. 다른 도덕 규칙들이 그런 것만큼 공리주의가 이런 감정들을 강력하게 함양하지 못할 이유는 없다.

3.6 내가 알기로, 도덕적 의무가 오직 인간의 의식 안에 자리하고 있는 전적으로 주관적 실재라고 믿는 사람보다 도덕

적 의무가 하나의 초월적 사실, 즉 **"물자체"**[26]의 영역에 속하는 객관적 실재라고 믿는 사람이 도덕적 의무를 더 잘 준수한다고 생각하는 경향이 있다. 그러나 도덕적 의무의 존재론에 대해서 사람들이 어떻게 생각하건, 어떤 사람으로 하여금 실제로 도덕적 의무를 준수하도록 만드는 힘은 그 자신의 주관적 감정이다. 그리고 그 힘은 그 감정의 강도에 의해 측정된다. **의무**가 객관적 실재라는 믿음은 **신**이 객관적 실재라는 믿음보다 강하지 않다. 그러나 신의 존재에 대한 믿음은, 실제로 현실에서 받는 보상과 처벌에 대한 기대를[즉, 외적 제재를] 논외로 할 경우에, 주관적인 종교적 감정을 통해서만 그리고 그것에 비례해서만 사람의 행동에 영향을 준다. [실제의 보상과 처벌에 대한] 사심이 없는 한, 그 제재는 언제나 마음 자체 안에 있다. 그러므로 [이런 견해에 반대하는] 초월주의 도덕 이론가들은 다음과 같이 주장한다. '어떤 사람이 제재의 뿌리가 자신의 마음 밖에 있다고 믿지 않는다면, 이 제재는 그의 마음 안에도 존재하지 않을 것이다. 그래서 나를 구속하고 있는 **이것**, 나의 양심이라 불리는 이것이 내 마음 안에 있는 하

26_ 물자체(things-in-themselves/Ding an sich)는 우리 인간에게 나타나는 현상의 기초를 이루는 '사물 그 자체'를 의미하는 것으로, 로크(J. Locke)가 사용하고 칸트에 의해서 발전된 용어이다. 칸트에 의하면, 물자체는 인과법칙이 지배하는 현상과 대비되는 것으로 그런 현상을 가능하게 하는 궁극적 원인이라고 생각되는 본체(本體)를 말한다. 물자체의 영역은 경험적 현상을 초월해서 존재하는 객관적 실재의 영역을 의미한다. 여기서 밀이 언급하고 있는 '도덕적 의무가 초월적 사실, 즉 물자체의 영역에 속하는 객관적 실재'라는 주장은 칸트의 초월적 관념론에 영향을 받은 직관주의를 의미한다: 옮긴이.

나의 감정에 불과하다고 믿는 사람은 아마도 그 감정이 사라지면 의무도 사라지고, 그 감정이 불편하다는 생각이 들면 그 감정을 무시하고 제거해도 된다는 결론에 이르게 될 위험이 있다.' [이것이 초월주의 도덕 이론가들이 염려하는 것이다.] 그러나 과연 이 위험이 공리주의 도덕에만 국한된 것인가? 도덕적 의무가 마음 바깥에 자리하고 있다는 믿음이 정말로 도덕적 의무 감정을 제거할 수 없을 정도로 강하게 만드는가? 사실은 이와는 정반대이다. 일반적으로 마음 안에서 양심은 침묵당하고 억압당한다. 도덕 이론가들은 모두 이것을 인정하고 그에 대해 개탄한다. 그래서 "내가 내 양심을 따라야 하는가?"라는 물음은 공리의 원리를 따르는 사람들 못지않게 공리의 원리에 대해 전혀 들어보지 못한 사람들도 자주 제기하는 물음이다. 이런 질문을 할 만큼 양심적 감정이 약한 사람들이 이 물음에 긍정적으로 답하고 양심을 따른다면, 그가 자신의 양심을 따르는 이유는 초월주의 이론을 믿어서가 아니라 외적 제재 때문이다.

3.7 현재 논의의 목적에 비추어 볼 때, 이런 의무감(feeling of duty)이 선천적인 것인지 아니면 후천적으로 길러지는 것인지 여부를 결정할 필요는 없다. 그것을 선천적인 것이라고 가정한다면, 그 의무의 감정이 자연적으로 어떤 대상에 결부되는지에 관한 물음이 제기된다. 왜냐하면 그 이론을 철학적으로 지지하는 사람들은 오늘날 그런 직관적 지각의 대상은 도덕의 원리들이지 그 구체적인 내용이 아니라는 데 합의하고 있기 때문이다. 만일 이 문제와 관련해서 선천적인 무엇인

가가 있다면, 나는 그런 선천적인 감정이 다른 사람들의 쾌락이나 고통을 고려하는 감정이어서는 안 될 이유가 없다고 본다. 만일 직관적으로 의무적인 어떤 도덕원리가 존재한다면, 나는 이것이 그 원리라고 주장한다. 그렇다면 직관주의 윤리는 공리주의 윤리와 서로 일치할 것이고, 두 이론들 사이에는 더 이상 논쟁할 것도 없을 것이다. 실제로 직관주의 도덕 이론가들도 다른 여러 가지 직관적인 도덕적 의무들이 존재한다고 믿으면서도 이미 이것이[즉, 다른 사람들의 쾌락이나 고통을 고려하는 원리가] 그 직관적인 도덕적 의무들 중의 하나라고 생각하고 있다. 왜냐하면 그들은 모두 도덕의 많은 **부분**이 동료 인간들의 이익에 대한 고려에 의존한다고 주장하기 때문이다. 따라서 도덕적 의무의 초월적 기원에 대한 믿음이 내적 제재에 대해 어떤 추가적인 효능(구속력)을 부여한다면, 공리주의 원리도 이미 그 혜택을 누리고 있다고 할 수 있다.

3.8 다른 한편으로, 나 자신이 주장하는 바와 같이 도덕적 감정들(moral feelings)이 선천적인 것이 아니라 후천적으로 습득되는 것이라고 해도, 그런 이유 때문에 도덕적 감정들이 덜 자연적인 것은 아니다. 사람들이 말하고 추론하고 도시를 건설하고 토지를 경작하는 것은 자연적인 것이지만, 이것들은 후천적으로 습득된 능력들이다. 도덕적 감정들은, 분명히 지각될 수 있을 정도로 우리 모두 안에 존재한다는 의미에서라면, 실은 우리의 본성의 일부가 아니다. 불행히도 이것은 도덕적 감정들이 초월적 기원을 가지고 있다고 가장 열렬히 믿는 사람들도 인정하는 사실이다. 그러나 앞에서 언급한

다른 후천적 습득 능력들과 마찬가지로 도덕적 능력이 우리의 본성의 일부가 아니라고 한다면, 그것은 본성에서 자연적으로 자라 나온 것이다.[27] 그리고 그런 후천적 능력들과 마찬가지로 도덕적 능력도 아주 적은 정도로는 저절로 자라날 수 있고, 함양함으로써 높은 수준으로 발전할 수도 있다. 그러나 불행히도 이 도덕적 능력은 충분한 외적 제재와 어린 시절의 인상의 힘을 사용함으로써 거의 어떤 방향으로도 길러질 수 있다. 그래서 이런 것들의 영향으로 인해서 아무리 어리석고 아무리 해로운 일이라고 해도 인간의 마음에서 모든 양심의 권위에 의해서 금지되는 것은 거의 없다. 그러므로 비록 공리의 원리가 인간 본성 안에 아무런 토대를 지니고 있지 않다고 할지라도, 동일한 수단에 의해서 동일한 효과가 공리의 원리에도 나타날 수 있다. 이것을 의심하는 것은 모든 경험에 어긋나는 것이다.

3.9 그러나 전적으로 인위적 산물인 도덕적 연상 관계(moral association)는 지성적 문화가 발전함에 따라 점차 분석의 분해하는 힘에 의해 무너지게 된다. 그래서 만약 공리와 연상 관계를 형성하는 의무감도 똑같이 자의적으로 발생한다면, 달리 말해서 그 연상 관계와 조화를 이루고, 우리로 하여

27_ 밀은 도덕적 능력 또는 도덕적 감정이 우리의 본성 안에 선천적으로 주어진 것이 아니라 후천적으로 습득되는 것이라고 주장한다. 그러나 밀은 그런 도덕적 능력이나 감정이 우리의 본성 안에 자연적인 토대를 지니고 있으며, 그런 자연적인 토대로부터 자라 나온 것이라고 말한다. 그런 점에서 도덕적 능력이나 감정은 우리의 본성의 일부가 아니라 습득된 것이기는 하지만, 본성에서 자라 나온 자연적인 것이다: 옮긴이.

금 그런 연상 관계를 편하게 느끼게 하며, (우리가 많은 이해관계의 동기를 가지는) 다른 사람들에게 그런 연상 관계를 조성하게 하고, 우리 자신에게도 그런 연상 관계를 소중히 간직하게 하는 우리 본성의 지도하는 부분인 어떤 강력한 종류의 감정이 없다면, 요컨대 공리주의 도덕을 위한 감정의 자연적 토대가 없다면, 설령 교육에 의해 이런 연상 관계가 형성된 이후라 하더라도 그와 같은 연상 관계 역시 분석에 의해서 사라지게 될 것이다.

3.10 그러나 이런 강력한 자연적 감정의 토대가 존재한다. 그리고 일단 일반 행복이 윤리적 기준으로 받아들여지고 나면, 이것은 공리주의 도덕의 강점이 된다. 이런 굳건한 토대는 바로 인류의 사회적 감정(social feelings)이다. 동료 인간들과 하나가 되고자 하는 욕망인 사회적 감정은 이미 인간 본성 속에서 강력한 원리로 작동하고 있으며, 다행히도 인위적으로 가르치지 않더라도 문명 발전의 영향으로 인해 점점 강해지는 경향이 있다. 사회 상태는 처음부터 인간에게 너무 자연스럽고 너무 필요하고 너무 일상적인 것이어서, 어떤 예외적 상황이나 자발적으로 고립을 택한 경우가 아닌 한, 사람은 사회의 한 구성원이 아닌 자기 자신을 상상조차 할 수 없다. 그리고 이런 연상 관계는 인류가 야만적인 독립 상태로부터 점점 더 벗어나면서 더욱더 강화된다. 그러므로 사회 상태에 본질적인 조건들은 사람이 태어나면서부터 처하게 된 세계 상태의 일부가 되며, 그런 세계 상태에 대한 모든 사람의 관념 안에 점점 더 분리 불가능한 일부로 자리하게 된다. 그래서 주

인과 노예의 관계를 제외하고, 이제는 어떤 인간 사회도 관련된 모든 사람들의 이익을 고려하는 토대 위에 서지 않으면 안 된다. 그렇지 않고는 어떤 인간 사회도 존립하는 것이 확실히 불가능하다. 평등한 사람들로 구성된 사회는 모든 사람의 이익이 똑같이 존중받아야 한다는 이해 위에서만 존립이 가능하다. 절대군주제를 제외하면, 모든 문명 상태에서 모든 사람은 평등하기 때문에 그들은 누군가와는 이런 조건 하에 살지 않으면 안 된다. 그리고 고금을 막론하고 누군가와 이와는 다른 조건에서[즉, 모든 사람의 이익이 똑같이 존중받지 못하는 사회 상태에서] 영원히 사는 것이 불가능한 상태를 향해 어느 정도 진보가 이루어지고 있다. 이런 방식으로 양육된 사람들은 다른 사람의 이익을 완전히 무시하는 상태는 불가능하다고 생각하게 된다. 그래서 그들은 최소한 심각한 해를 끼치는 행위를 스스로 삼가야 하고 (자신을 보호하기 위해서라도) 그런 행위에 지속적으로 반대하는 상태에서 살아야 한다고 생각할 필요가 있다. 그들은 다른 사람들과 협력하는 일에 그리고 (적어도 그들과 협력하는 동안에는) 개인적 이익이 아니라 집단적 이익을 행동의 목표로 삼는 일에 익숙해져야 한다. 그들이 서로 협력하는 한, 그들의 목적은 다른 사람들의 목적과 동일하게 되고, 다른 사람들의 이익이 곧 자신의 이익이라는 감정을 적어도 일시적으로나마 가지게 된다. 사회적 유대를 강화하는 모든 것 그리고 사회를 건강하게 성장시키는 모든 것은 각 개인에게 타인의 복지를 실천적으로 고려하는 데 더 큰 개인적 관심을 가지도록 할 뿐만 아니라, 그로 하여금 점점 더 타인의 선과 일체의 **감정**을 느끼게 만들거나 아니면 적어도 타인의 선을 실천적으로 훨씬 더 많이 고려하도록 해 준다. 그래서 그는 마치 본능인 것처럼 자신을 **당연히** 다른 사람을 존중하는 존재로 의식하게 된다. 마치 우리가 자신의 삶의 물리적 조건에 관심을 기울이듯이, 그는 타인의 선에 자연히 그리고 반드시 관심을 기울이게 된다. 그 결과, 그 사람이 그 감정을 얼마나 가지고 있든지 간에, 그는 가장 강한 이익의 동기와 공감의 동기를 가지고 그 감정을 드러내 보이려고 할 것이고, 자신의 온 힘을 다해 다른 사람들 역시 그런 감정을 갖도록 권장할 것이다. 그리고 비록 자기 자신은 그런 감정을 가지지 않는다고 하더라도, 다른 사람들이 그런 감정을 가져야 한다는 데 대해서는 그도 누구 못지않게 큰 관심을 가진다. 결과적으로 이 [사회적] 감정의 가장 작은 씨앗이 공감의 전염성과 교육의 영향력에 의해서 뿌리를 내려 자라나게 되고, 외적 제재의 강력한 작용에 의해 그것을 둘러싸고 있는 완전한 협력적 연상 관계의 거미줄이 형성된다. 문명이 발전하면서 우리는 우리 자신과 인간의 삶을 이런 식으로 생각하는 것을 점점 더 자연스럽게 느끼게 된다. 모든 단계의 정치적 발전이 이익 갈등의 원천을 제거함으로써 그리고 개인이나 계급 사이에 존재하는 법적 특권의 불평등을 평등하게 함으로써 더 그렇게 되도록 만들 것이다. 사실, 이런 법적인 불평등 때문에 인류의 많은 사람들의 행복이 여전히 무시되고 있다. 인간 정신이 발전함에 따라 그 영향들이 꾸준히 증대되면서 각 개인은 나머지 다른 사람들 모두와 일체감(feeling of unity)을 느끼는 경향이 있다. 이런 일체감이 완전해진다면, 그 감정으로 인해서 각 개인은 자신에게 이로운 조건을 추구하면서 다른 사람들의 이익을 배제한다는 것을 아예 생각조차 못하고 바라지도 못하게 된다. 만약 우리가 이 일체감을 하나의 종교처럼 교육할 수 있다고 가정하고, 그래서 종교가 한때 실제로 그랬던 것처럼 교육과 제도와 여론의 모든 힘들이 모든 사람들을 아이 때부터 [종교에서 신앙고백과 실천을 하듯이] 일체감에 대한 고백과 실천 속에 둘러싸여 자라도록 만든다면, 내 생각에는 이 개념을 인식할 수 있는 사람은 누구나 그것이 **행복** 도덕을 위한 궁극적 제재로서 충분하다고 생각할 것이며, 그것에 대해 어떤 의혹도 느끼지 않을 것이다. 이것을 실현하기 어렵다고 생각하는 윤리학자에게 나는 콩트[28]의 두 개의 주요한 저작 중의 두 번째 책,『실증 정치 체계』를 권한다. 나는 이 책에서 콩트가 제시한 정치와 도덕의 체계에 대해서 강력히 반대한다. 하지만 콩트는 신의 섭리에 대한 믿음이 없어도 종교의 심리적 영향력과 사회적 효력이 인류에게 봉사할 수 있는 가능성을 풍부하게 보여 준다. [신의 섭리를 믿지 않는] 그 종교는 과거의 그 어떤 종교가 행사했던 가장 큰 통제력도 단지 하나의 대표적 사례나 맛보기에 지나지 않게 만들 정도로 [강력하게] 인간의 삶을 관장하고, 나아

---

[28]_ 콩트(Auguste Comte: 1798~1857)는 프랑스의 철학자이자 사회학자이며, 사회학의 창시자이자 실증주의의 시조이다. 콩트는 말년에 신에 대한 예배가 아니라 인간이라는 위대한 존재를 예배하는 실증 종교인 '인류교'를 창시하였다. 밀이 여기서 말하는 신의 섭리를 믿지 않는 종교는 콩트의 인류교를 가리킨다: 옮긴이.

가 모든 생각, 감정, 행동에 통제력을 행사한다. 사실 이런 방식이 실현되었을 때의 위험성은 그것이 불충분해서가 아니라 너무 지나쳐서 인간의 자유와 개성을 과도하게 제한할 것이라는 점이다.

3.11 공리주의 도덕을 받아들이는 사람들에게 구속력을 발휘하는 그 감정을 형성하기 위해서 인류의 대다수가 공리주의 도덕을 의무라고 느끼도록 만드는 사회적 영향력들을 기다릴 필요는 없다. 지금 우리가 살고 있는 시대는 인류의 발전 과정에서 상대적으로 초기 상태라고 할 수 있다. 이런 시대를 살아가는 사람은 실제로 다른 모든 사람들에게 완벽한 공감을 느낄 수는 없다. 그래서 다른 모든 사람들이 삶에서 취하는 행동의 일반적 방향에 대해서 어떠한 실제의 불일치도 없게끔 공감한다는 것은 불가능하다. 그러나 이미 사회적 감정을 조금이라도 발달시킨 사람은 그의 나머지 동료 인간들을 행복의 수단을 두고 자신과 다투는 경쟁자로, 즉 그가 그 자신의 목적을 달성하기 위해서 그들의 목적이 좌절되기를 바랄 수밖에 없는 그런 경쟁자로 여길 수 없게 된다. 심지어 현재에도 모든 개인이 자신을 사회적 존재라고 생각하는 그 뿌리 깊은 관념으로 인해서 자신의 감정 및 목표와 다른 동료 인간들의 감정 및 목표가 조화를 이루는 것을 자신의 자연적 소망들 중 하나라고 느끼는 경향이 있다. 의견의 차이와 정신적 문화의 차이로 인해서 각 개인은 다른 동료 인간들의 실제 감정들 중 많은 것을 공유하지 못할 수도 있다. 그래서 어쩌면 그는 동료 인간들의 감정을 비난하고 그 감정에 저

항할 수도 있다. 그렇다고 할지라도 그는 여전히 자신의 진정한 목표와 그들의 진정한 목표가 갈등하지 않는다는 것을 의식할 필요가 있다. 그래서 그는 동료 인간들이 그들이 진정으로 원하는 것에, 즉 그들의 선에 반대하는 것이 아니라, 반대로 그들의 선을 증진하려 한다는 것을 의식할 필요가 있다. 대부분의 개인들에게 이런 감정은 그들의 이기적 감정들보다 강도 면에서 훨씬 약하고 때로는 완전히 결여되어 있다. 그러나 그런 감정을 가지고 있는 사람들에게 그것은 자연적 감정의 모든 특성을 가지고 있다. 그것은 사람들의 마음에 [인위적] 교육에 의해 심어진 맹신이나 사회의 힘에 의해서 전제적으로 강요된 법률의 형태로 자리하는 것이 아니라, 그것 없이는 자신들이 잘 살 수 없는 하나의 속성으로 자리하고 있다. 이런 확신이 최대 행복 도덕의 궁극적 제재이다. 잘 발달된 감정을 가진 사람으로 하여금 내가 외적 제재라고 부른 것에서 나오는 타인들을 배려하는 외적인 동기와 협력하게 만들고 그것에 어긋나지 않게 만드는 것도 바로 이것이다. 그리고 그런 외적 제재가 없거나 반대 방향으로 작용할 때는, 그 사람의 성격의 감수성의 예민함과 사려 깊음에 비례해서 그 자체가 강력한 내적인 구속력이 된다. 왜냐하면 마음이 도덕적 백지(blank)인 사람을 제외하고는 누구도 자신의 인생 경로를 설계하면서 다른 사람의 인생 경로를 전혀 배려하지 않을 수는 없기 때문이다. 적어도 자신들의 사적인 이익에 강박적으로 매달리는 경우가 아닌 한 그럴 수는 없기 때문이다.

4장
공리의 원리에 적합한 증명의 종류에 관하여

4.1 이미 말한 바와 같이 궁극적 목적에 관한 물음들은 통상적인 의미에서는 증명될 수 없다. [통상적인 의미에서의 증명, 즉] 추론에 의한 증명이 불가능하다는 것은 모든 제1원리에 공통되는 것이다. 이런 방식의 증명은 우리의 행동의 제1원리들뿐만 아니라 우리의 지식에 관한 제1원리들에 대해서도 불가능하다. 그러나 지식에 관한 제1원리들은 사실의 문제이기 때문에 사실을 판단하는 능력에, 즉 우리의 감각과 우리의 내적 의식에 직접 호소할 수 있는 문제이다. 그렇다면 실천적 목적들에 관한 물음들에 관해서도 동일한 능력에 호소할 수 있는가? 아니면 실천적 목적의 문제를 인식하기 위해서는 다른 능력에 호소해야 하는가?

4.2 목적들에 관한 물음이란 달리 말하면 어떤 것들이 바람직한가(desirable)에 관한 물음이다. 공리주의 이론은 행복이 바람직하며, 행복만이 목적으로서 바람직한 유일한 것이고, 모든 다른 것들은 그 목적을 위한 수단으로서만 바람직하다는 이론이다. 공리주의 이론의 이런 주장이 믿을 만한 타당한

주장임을 보이기 위해서 이 이론에 필요한 것 — 공리주의 이론이 충족시켜야 하는 필수 조건들 — 은 무엇인가?

4.3 어떤 대상이 가시적(visible)이라는 것에 대한 유일한 증명은 사람들이 실제로 그것을 본다는 것이다. 어떤 소리가 가청적(audible)이라는 것에 대한 유일한 증명은 사람들이 그 소리를 듣는다는 것이다. 그리고 이것은 우리 경험의 다른 원천들에 관해서도 그러하다. 마찬가지로 어떤 것이 바람직하다는 것에 대해 제시할 수 있는 유일한 증거(evidence)는 사람들이 그것을 실제로 바란다(욕구한다)는 것이다. 만약 공리주의 이론이 스스로 제안하는 그 목적이[즉, 행복이] 이론적으로나 실천적으로 하나의 목적으로 인정되지 않는다면, 그 무엇으로도 그것이 목적이라는 것을 어느 누구에게도 설득시킬 수 없을 것이다. 그런데 일반 행복이 바람직하다는 것에 대해서 제시할 수 있는 유일한 이유는 각자가 자신의 행복을 달성할 수 있다고 믿는 한에서 자기 자신의 행복을 바란다는 것뿐이다. 그러나 이 하나의 사실만으로도 우리는 행복이 선(좋은 것)이라는 것, 즉 각 개인의 행복은 그 사람에게 하나의 선(좋은 것)이며, 따라서 일반 행복은 모든 사람의 집합에 하나의 선(좋은 것)이라는 것에 대해서 그것이 허용하는 모든 증명뿐만 아니라 요구 가능한 모든 증명을 가지게 된다. 행복은 행위의 목적들 가운데 하나라는 자격을 확립하게 되고, 결과적으로 도덕의 기준들 중 하나라는 자격을 확립하게 된다.

4.4 그러나 이것만으로는 행복 자체가 유일한 기준이라는 것을 증명하지는 못한다. 그런 증명을 위해서는 동일한 규칙

에 의해서 사람들이 행복을 바란다는 것뿐만 아니라 그들이 행복 외에는 그 어떤 것도 바라지 않는다는 것을 보여 줄 필요가 있다. 사실 일상적인 어법으로 보자면 사람들이 행복이 아닌 다른 것들을 바란다는 것은 아주 분명하다. 예를 들어, 사람들은 실제로 쾌락과 고통의 부재를 바라는 만큼이나 덕과 악덕의 부재를 바란다. 덕에 대한 욕구(바람)는 행복에 대한 욕구(바람)만큼 보편적인 것은 아니지만, 그래도 그것은 하나의 사실로서 행복에 대한 욕구만큼이나 진실한 것이다. 따라서 공리주의의 기준에 반대하는 사람들은 행복 외에도 인간 행동의 다른 목적들이 있으며, 그런 까닭에 행복이 승인 (approbation)과 부인(disapprobation)의 기준이 아니라고 결론을 내리는 것이 정당하다고 주장한다.

4.5 그렇지만 공리주의 이론이 사람들이 덕을 바란다는 것을 부정하거나, 덕이 욕구의 대상이 아니라고 주장하는가? 오히려 정반대이다. 공리주의는 사람들이 덕을 바랄(욕구할) 수 있을 뿐만 아니라 그것도 덕 그 자체를 위해 사심 없이 바랄 수 있다고 주장한다. 공리주의 도덕 이론가들이 덕을 덕으로 만드는 본래적 조건들에 대해 어떤 견해를 가지건 간에, 그들은 어떤 행위와 성향이 오직 덕이 아닌 다른 목적을 증진하기 때문에 유덕하다고 믿을 수 있다(실제로 그들은 그렇게 믿는다). 공리주의자들은 이것을 인정하고, 그런 고려들에 의해서 유덕한 것이 무엇인지를 결정해 왔다. 그러나 공리주의자들은 덕을 궁극적 목적을 위해서 수단적으로 좋은 것들 가운데 맨 위에 놓을 뿐만 아니라, 덕이 개인에게 그 이상의 다

른 목적을 고려할 필요가 없는 그 자체로 좋은 것이 될 수 있다는 것을 하나의 심리적 사실로서 인정한다. 나아가 공리주의자는 덕을 이런 식으로, 즉 그 자체로 바람직한 것으로 사랑하지 않는다면, 그 사람의 마음이 올바른 상태에 있는 것이 아니라고, 즉 공리에 일치하는 상태, 일반 행복에 가장 기여하는 상태에 있는 것이 아니라고 주장한다. 심지어 덕이 덕이라고 불리는 이유는 다른 바람직한 결과들을 산출하는 경향이 있기 때문인데, 어떤 개별적인 경우에 덕이 그런 다른 바람직한 결과들을 산출하지 못한다고 하더라도, 덕을 그 자체로 사랑하지 않는다면 올바른 마음의 상태에 있는 것이 아니라고 주장한다. 그런데 이런 주장은 행복의 원리에서 조금도 벗어난 것이 아니다. 행복의 구성 요소들은 매우 다양하다. 그리고 그 구성 요소들 각각은 단지 행복의 총합을 증가시키는 것으로 여겨질 때에만 바람직한 것이 아니라 그 자체로 바람직하다. 공리의 원리는 예를 들어 음악 같은 쾌락이나 건강 같은 고통에서의 해방을 단지 행복이라는 하나의 집합적 목적을 달성하기 위한 수단으로만 간주하고, 그런 이유에서만 그것들을 바란다고 주장하지 않는다. 사람들은 그것들을 그 자체로 그것만을 위해서 바라며, 그래서 그것은 그 자체만으로 바람직한 것이다. 그것들은 수단일 뿐만 아니라 목적의 한 부분이다. 공리주의 이론에 의하면 덕은 원래 자연적으로는 목적의 일부가 아니지만 목적의 한 부분이 될 수 있다. 그래서 사심 없이 덕을 사랑하는 사람에게 덕은 목적의 한 부분이 되며, 그럴 경우에 그 사람은 덕을 행복을 위한 수단이 아니라 행복의 한 부분으로서 바라고 소중히 여기게 된다.

4.6 이것을 좀 더 설명하기 위해서 우리가 기억해야 할 점은 이렇다. 원래는 다른 것을 위한 수단이었고 그래서 그런 수단이 아니었을 때에는 무관심의 대상이었던 어떤 것이 수단으로 봉사하는 것(목적)과의 연상 작용에 의해서 그 자체를 위해서 바라게 되고 그것도 가장 강하게 바라게 되는 것이 될 수 있다. 덕이 바로 그런 것이다. 그리고 그런 것이 덕만은 아니다. 예를 들어 돈에 대한 사랑에 대해 뭐라 얘기할 수 있을까? 돈이란 원래 반짝이는 조약돌 무더기보다 더 바람직한 것은 아니었다. 돈의 가치는 그것으로 살 수 있는 것들의 가치일 뿐이다. 즉, 돈은 돈 자체보다는 다른 것들에 대한 욕구를 만족시키기 위한 수단이기 때문에 가치가 있다. 그러나 돈에 대한 사랑은 인간 삶의 가장 강력한 동인일 뿐만 아니라, 돈은 많은 경우에 그 자체로 그리고 그 자체를 위해 우리가 바라는 것이다. 돈을 소유하고자 하는 욕구는 종종 그것을 사용하고자 하는 욕구보다 강하고, 그 욕구는 돈의 소유 이외의 다른 목적들에 대한 욕구가 전부 사라질 때에도 계속 증대된다. 그렇다면 돈은 어떤 목적을 위해서가 아니라 그 목적의 한 부분으로서 바라는 것이라고 말할 수 있을 것이다. 돈은 처음에는 행복을 위한 수단이었던 것이 그 자체로 개인의 행복 개념의 중요한 구성 요소가 된 것이다. 인생에서 사람들이 추구하는 중요한 대상들 가운데 많은 것들에 대해서도, 예를 들어 권력이나 명성에 대해서도 우리는 거의 동일하게 말할 수 있다. 단지 차이가 있다면 권력과 명성에는 어느 정도

의 직접적인 쾌락이 포함되어 있고, 적어도 그런 쾌락이 그 자체에 자연적으로 내재되어 있는 듯한 외양을 하고 있는 데 비해서, 돈의 경우에는 그렇지 않다는 것이다. 그러나 여전히 권력과 명성의 가장 강력한 자연적 매력은 그것들이 우리의 다른 소망들을 충족하는 데에 큰 도움이 된다는 것이다. 이처럼 우리의 모든 욕구의 대상들과 권력이나 명성 사이에 발생하는 강한 연상 관계가 권력과 명성에 대한 직접적 욕구를 강렬하게 만든다. 그리고 어떤 사람들의 경우에는 그런 욕구가 다른 모든 욕구들을 능가할 만큼 강하다. 이런 사람들의 경우에는 수단이 목적의 한 부분이 되고, 그것들을 수단으로 삼았던 다른 어떤 것보다도 그 목적의 더 중요한 부분이 된다. 한때는 행복 달성을 위한 도구로서 바라던 것이 이제는 그것 자체를 위해서 바라는 것이 된다. 그렇지만 그 자체를 위해서 바라게 되면서, 우리는 그것을 행복의 부분으로서 바라게 된다. 그 사람은 단지 그것을 소유하는 것만으로도 행복해지거나 행복해질 것이라고 생각하고, 그것을 소유하지 못하면 불행해진다. 음악에 대한 사랑이나 건강에 대한 욕구가 행복에 대한 욕구와 다르지 않은 것처럼, 그런 것에 대한 욕구는 행복에 대한 욕구와 다르지 않다. 그것들은 행복 안에 포함되어 있다. 그것들은 행복에 대한 욕구를 구성하는 몇 가지 요소들이다. 행복은 추상적인 관념이 아니라 하나의 구체적인 전체이다. 그리고 이것들은 그 전체를 구성하는 부분들 가운데 몇 가지이다. 그리고 공리주의의 기준은 그것들이 행복을 구성하는 부분들이라는 것을 인가하고 승인한다. 자연의 섭리에 의해 처음에는 우리의 원초적 욕구의 만족과 무관했던 것들이 그런 원초적 욕구의 만족에 기여하거나 아니면 그런 만족과의 연상 작용이 일어나면서, 그것들이 영향을 미칠 수 있는 인간의 삶의 영역에서, 그 자체로 항구성과 강도 두 측면에서 원초적인 쾌락들보다 더 가치 있는 쾌락의 원천이 된다. 이런 자연의 섭리가 없다면, 인생은 행복의 원천이 아주 부족해서 보잘것없는 것이 될 것이다.

4.7 공리주의적 개념에 따르면, 덕도 이와 마찬가지이다. 덕이 쾌락에 도움이 된다는 것, 특히 고통으로부터의 보호에 도움이 된다는 것을 제외하면 덕에 대한 최초의 욕구나 동기는 없었다. 그러나 그렇게 형성된 연상 관계를 통해서 덕은 그 자체로 좋은 것으로 느껴지고, 그 자체로 좋은 다른 것들과 마찬가지로 강렬하게 그 자체로 바라게 된다. 하지만 덕과 돈, 명예, 권력에 대한 사랑 사이에는 차이가 있다. 돈, 명예, 권력에 대한 사랑은 개인을 그가 속한 사회의 다른 구성원들에게 해로운 존재로 만들 수 있고 또 종종 그렇게 만든다. 이에 반해서 덕에 대한 사심 없는 사랑을 함양하는 것만큼 개인을 사회의 구성원들에게 고마운 존재로 만드는 것은 없다. 그래서 결론적으로 공리주의적 기준은 다른 획득된 욕구들에 대해서는 일반 행복을 해치지 않고 증진하는 한에서만 그것들을 용인하고 승인하는 데 비해서, 일반 행복에 무엇보다도 중요한 덕에 대한 사랑은 가능한 한 최대한 강하게 함양할 것을 명령하고 요구한다.

4.8 지금까지의 논의로부터 행복 외에는 실제로 바라는 바

가 없다는 결론이 나온다. 어떤 상위의 목적을 위한 수단으로서가 아니라, 즉 궁극적으로 행복을 위한 수단으로서가 아니라, 그 자체로 바라게 되는 모든 것들은 그 자체 행복의 일부분으로 바라게 된다. 그리고 그것들이 그렇게 행복의 일부분이 되기 전까지는 누구도 그것들을 그 자체로 바라지 않는다. 덕을 그 자체로 바라는(욕구하는) 사람은 덕을 가지고 있다는 의식이 쾌락을 주거나 덕이 없다는 의식이 고통을 주기 때문에 또는 이 두 가지 이유가 결합되어 있기 때문에 덕을 바란다. 사실, 쾌락과 고통은 좀처럼 따로 존재하는 경우가 없고 거의 언제나 같이 존재하기 때문에 자신이 성취한 덕의 정도에 비례해서 쾌락을 느끼는 사람은 덕을 더 성취하지 못한 것에서 고통을 느낀다. 만약 전자가 쾌락을 주지 않고 후자가 고통을 주지 않는다면, 그는 덕을 사랑하지 않거나 욕구하지 않을 것이다. 그렇지 않으면 그는 오직 덕이 자기 자신이나 그가 배려하는 사람들에게 가져다줄 수 있는 다른 혜택을 위해서만 덕을 욕구할 것이다.

4.9 그러므로 우리는 이제 공리의 원리가 어떤 방식으로 증명될 수 있는가라는 물음에 대해서 답할 수 있게 되었다. 만약 내가 지금까지 진술한 의견이 심리학적으로 참이라면, 즉 인간의 본성이 행복의 부분이거나 행복의 수단이 아닌 어떤 것도 욕구할 수 없게 구성되어 있다면, 우리는 이것들만이[즉, 행복의 부분이나 행복의 수단만이] 유일하게 바람직한 것들이라는 것에 대하여 다른 어떤 증명도 사용할 수 없고 또 요구할 수 없다. 만약 그렇다면, 행복은 인간 행위의 유일한 목적이

고, 행복의 증진이 모든 인간 행위를 판단하는 기준이 된다. 이것으로부터 행복의 증진이 도덕의 기준이 되어야 한다는 결론이 필연적으로 도출된다. 왜냐하면 [도덕의 기준이라는] 부분은 [모든 인간 행위의 판단 기준이라는] 전체 안에 포함되기 때문이다.

4.10 그리고 이제 이것이 정말로 그런지 결정하기 위해서, 즉 인류가 그들에게 쾌락을 주는 것과 그것의 결핍이 고통을 주는 것 외에는 그 어떤 것도 그 자체를 위해 바라지 않는 다는 것이 참인지를 결정하기 위해서, 우리는 이와 비슷한 모든 질문들과 마찬가지로 증거에 의존하는 사실과 경험의 문제에 이르렀다. 이 문제는 다른 사람들을 관찰하는 것과 더불어 숙련된 자기의식과 자기관찰에 의해서만 결정될 수 있다. 나는 이런 증거의 원천들이, 공평하게 고려되기만 한다면, 어떤 것을 바라는(욕구하는) 것과 그것이 쾌락을 준다고 여기는 것, 그것을 싫어하는 것과 그것을 고통스러운 것으로 생각하는 것이 전혀 분리될 수 없는 현상이며, 오히려 동일한 현상의 두 부분이고, 가장 엄밀하게 말하면 동일한 심리적 사실을 명명하는 두 가지 다른 방식이라는 것을 밝혀 준다고 믿는다. 즉, (어떤 대상이 산출하는 결과 때문에 바람직하다고 생각하는 것이 아닌 한) 어떤 대상을 바람직하다고 생각하는 것과 그것이 쾌락을 주는 것이라고 생각하는 것은 하나이자 동일한 것이다. 그리고 어떤 것을 바라면서, 그것이 바람직한 것이라고 생각하는 관념이 주는 쾌락에 비례하지 않는 방식으로 그것을 바라는 것은 물리적으로도 불가능하고 형이상학적으로도

불가능하다.

4.11 내가 보기에 이상의 논의는 너무나 명백해서 나는 그것이 거의 논쟁의 여지가 없을 것이라고 생각한다. 하지만 반론이 생길 수 있다면, 그 반론은 우리의 욕구가 쾌락과 고통으로부터의 해방이 아닌 다른 어떤 것을 궁극적으로 지향한다는 것이 아니라, 의지와 욕구가 다르다는 점을 강조하는 것일 것이다. 즉, 확고한 덕을 가진 사람이나 확고한 목적을 가진 사람은 그런 목적을 생각하면서 얻는 쾌락이나 그 목적을 실현하는 데서 얻게 될 쾌락을 전혀 생각하지 않으면서도 그의 목적들을 수행하고, 더 나아가서 그 자신의 성격이 변하거나 그의 감수성이 약해져서 그런 쾌락이 많이 줄어들거나 혹은 그런 쾌락보다 그 목적을 추구하는 데 따르는 고통이 더 크다고 할지라도, 그런 목적을 계속 추구할 것이라는 반론이다. 나는 이 모든 것들을 전적으로 인정한다. 그리고 나는 나의 다른 글에서 다른 어떤 사람에 못지않게 이런 점들을 적극적이고 열렬하게 옹호했다. 능동적 현상인 의지는 수동적 감수성의 상태인 욕구와는 다르다. 의지는 원래 욕구로부터 나온 욕구의 자녀이지만, 시간이 지나면서 자체적으로 뿌리를 내리면서 부모인 욕구와 분리된다. 그래서 습관적으로 추구하는 목적의 경우에는 우리가 어떤 것을 욕구하기 때문에 그것을 의지하는 것이 아니라 오직 우리가 그것을 의지하기 때문에 종종 그것을 욕구한다. 그러나 이것은 습관의 힘이라는 친숙한 사실의 한 가지 예일 뿐이지, 유덕한 행동의 경우에만 국한된 것은 전혀 아니다. 사람들은 처음에는 모종의 동기

에 의해서 시작한 많은 일들을 그 동기가 사라진 뒤에도 습관에 의해서 계속한다. 이런 일은 무의식적으로 이루어지고, 행동하고 난 뒤에야 비로소 의식된다. 또 다른 경우에는 사악하고 유해한 탐닉의 습관에 빠진 사람들에게 종종 일어나는 바와 같이 심사숙고 후의 선택과는 반대로 행위하는데, 이런 경우에는 의식적인 의지를 가지고 하지만, 이런 의지는 습관이 된 의지이고 습관의 힘에 의해 작동된다. 세 번째 그리고 마지막 경우는 확고한 덕을 가진 사람이나 어떤 결정된 목적을 심사숙고해서 일관되게 추구하는 모든 사람들의 경우에서처럼, 어떤 개별적인 경우에 있어서 습관적인 의지의 행위가 다른 때에도 작용하는 일반적 의도와 모순되는 것이 아니라 그런 일반적 의도를 실현하는 경우이다. 이런 식으로 이해된 의지와 욕구의 구별은 진정하고 아주 중요한 심리적 사실이다. 그러나 이 사실은 단지 의지 역시 우리를 구성하는 모든 다른 부분들과 마찬가지로 습관의 영향을 받기 쉽다는 점을 보여 줄 뿐이며, 그래서 우리가 더 이상 그 자체로 욕구하지 않는 것도 습관 때문에 의지할 수도 있고 또는 우리가 오직 그것을 의지하기 때문에 욕구할 수도 있다는 것을 보여 줄 뿐이다. 이에 못지않은 분명한 진실은 의지가 최초에 전적으로 욕구에 의해서, 즉 쾌락이라는 끄는 힘과 고통이라는 밀어내는 힘을 포함하는 욕구에 의해서 산출되었다는 것이다. 이제 옳은 것을 하고자 하는 확고한 의지를 가진 사람에 대해서는 그만 논의하고, 유덕한 의지가 아직 약하고, 유혹에 빠질 수 있고, 완전히 믿음직하지는 않은 사람을 고려해 보자. 어떤 수단에 의해 유덕한 의지를 강화시킬 수 있을까? 유덕한 의지가 충분한 힘을 가지고 있지 않는 곳에서 어떻게 유덕한 의지를 심어주거나 일깨울 수 있을까? 그것은 오직 그 사람이 덕을 **욕구**하게 함으로써만, 즉 그가 덕은 쾌락을 주는 것으로 덕의 결핍은 고통을 주는 것으로 생각하게 함으로써만 가능하다. 옳은 것을 하는 것과 쾌락 사이에 또는 그른 것을 하는 것과 고통 사이에 연상 관계를 확립함으로써 혹은 덕에 자연스럽게 내포된 쾌락이나 악덕에 내포된 고통을 그 사람의 경험 속에 끌어내고, 경험에 각인하고, 절실히 느끼게 함으로써 유덕해지려는 의지를 불러일으킬 수 있다. 그리고 그런 유덕한 의지가 확고해질 때 비로소 유덕한 의지는 쾌락이나 고통을 생각하지 않고도 작용하게 된다. 의지는 욕구의 자식이다. 그 의지는 습관의 지배를 받게 될 때에만 그 부모인 욕구의 지배로부터 벗어나게 된다. 습관의 결과인 의지는 내재적으로 좋은 것이라고 할 수가 없다. 그리고 덕을 유발하는 유쾌하고 고통스러운 연상 작용의 영향력은 습관의 도움을 받기 전까지는 행동의 틀림없는 확고한 경향을 확립하는 데는 충분하지 않다. 만약 그렇지 않다면 덕의 목적이 쾌락과 고통으로부터 독립해야 한다고 바랄 이유가 없을 것이다. 감정과 행동 양자 모두에 확실성을 주는 것은 오직 습관뿐이다. 자신의 감정과 행동을 절대적으로 믿을 수 있는 것이 다른 사람들에게도 그리고 자신에게도 중요하기 때문에 옳은 것을 하고자 하는 의지가 이렇게 습관적인 독립성을 가질 수 있도록 함양되어야 하는 것이다. 달리 말해서, 의지의 이런 상태는 선(좋은 것)을 위한 하나의 수단이지 그 자체가 내재적으로 하나의 선(좋은 것)은 아니다. 그리고 이것은 어떤 것이 그 자체로 쾌락을 주는 것이거나 쾌락을 얻고 고통을 피하는 수단이 아니라면 그 어느 것도 인간에게 있어서 선(좋은 것)이 아니라는 이론과 모순되지 않는다.[29]

4.12 이 이론이 맞다면 공리의 원리는 증명된 것이다. 그리고 이제 이 증명의 성패 여부에 대한 판단은 사려 깊은 독자들의 몫이다.

29_ 4.11에서 밀은 유덕한 의지, 옳은 것을 하고자 하는 의지는 선을 위한 하나의 수단이지 그 자체가 내재적으로(본래적으로) 하나의 선은 아니라고 주장한다. 의지는 욕구에서 나온 습관의 산물이기 때문이라는 것이 그 이유이다. 이 주장은 '다른 어떤 것 때문이 아니라 오직 옳다는 이유만으로 행위하려는 의지,' 즉 '선의지'만이 그 자체로 무조건적으로 선하다는 칸트의 주장과 선명한 대조를 이룬다. 밀의 입장에서 보면, 선의지는 본래 쾌락을 추구하고 고통을 피하고자 하는 욕구에서 나온 것이지만 습관에 의해서 욕구로부터 분리되어 독립성을 가지게 된 의지일 뿐이다. 그런 선의지는 그 자체로 무조건적인 내재적 가치를 가지는 것이 아니라, 단지 궁극적 목적의 일부가 되거나 그런 목적을 달성하는 수단으로서만 가치를 가진다: 옮긴이.

5장

정의와 공리의 관계에 대하여

5.1 사변 철학의 역사를 통틀어서 **공리** 또는 **행복**이 옳고 그름의 기준이라는 이론을 받아들이는 데 있어서 가장 강력한 장애물 가운데 하나는 **정의**의 관념으로부터 나왔다. 정의라는 단어는 마치 하나의 본능과도 같이 즉각적이고 아주 강력한 감정과 아주 확실한 지각을 불러일으킨다. 이러한 특징은 많은 사상가들에게 정의가 사물들 안에 있는 하나의 내재적인 속성을 지시하는 것으로 생각되었으며, **정의로운 것**은 **자연** 안에서 절대적인 어떤 것으로서 존재해야만 하는 것으로 여겨져 왔다. 즉, 정의로운 것은 일반적으로 모든 종류의 **편의적인**(Expedient)[30] 것과는 다른 것으로, 그래서 개념적으로 편의적인 것과 반대되는 것으로 여겨져 왔다. 하지만 정의로운 것은 (흔히 생각하듯이) 실제로는 장기적으로 결코 편의적인 것과 분리되지 않는다.

30_ 밀은 『공리주의』에서 '편의적'과 '공리를 산출하는' 또는 '좋은 결과를 낳는'을 상호 교환 가능한 의미로 사용하고, 편의(expediency)와 '일반 공리' 또는 '공리'를 상호 교환 가능한 의미로 사용한다: 옮긴이.

5.2 이 경우에도 우리의 다른 모든 도덕적 감정들의 경우와 마찬가지로 그 기원의 문제와 그것의 구속력의 문제 사이에는 필연적인 연관이 없다. 어떤 감정이 **자연**으로부터 부여받은 것이라고 해서, 그것이 발생시키는 모든 것이 반드시 정당화되는 것은 아니다. 정의감이 특별한 본능일 수는 있지만, 그래도 그런 본능 역시 다른 모든 본능들과 마찬가지로 더 높은 이성에 의해서 통제되고 계몽될 필요가 있다. 만약 우리가 특정한 방식으로 행동하도록 자극하는 동물적 본능뿐만 아니라 특정한 방식으로 판단하도록 이끄는 지적인 본능도 가지고 있다면, 지적인 본능이 동물적 본능보다 반드시 더 실수하지 않으리라는 법은 없다. 동물적 본능이 종종 잘못된 행동들을 하도록 자극하는 것처럼 지적인 본능도 종종 잘못된 판단을 내리도록 이끈다. 그리고 이것은 지극히 당연한 일이다. 그러나 우리가 자연적인 정의감을 가지고 있다고 믿는 것과 그 정의감을 행위의 궁극적인 기준으로 인정하는 것은 별개의 문제임에도 불구하고, 사실상 이 두 가지 견해는 아주 긴밀하게 연결되어 있다. 인류는 어떤 주관적 감정을 달리 설명할 수 없을 때, 언제나 그 주관적 감정이 모종의 객관적 실재를 계시(revelation)한다고 믿는 경향이 있다. 우리의 당면 목표는 정의감에 상응하는 실재가 그런 특별한 계시를 필요로 하는 실재인지를 결정하는 것, 즉 어떤 행위의 정의 혹은 부정의가 그 행위의 다른 모든 성질들(qualities)과는 구별되는 내재적으로 독특한 것인지, 아니면 단지 이 성질들 중 일부의 결합에 불과한 것이 독특한 국면에서 제시된 것인

지를 결정하는 것이다. 이 연구의 목적을 위해서는 정의와 부정의의 감정 그 자체가 우리의 색과 맛의 감각과 같이 구별되는 독자적인 종류의(*sui generis*) 감정인지, 아니면 다른 것들의 조합에 의해서 형성된 파생적 감정인지를 고려하는 것이 실제로 중요하다. 이것을 살펴보는 것이 더욱더 중요한 이유는 다음 때문이다. 사람들은 일반적으로 정의의 명령과 **일반적 편의**(General Expediency)의 영역의 일부가 객관적으로 일치한다는 것을 기꺼이 인정한다. 그러나 주관적인 심리적 정의감은 흔히 단순한 편의들(simple expediency)에 결부되는 감정과는 다르고, 또 단순한 편의들 가운데 극단적인 경우를 제외하면 정의감의 요구가 훨씬 더 명령적이다. 그렇기 때문에 사람들은 정의가 단지 일반 공리의 특정한 종류나 부분에 불과하다는 것을 알아차리지 못하고, 정의의 보다 강한 구속력은 [일반 공리와는] 완전히 다른 근원에서 비롯된 것이라고 생각한다.

5.3 이 물음에 대답하기 위해서는 정의나 부정의의 구별되는 특징이 무엇인지를 확인하는 작업이 필요하다. 즉, 부정의한 모든 행동 양식에 공통되는 성질은 무엇인지 또는 도대체 그런 성질이 존재하기는 하는 것인지를 확인하는 것이 필요하다. 더 나아가서 옳지 않지만 부정의하지도 않은 행동 양식과 부정의한 행동 양식을 구별해 주는 성질이 무엇인지도 확인할 필요가 있다. ([정의가 아니라 부정의의 구별되는 특징을 확인하는 이유는] 다른 많은 도덕적 속성들과 마찬가지로 정의도 그 반대인 부정의에 의해서 가장 잘 정의되기 때문이다.) 만약 사람들이 정의

롭다거나 부정의하다고 익숙하게 특징짓는 모든 것들 안에 어떤 하나의 공통된 속성이나 속성들의 집합이 항상 존재한다면, 우리는 이 특수한 속성이나 속성의 집합이 우리의 감정을 구성하는 일반적 법칙에 의해서 그 독특한 성격과 강도의 감정을 끌어당기는 것인지, 아니면 그 감정은 [감정을 구성하는 일반 법칙으로는] 설명될 수 없고, **자연**의 특별한 섭리로 간주되어야 하는 것인지를 판단할 수 있을 것이다. 만일 전자의 경우가 맞다면, 우리는 이 질문을 해결하면서 우리의 주된 문제도 해결하게 될 것이다. 만일 후자가 맞다면, 우리는 그것을 탐구할 수 있는 다른 방법을 찾아보아야 할 것이다.

5.4 다양한 대상들의 공통된 속성을 찾기 위해서는 대상들 자체를 구체적으로 살펴볼 필요가 있다. 그러므로 보편적인 견해나 널리 받아들여지는 견해에 의해서 **정의**나 **부정의**로 분류되는 다양한 행동 양식과 인간사의 제도들을 차례로 살펴보자. 정의 혹은 부정의와 연관된 감정을 불러일으키는 잘 알려진 것들은 아주 다양한 성격을 가지고 있다. 나는 어떤 특별한 제도를 깊이 연구하기보다는 그것들을 빠르게 훑어보고 넘어갈 것이다.

5.5 첫째, 어떤 사람의 개인적 자유나 재산을 빼앗거나 또는 법이 그 사람 소유로 인정한 것을 그로부터 빼앗는 것은 대부분 부정의한 것으로 간주된다. 그러므로 이것이 명확하게 정의된(defined) 의미로 정의와 부정의라는 단어를 적용하는 한 가지 예이다. 이 의미에 따르면 어떤 사람의 **법적 권리**를 존

중하는 것은 정의롭고, 위반하는 것은 부정의하다. 그러나 이 판단은 몇 가지 예외를 인정하는데, 이런 예외들은 정의와 부정의의 관념들이 다른 형식으로 나타나는 데서 비롯된 것들이다. 예를 들어 법적인 권리를 박탈당한 사람이 이미 그 권리를 상실한 경우가 그런 예외에 해당할 것이다. 우리는 이 경우를 곧 다시 논의할 것이다.

5.6 둘째, 어떤 사람의 박탈당한 법적 권리가 처음부터 그에게 부여되지 말았어야 했던 권리일 수도 있다. 달리 말해서 그에게 그런 권리를 부여한 법이 악법일 수도 있다. 이런 상황일 때 혹은 상황이 그와 같다고 가정한다면(어느 쪽이건 우리의 목적을 위해서는 차이가 없다), 그 권리를 위반하는 것이 정의인지 혹은 부정의인지에 대해서는 의견이 달라질 수 있다. 어떤 사람들은 아무리 악법이라고 해도 개별 시민이 법에 불복종해서는 안 된다고 주장한다. 그럼에도 불구하고 그가 그 법에 대한 반대를 표명해야 한다면, 그는 오직 법 개정의 권한을 가진 사람들로 하여금 그 법을 고치도록 만드는 그런 노력을 통해서만 법에 대한 반대를 표명해야 한다. (이런 견해는 인류를 위해 가장 빛나는 공헌을 한 많은 사람들도 비난하고, 종종 그 당시의 여건에서 사악한 제도에 맞서서 성공할 수 있는 유일한 무기를 사용하지 못하도록 함으로써 결과적으로 사악한 제도를 보호하는 역할을 하기도 한다.) 그럼에도 이 견해를 옹호하는 사람들은 편의에 근거해서, 즉 주로 법에 복종하는 감정을 온전히 유지하는 것이 인류의 공동 이익에서 차지하는 중요성을 근거로 그 견해를 주장한다. 반면에 다른 사람들은 이와 정반대의 견해

를 주장한다. 이 견해에 따르면 우리는 악법이라고 판단되는 법에 아무 거리낌 없이 불복종해도 된다. 이 견해를 주장하는 사람들 가운데 어떤 사람들은, 어떤 법이 부정의하지 않고 단지 비편의적이기만(inexpedient) 해도, 그 법에 불복종해도 된다고 주장하는 데 반해서, 다른 사람들은 불복종이 허용되는 경우는 부정의한 법에만 한정된다고 주장한다. 그런데 또 어떤 사람들은 비편의적인 모든 법은 부정의하다고 주장한다. 그 이유는, 모든 법은 인류의 자연적 자유에 대해서 모종의 제한을 가하는데, 그런 제한은 인류의 선에 공헌하는 경우에 한해서 정당화되고 인류의 선에 기여하지 않는 경우에는 부정의하기 때문이다. 이렇듯 다양한 견해들이 존재하지만, 부정의한 법이 존재할 수 있다는 것, 그래서 법이 정의의 궁극적 기준은 아니며, 법은 어떤 사람에게는 혜택을 주지만 다른 사람에게는 정의가 금지하는 해악을 가할 수 있다는 것은 이 견해들 사이에서 보편적으로 받아들여지고 있다. 그런데 우리가 어떤 '법이 부정의하다'고 생각할 때도 언제나 우리는 '법의 위반이 부정의하다'고 생각할 때와 동일한 방식으로 부정의하다고 여기는 것으로 보인다. 즉, [법이] 어떤 사람의 권리를 침해하기 때문에 부정의하다고 여기는 것으로 보인다. 그렇지만 법이 부정의한 경우에 침해되는 권리는 법적 권리일 수 없기 때문에 우리는 침해되는 권리를 다른 명칭으로 부르는데, 그런 권리를 도덕적 권리(moral right)라 부른다. 따라서 두 번째 경우의 부정의는 어떤 사람으로부터 그가 가진 **도덕적 권리**를 빼앗거나 허용하지 않는 것이다.

5.7 셋째, 각자가 (좋은 것이건 나쁜 것이건) 자신의 **응분의 몫**(대우)을 받는 것은 정의롭고, 자신의 응분의 몫(대우)이 아닌 좋은 것을 얻거나 나쁜 것을 받게 되는 것은 부정의하다. 우리는 보편적으로 이렇게 생각한다. 아마도 이것이 보통 사람들이 정의의 개념을 이해하는 가장 분명하고 가장 확실한 방식일 것이다. 이처럼 정의의 개념이 응분(desert)의 관념을 포함하고 있기 때문에, 무엇이 응분을 구성하는가라는 물음이 제기된다. 일반적으로 말하면, 어떤 사람이 옳은 일을 하면 선을, 그른 일을 하면 악을 받는 것이 응분이다. 그보다 특수한 의미에서 말하면, 어떤 사람이 다른 사람에게 선을 행하거나 과거에 행했을 경우에는 그 사람으로부터 선을 받고, 그 사람이 다른 사람에게 악을 행하거나 과거에 행했을 경우에는 그 다른 사람으로부터 악을 받는 것이 응분이다. 악을 선으로 갚으라는 가르침은 결코 정의를 실현하는 경우가 아니라, 다른 고려 사항들을 위해서 정의의 요구를 양보하는 경우로 간주되어 왔다.

5.8 넷째, 어떤 사람과의 **신뢰**(*faith*)를 깨뜨리는 것은 부정의하다. 명시적 약속이든 암묵적 약속이든 약속을 깨는 것, 우리 자신의 행동에 의해서 높아진 기대를 저버리는 것, 적어도 우리가 알면서 자발적으로 상승시킨 기대를 저버리는 것은 신뢰를 깨뜨리는 것으로서 부정의하다. 앞에서 말한 정의의 다른 의무들처럼 이런 의무도 절대적인 것은 아니다. 이런 의무들은 그 의무보다 더 강한 정의의 의무에 의해서 유보될 수 있다. 또는 관련된 당사자가 그에게 지고 있는 우리의 의무를

면제시켜 주는 행동을 하거나 아니면 그 당사자가 기대하는 이익을 포기하는 행동을 하는 경우에 신뢰의 의무는 유보될 수 있다.

5.9 다섯째, 편파적인 것은 정의와 모순된다. 이것 역시 보편적으로 받아들여지는 견해이다. 여기서 편파적이란 호의나 특혜가 정당하게 적용될 수 없는 문제들과 관련해서, 어떤 사람에게 다른 사람보다 호의와 특혜를 주는 것이다. 그러나 공평성(불편부당성)은 그 자체가 하나의 의무라기보다는 어떤 다른 의무에 대해 도구적인 것으로 간주된다. 왜냐하면 호의와 특혜는 언제나 비난받아 마땅한 것은 아니고, 그것들이 비판받는 경우는 사실상 통상적인 것이라기보다는 예외이기 때문이다. 어떤 사람이 다른 도덕적 의무를 위반하지 않으면서 그의 가족이나 친구에게 낯선 사람보다 더 많은 호의를 베풀 수 있음에도 불구하고 그렇게 하지 않는다면, 그는 칭찬을 받기보다 오히려 비난을 받을 것이다. 저 사람이 아니라 이 사람을 친구로, 친지로 혹은 동료로서 선호하는 것을 누구도 부정의하다고 생각하지는 않을 것이다. 권리의 문제와 관련해서 공평성은 당연한 의무다. 하지만 이것은 모든 사람에게 각자의 권리를 보장하는 일반적 의무 안에 포함되어 있다. 예를 들어 재판은 공평해야만 하는데, 그 이유는 재판이 다른 사항들을 고려하지 않고 두 명의 소송 당사자 중에 권리를 가진 사람에게 분쟁의 대상인 물건을 주어야 하기 때문이다. 다른 한편, 재판관이나 교육자나 부모의 지위에 있는 사람들이 오직 응분에 의해서만 보상과 처벌을 집행하는 경우들처럼 공

평성이 전적으로 응분에 의해서만 영향받음을 의미하는 경우도 있다. 또 때로는 공직을 위한 여러 후보들 중에서 공직자를 공평하게 선발하는 경우처럼 공평성이 공익의 고려에 의해서만 영향을 받아야 함을 의미하는 경우들도 있다. 요컨대, 정의의 의무로서 공평성은 문제가 되는 특정한 경우에 마땅히 영향을 미쳐야 하는 고려 사항들만을 배타적으로 고려해야 하고, 그 고려 사항이 지시하지 않는 다른 행동을 자극하는 다른 동기들의 유혹에 흔들려서는 안 된다는 것을 의미한다.

5.10 공평성의 관념과 밀접히 연결되어 있는 것이 **평등**의 관념이다. 평등은 종종 정의의 개념을 구성하는 한 부분이자 동시에 정의의 실천을 구성하는 한 부분으로 이해된다. 그래서 많은 사람들의 눈에는 평등이 정의의 본질을 구성하는 것으로 보인다. 그러나 이 경우에도 정의의 개념은 다른 경우보다도 훨씬 더 사람들마다 다르다. 그리고 그런 정의 개념에서의 차이는 항상 그들이 가진 공리의 개념을 따른다. 그래서 모든 사람이 평등은 정의의 명령이라고 주장하지만, 편의가 불평등을 요구한다고 생각하는 경우는 예외라고 주장한다. 어떤 사람들은 모든 사람의 권리를 평등하게 보호하는 것이 정의라고 주장하면서도, 그 권리 자체에 대해서는 극심한 불평등을 지지한다. 노예제 국가를 지지하는 사람들의 경우가 그런 경우이다. 노예제 국가에서도 이론적으로는 노예들의 권리가 노예주들의 권리만큼 신성한 것으로 존중되어야 한다는 것과 그런 노예들의 권리를 엄격히 평등하게 집행하지 않

는 법정은 정의를 결여하고 있다는 것이 인정된다. 하지만 동시에 그들은 노예에게는 어떤 실질적인 권리도 거의 남겨 놓지 않는 제도들을 부정의하다고 생각하지 않는다. 왜냐하면 그들은 그런 제도들이 편의를 산출한다고 생각하기 때문이다. 또 공리가 신분의 구별을 요구한다고 생각하는 사람들도 부와 사회적 특권들이 불평등하게 분배되는 것을 부정의하다고 생각하지 않는다. 그러나 이런 불평등이 편의를 산출하지 않는다고 생각하는 사람들은 그런 불평등이 부정의하다고 생각한다. 정부가 필요하다고 생각하는 사람들은 누구도 일반 사람들에게는 허용되지 않는 권력을 정부 당국에 부여함으로써 생기는 불평등을 부정의하다고 보지 않는다. 심지어 평등주의를 주장하는 사람들 간에도 편의에 대한 견해의 차이가 존재하는 만큼 정의에 대한 견해들도 다르다. 일부 **공산주의자들**은 공동체의 노동의 산물이 엄격한 평등의 원리에 의해 분배될 때만 정의롭고, 그 밖의 원리에 의해서 분배되는 것은 정의롭지 않다고 생각한다. [필요 기준을 강조하는] 일부 사람들은 필요가 가장 큰 사람들이 가장 많이 받는 것이 정의롭다고 생각하는 반면에, 또 다른 사람들은 더 열심히 일한 사람, 혹은 더 많이 생산한 사람, 혹은 그의 서비스가 사회에 더 가치 있는 사람이 생산물의 분배에 있어서 더 많은 몫을 정당하게 주장할 수 있다고 본다. 그리고 이런 다른 의견들 각각은 자신의 견해를 지지하기 위해서 설득력 있게 자연적 정의감에 호소할 수 있다.

5.11 **정의**라는 용어가 애매하게 사용되지 않는 많은 다양한

적용 방식들을 함께 묶어 주면서 정의라는 용어에 부착되어 있는 도덕적 감정이 결정적으로 의존하는 정신적 연결 고리를 파악하는 것은 대단히 어려운 문제이다. 이런 어려움에 직면해서 그 단어의 어원에 근거하여 그 단어의 역사를 살펴보는 것이 아마도 도움이 될 수 있을 것이다.

5.12 비록 모두 그런 것은 아니지만, 대부분의 언어에서 **정의**에 상응하는 단어의 어원은 실정법(positive law) 또는 원시적 형태의 법인 권위적인 관습과 연결된 기원을 지시한다. [라틴어에서 정의를 뜻하는] *justum*(유스툼)은 *jussum*(유쑴)의 한 형태인데, *jussum*은 명령된 것을 의미한다. 법을 의미하는 *Jus*(유스)도 동일한 어원을 가지고 있다. 정의를 의미하는 그리스어 Δίκαιον(디카이온)은 δίκη(디케)에서 나온 것인데, 디케의 주된 의미는 최소한 그리스의 역사 시대에서는 법적 소송을 의미한다. 사실, 그 단어는 원래 단지 일을 처리하는 양식 또는 **방식**을 의미하였지만, 아주 초기부터 그 단어는 공인된 권위자들이, 즉 가부장적, 사법적, 혹은 정치적 권위자들이 집행하는 **규정된** 방식을 의미하였다. 영어의 *right*(옳은)와 *righteous*(올바른)의 어원인 독일어 *Recht*(레흐트)도 법과 동의어이다. 사실 *Recht*의 원래 의미는 법을 가리키지 않고 물리적으로 곧은 것을 가리키고, **그른**(wrong)과 그것의 라틴어 동의어들은 뒤틀린 혹은 **구부러진** 것을 의미한다. 이런 사실로부터 '옳은'이 원래는 법을 의미하는 것이 아니라, 반대로 법이 '옳은'을 의미한다는 주장이 나온다. 그러나 이것이 사실이든 아니든, 법에 의하여 요구되지 않는 많은 것들이 도덕

적 올바름이나 곧음에도 똑같이 필요하다. 그렇다고 하더라도 독일어 *Recht*와 프랑스어 *droit*(드르와)의 의미가 실정법에 한정되었다는 사실은, 그 파생의 순서가 원래 반대였던 것만큼이나[즉, 법이 '옳은'을 가리키는 것만큼이나] 도덕적 관념들의 원래적 성격에 관련해서 중요한 것이다. 정의의 법정과 정의의 집행은 법의 법정이며 법의 집행이다. 프랑스어에서 *La Justice*(라 쥐스티스)는 사법부를 가리키는 명칭이다. 내 생각에, 정의의 관념을 형성하는 데 있어서 **모관념**(*idée mère*)이, 즉 그 원초적 요소가 법의 준수였다는 것은 의심의 여지가 없다. 그것은 기독교가 출현하기 전까지 유대인들에게는 정의의 전부였다. 유대인들은 자신들의 법이 도덕적 가르침을 필요로 하는 모든 주제들을 포괄하도록 만들었고, 또 그 법이 신으로부터 직접 나온 것이라고 믿었다. 그렇기 때문에 그들이 법의 준수가 정의의 전부라고 본 것은 예상할 수 있는 당연한 일이었다. 그러나 다른 민족들, 특히 그리스나 로마 민족은 법이 원래 인간에 의해서 만들어졌고 지금도 계속해서 만들어지고 있다는 것을 알고 있었다. 그래서 그들은 법을 만드는 사람들이 나쁜 법을 만들 수 있고, [그 결과로서] 법에 의해서 부정의가 자행될 수 있다는 것을 주저 없이 인정하였다. 즉, 개인들이 법의 제재를 받지 않고 행했더라면 부정의하다고 불렸을 만한 동일한 행동이 동일한 동기를 가지고 법에 의해서도 자행될 수 있다는 것을 알고 있었다. 그러므로 부정의의 감정은 모든 법의 위반에 결부되는 것이 아니라, 단지 **마땅히 존재해야만** 하는 법의 위반에만 결부되었다. 그리고 이런 마땅히 존재해야 하는 법에는 그런 법을 구현한 실제의 법뿐만 아니라 그것을 아직 구현하지 못해서 실제로 존재하지 않는 법도 포함된다. 만약 실제의 법들이 마땅히 존재해야 하는 법에 반하는 것이라면, 그 부정의의 감정은 법 자체에 결부된다. 이런 식으로 법의 개념과 법의 명령의 개념은 정의의 관념에 여전히 지배적인 영향력을 행사한다. 심지어 실제로 집행되는 법이 정의의 기준으로서 받아들여지지 않을 때에도 마찬가지이다.

5.13 사람들은 법에 의해서 규제되지 않는 많은 것들에도 또 법에 의해서 규제되는 것이 바람직하지 않은 많은 것들에도 정의의 관념과 정의의 의무들이 적용될 수 있다고 생각한다. 법률이 사생활의 세세한 부분까지 모두 간섭하기를 바라는 사람은 아무도 없다. 그럼에도 사람은 일상의 모든 행동에서 자신이 정의롭거나 부정의하다는 것을 보여 줄 수도 있고 또 실제로 보여 준다는 점을 누구나 인정한다. 그러나 심지어 여기에도 존재해야만 하는 법의 위반이라는 개념이 변형된 형태로나마 여전히 남아 있다. 우리가 부정의하다고 생각하는 행위들이 처벌받는 것은 언제나 우리를 기쁘게 하고, 우리에게 적절함의 감정을 불러일으킨다. 그렇다고 우리가 그런 처벌이 법에 의해서 이루어지는 것이 언제나 편의를 산출한다고 생각하는 것은 아니다. 우리는 그러한 처벌에 따라오기 마련인 비편의(inconvenience) 때문에 그런 만족을 포기한다. 만일 우리가 개인들에게 행사할 수 있는 무제한의 권력을 정부 당국자들에게 맡기고도 두려움을 느끼지 않을 만한 이유

가 있다면, 우리는 아주 사소한 일에 대해서도 정의로운 행동이 강제로 집행되고 정의롭지 않은 행동이 억제되는 것을 보면서 기뻐할 것이다. 우리가 정의의 요구에 의해서 어떤 사람이 어떤 것을 해야 한다고 생각할 때, 그가 그것을 하도록 강요해야 한다고 말하는 것이 일상적인 어법이다. 그런 의무가 권력을 가진 사람에 의해서 집행되는 것을 보게 된다면 우리는 만족을 느낄 것이다. 만약 법에 의한 의무의 집행이 비편의를 초래한다면, 우리는 그런 법 집행의 불가능함을 개탄하면서, 그런 부정의를 처벌하지 못하는 것을 악으로 간주하고, 그런 부정의를 행한 사람에 대하여 우리 자신과 대중의 비난을 강력하게 표현함으로써 그것을 바로잡으려 할 것이다. 따라서 비록 선진 사회에서처럼 법적인 제약이라는 관념이 완전해지기 위해서는 몇 차례 변형을 겪어야 하지만, 법적인 제약이라는 관념은 여전히 정의의 개념을 산출하는 관념이다.

5.14 나는 이상에서 논의한 것이 정의의 관념의 기원과 그 발전에 대한 올바른 설명이라고 생각한다. 그러나 이 설명은 적어도 아직까지는 정의의 의무를 도덕적 의무 일반으로부터 구별하는 어떤 기준도 포함하고 있지 않다. 우리는 이 점에 주목할 필요가 있다. 왜냐하면 사실 법의 본질인 처벌적 제재 (penal sanction)라는 관념은 부정의의 관념뿐만 아니라 모든 종류의 그름의 관념에도 들어 있기 때문이다. 우리가 어떤 것을 그르다고 부를 때, 그것이 함축하는 의미는 그 그릇된 것을 행한 사람은 그것 때문에 어떤 식으로든, 즉 법에 의해서가 아니라면 동료 인간들에 의해서, 동료 인간들에 의해서가

아니라면 그 자신의 양심의 가책에 의해서 마땅히 처벌받아야 한다는 것이다. 이것이 도덕과 단순한 편의를 구별하는 진정한 구분점으로 보인다.[31] 어떤 사람이 의무를 수행하도록 올바르게 강요될 수 있다는 것, 이것이야말로 모든 형태의 의무에 공통되는 의무 개념의 일부이다. 빚을 지고 있는 사람에게 강요하여 빚을 받아내듯이, 의무는 어떤 것에 대해 의무를 지고 있는 사람에게 그것을 하라고 **강요하는** 것이다. 만일 우리가 어떤 사람에게 어떤 것을 하도록 강요할 수 없다면, 우리는 그것을 그의 의무라고 부르지 않을 것이다. 타산적 이유나 다른 사람들의 이익 때문에 실제로 그것을 하도록 강요하는 것이 방해받을 수도 있다. 그러나 그런 의무를 지고 있는 사람 자신은 그것을 하도록 강요받는 것에 대해 불평할 자격이 없다. 이와는 반대로 사람들이 어떤 것을 하기를 바라지만 그들이 그것을 반드시 해야만 하는 것은 아니라고 인정하는 것들이 있다. 우리는 그것들을 하는 사람들을 좋아하거나 존경하고, 그것들을 하지 않는 사람들을 싫어하거나 경멸한다. 그러나 그것들을 반드시 해야만 하는 것은 아니며, 따라서 이런 경우는 도덕적 의무가 아니다. 우리는 그들을 비난하지 않

31_ 밀은 5.14에서 도덕과 단순 편의를 구별하는 도덕의 종차적 특징으로 '제재의 적합성'을 제시하고 있다. 제재(법적 처벌, 사회적 비난, 양심의 가책)를 적용하는 것이 적합한 행위는 도덕적 의무가 되는 데 반해서, 제재를 적용하는 것이 적합하지 않은 행위는 도덕적 의무의 대상이 아니라 좋아함이나 싫어함 또는 존경이나 경멸의 대상이라고 주장한다. 행위의 옳고 그름을 제재와 관련지어 논의하는 이 구절은 밀의 공리주의에 대한 성격 규정과 관련해서 많은 논쟁을 야기하는 구절이다: 옮긴이.

는다. 즉, 우리는 그들이 적절한 처벌의 대상이라고 생각하지 않는다. 우리가 어떻게 처벌받아 마땅함과 마땅하지 않음의 관념을 가지게 되었는지는 다음 기회에 다루게 될 것이다. 그러나 나는 이런 구별이 옳음과 그름의 관념들의 기저에 놓여 있다는 것에 대해서는 의문의 여지가 없다고 생각한다. 즉, 우리는 어떤 사람이 그가 한 행동 때문에 마땅히 처벌받아야 한다고 생각하는 경우에는 그 행동을 그르다고 부르고, 마땅히 처벌받아서는 안 된다고 생각하는 경우에는 그 행동을 그르다고 하지 않고 대신에 싫어한다거나 경멸한다고 부른다. 또 우리가 어떤 행동과 관계된 사람에게 특정 방식으로 행동을 하도록 강요하기를 원할 경우에는 그런 식으로 행동하는 것이 옳다고 말하고, 단지 그를 그런 식으로 행동하도록 설득하거나 권장하기를 원할 경우에는 그런 식으로 행동하는 것을 그저 바람직하거나 칭찬받을 만하다고 말한다.[32]

5.15 그러므로 이것은[즉, 제재는] **편의와 가치 있음**(Worthiness)[33]의 나머지 부분들로부터 정의만이 아니라 도덕 일반을 구별시켜 주는 특징적인 차이점이다. [그러나 이것은 정의를 포

32_ (저자 주) 이 점에 대해서는 베인 교수의 인간 정신에 관한 정교하고 심오한 저작을 보라. 베인 교수의 이 책은 두 권으로 구성되어 있는데, 그 가운데 2권의 ("윤리적 감정 또는 도덕 감각"이라는 제목의) 탁월한 장에서 이 점을 강력하게 주장하면서 알기 쉽게 설명하고 있다. [Alexander Bain, *The Emotions and the Will*, London: Parker, 1859]

33_ 밀은 『논리의 체계』에서 삶의 기술의 영역을 '도덕,' '타산 또는 방책,' '심미' 셋으로 나누었는데, 『공리주의』에서는 이 구분을 '도덕,' '편의,' '가치 있음'으로 표현하고 있다. 여기서 '편의'는 '타산 또는 방책'에 해당하고, '가치 있음'은 '심미'에 해당한다: 옮긴이.

함하는 도덕 일반의 특징적인 차이점이기 때문에] 우리는 여전히 정의를 도덕의 다른 부분으로부터 특징을 찾아야 한다. 익히 알려진 대로 윤리 이론가들은 도덕적 의무들을 그다지 적절한 표현은 아니지만 완전한 의무(perfect obligation)와 불완전한 의무(imperfect obligation)의 두 종류로 나눈다. 불완전한 의무는 의무적 행위이기는 하지만 어떤 경우에 그 행위를 할지 여부가 우리의 선택에 맡겨져 있는 의무이다. 불완전한 의무는 자선이나 선행의 경우와 같이 우리가 수행해야 하는 것은 맞지만, 어떤 특정 사람이나 어떤 특정 시간에 해야만 하는 것은 아닌 의무이다. 철학적 법학자의 보다 정확한 용어로 말하면, 완전한 의무는 그 의무로 인해 어떤 사람이 그에 상관된 **권리**를 가지게 되는 의무이다. 불완전한 의무는 어떤 권리를 발생시키지 않는 의무이다. 나는 이 구별이 정의와 도덕의 다른 의무들 사이에 있는 구별과 정확히 일치한다고 생각한다. 정의의 관념의 다양한 적용 방식에 대한 조사에서 살펴본 바와 같이 정의란 용어는 일반적으로 개인적 권리의 개념과 관련되는 것으로 보인다. 여기서 개인적 권리란 법이 사람들에게 소유권이나 기타의 법적인 권리를 인정할 때 법이 부여하는 청구권(claim)[34]과 같이 하나 또는 그 이상의 개인들의 편에서 요구할 수 있는 하나의 청구권이다. 부정의는 어떤 사

---

[34]_ 청구권(claim)은 어떤 사람이 다른 사람이나 국가에 대하여 일정한 행위를 요구할 수 있는 권리 주장을 말한다. 청구권은 자신이 특정 권리를 지니고 있다는 주장을 바탕으로 그것을 실현해 달라는 요구이므로 다른 권리를 보장하기 위한 수단적 성격을 가진다: 옮긴이.

람의 소유물을 빼앗는 것, 그와의 신뢰를 손상하는 것, 그가 마땅히 받아야 하는 응분의 대우보다 못하게 대우하는 것 또는 더 강한 권리를 가지고 있지 않은 사람들보다 더 못하게 대우하는 것 등에서 생긴다. 이것들 가운데 부정의가 어디에서 생기든 간에, 각각의 경우마다 부정의하다는 추정은 두 가지 — 행해진 잘못과 그런 잘못을 당한 사람 — 를 내포한다. 또한 이런 부정의는 어떤 사람을 다른 사람보다 잘해 줌으로써 저질러질 수도 있다. 그러나 이 경우에 잘못을 당하는 것은 그 사람의 경쟁자들이다. 내가 보기에 이런 경우에 있어서 이 특징 — 어떤 사람의 권리와 그에 상관된 도덕적 의무 — 이 정의와, 관대함이나 선행 사이를 구별하는 구체적인 차이가 된다. 정의는 행하면 옳고 행하지 않으면 그른 것이면서, 어떤 개인이 우리에게 그의 도덕적 권리로서 요구할 수 있는 것과 관계된다.[35] 우리의 관대함이나 선행에 대해서 도덕적 권리를 가지는 사람은 없다. 왜냐하면 우리는 이런 덕을 어떤 특정한 개인에게 실천해야 할 도덕적 의무를 가지지 않기 때문이다. 모든 정확한 정의(definition)들이 그런 것처럼, 이 정

35_ 밀은 5.15에서 도덕 일반으로부터 정의를 구별시켜 주는 정의의 종차적 특징으로 '도덕적 권리'를 제시한다. 정의는 도덕적 권리로서 요구할 수 있는 것과 관계되며, 그런 도덕적 권리를 존중하는 것이 정의이고, 도덕적 권리를 침해하는 것이 부정의이다. 밀은 5.25에서 사회가 어떤 것을 권리로서 보호해 주어야 하는 근거로서 '일반 공리'를 들고 있으며, 특히 '안전의 이익'과 관련되는 공리가 권리의 근거가 됨을 밝히고 있다. 밀은 정의의 종차적 특징으로 도덕적 권리를 도입하고, 그 도덕적 권리를 공리의 원리에 의해서 정당화함으로써 벤담에 의해서 거부되었던 도덕적 권리 개념을 공리주의 체계 내로 포함시킨다: 옮긴이.

의에 대해서도 이와 상충하는 듯이 보이는 사례들이 사실은 이 정의를 가장 잘 확인해 준다. 왜냐하면 일부 사람들이 시도했던 바와 같이 어떤 도덕 이론가가 어떤 특정한 개인은 아니라고 해도 인류는 일반적으로 우리가 그들에게 할 수 있는 모든 선에 대한 권리를 가진다고 주장한다면, 그는 당장에 그 논제에 의해서 관대함과 선행을 정의의 범주 안에 포함시켜야 하기 때문이다. 이 경우에, 그는 우리가 동료 인간들에게 우리가 할 수 있는 최선의 노력을 해야만 할 빚을 지고 있거나, 그보다 덜한 노력을 하는 것은 사회가 우리에게 해 준 것에 대한 충분한 보답이 될 수 없다고 주장하지 않을 수 없게 된다. 앞의 경우는 채무이행에 비유할 수 있고, 뒤의 경우는 보은으로 분류할 수 있는데, 이 양자는 모두 정의의 사례로 인정되는 것이다. 권리가 문제되는 경우는 정의가 문제되는 경우이지 선행의 덕이 문제되는 경우는 아니다. 그러나 우리가 지금까지 해 온 정의와 도덕 일반의 구별을 받아들이지 않는 사람은 정의와 도덕 일반을 전혀 구별하지 못하고, 모든 도덕을 정의 안에 포함시키게 될 것이다.

5.16 지금까지 정의의 관념을 구성하는 특징적 요소를[즉, 종차적 특징을] 밝히고자 노력하였다. 이제 우리가 탐구할 문제는 정의의 감정에 관한 것이다. 즉, 정의의 관념에 수반되는 감정이 자연의 특별한 섭리에 의해서 그것에 결부되었는지, 아니면 그 감정이 익히 알려진 일반 법칙들에 의해서 정의의 관념 그 자체로부터 생겨날 수 있었는지, 특히 그 감정이 일반적 편의에 대한 고려에서 기원할 수 있었는지를 탐구할 차

레이다.

5.17 나는 [정의의] 감정 그 자체는 흔히 또는 정확히 편의의 관념이라고 불릴 수 있는 어떤 것에서도 생겨나지 않지만, [정의의] 감정 그 자체가 아니라 그 감정 안에 있는 도덕적인 것은 편의의 관념에서 생긴다고 생각한다.

5.18 우리는 이미 정의의 감정(정의감) 안에 있는 두 가지 본질적인 구성 요소가 해를 가한 사람을 처벌하고자 하는 욕구와 해를 당한 어떤 특정한 개인이나 개인들이 있다는 믿음이나 인식이라는 것을 살펴보았다.

5.19 내가 보기에, 어떤 개인에게 해를 가한 사람을 처벌하고자 하는 욕구는 두 가지 감정, 즉 자기방어의 충동과 공감의 감정에서 자발적으로 자라 나온 것인데, 이 두 감정 모두 가장 자연적인 감정이면서도, 그 자체가 본능이거나 아니면 본능을 닮은 감정이다.

5.20 우리 자신이나 우리가 공감을 느끼는 사람들에게 해악을 가하거나 그런 시도를 하는 것에 대해서 분개하고, 반발하고, 보복하려고 하는 것은 자연적이다. 이런 감정의 기원에 관해서는 여기서 논의할 필요는 없다. 그것이 본능이건 아니면 지성의 결과이건, 우리는 그것이 모든 동물들의 공통적인 본성이라는 것을 알고 있다. 왜냐하면 모든 동물은 자신이나 자기 새끼를 해쳤거나 해치려고 하는 것들에게 보복하려고 하기 때문이다. 이 점에서 인간은 다른 동물들과 단지 두 가지 특수한 점에서만 다르다. 첫째, 동물은 단지 자신의 새끼들과 공감하거나 일부 더 고등한 동물들에게서 볼 수 있듯

이 자신에게 친절한 몇몇 서열 높은 동물에게만 공감할 수 있는데 비해서, 인간은 [자신의 자녀나 자신에게 친절한 존재들뿐만 아니라] 모든 인간, 심지어 모든 유정적 존재들과도 공감할 수 있다. 둘째, 인간은 보다 발달된 지성을 가지고 있어서 자기와 관련해서건 공감을 느끼는 존재와 관련해서건 전체 감정의 영역이 더 넓다. 인간의 탁월한 공감의 범위는 별도로 하더라도, 인간은 높은 지성에 의해 자기와 자신이 속한 인간 사회 사이에 하나의 이익 공동체가 존재한다는 것을 이해할 수 있다. 그래서 그는 그 사회의 안전을 일반적으로 위협하는 어떤 행동도 그 자신의 안전을 위협하는 것으로 이해하고, 그것에 대해 자기방어의 본능을(만일 그것이 본능이라면) 불러일으킨다. 이런 탁월한 지성이 인류 일반과 공감할 수 있는 능력과 결합해서, 그는 자신을 그의 종족, 그의 국가 혹은 인류라는 집합적 관념에 결부시키고, 그것들에 해가 되는 행위에 대해서 그의 공감의 본능을 불러일으켜서 그런 행동에 저항하게 된다.

5.21 그러므로 내가 보기에 정의감을 구성하는 요소 중의 하나가 처벌하려는 욕구라는 점에서 정의감은 사회 전체를 통해서 우리에게 해를 입히거나 혹은 사회 전체와 우리에게 공동으로 해를 입히는 해악들에 대해서 지성과 공감의 능력이 적용되어 발생하는 자연적인 보복 혹은 복수의 감정이다. 이 [보복 또는 복수의] 감정 자체에는 도덕적인 것이 없다. 도덕적인 것은 그 자연적인 보복 또는 복수의 감정이 사회적 공감에 전적으로 복종하는 것, 그래서 그 감정이 사회적 공감

의 부름을 기다리고 그것에 순종하는 것에 있다. 왜냐하면 그 [보복 혹은 복수의] 자연적 감정은 누군가 우리에게 불쾌한 일을 하면 그것이 무엇이든 구별하지 않고 우리를 분개하게 만드는 경향이 있지만 사회적 감정에 의해서 도덕화 되면 오직 일반 선에 일치하는 방향으로만 작용하기 때문이다. 그래서 정의로운 사람은 비록 자신에게는 해가 되지 않더라도 사회에 해가 되는 것에 대해서는 분개하지만, 자신에게 가해지는 해가 아무리 고통스럽더라도 그 해를 억제하는 것이 사회와 자신의 공동 이익이 되지 않는 한, 그것에 대해 분개하지 않는다.

5.22 [이런 주장에 대해서] 우리가 분노의 정의감을 느낄 때, 사회 전체나 어떤 집단적인 이익을 생각하는 것이 아니라 단지 개인적인 경우만을 생각한다는 반론이 제기될 수도 있다. 그러나 이것은 우리의 견해에 대한 반론이 될 수 없다. 비록 칭찬할 만한 일은 아니지만, 우리는 단지 고통을 받는다는 이유만으로도 분개하는 것이 보통이다. 그런데 이 분개의 감정이 [단순한 분노가 아니라] 진정한 도덕적 감정(의분)인 사람은 어떤 행위에 분개하기 전에 그 행위가 비난받아 마땅한지를 고려한다. 그런 사람은 비록 그 자신이 사회의 이익을 대변한다고 명시적으로 말하지 않더라도, 자신이 자기의 이익뿐만 아니라 다른 사람들의 이익을 위한 규칙을 천명하고 있음을 확실히 느끼고 있을 것이다. 만약 그가 이런 감정을 느끼지 않는다면, 즉 그가 그 행위를 자신에게만 개인적으로 영향을 미치는 것으로 간주한다면, 그는 자기 행위의 정의로움

에 관해서는 관심도 없는 것이며, 따라서 그는 의식적으로 정의로운 것이 아니다. 이것은 반공리주의 도덕 이론가도 인정하는 것이다. (앞에서 말한 대로) 칸트가 도덕의 근본 원리로서 "모든 이성적 존재에 의해서 하나의 법칙으로 채택될 수 있는 행위의 규칙에 따라 행위하라"는 정언명법을 제안했을 때, 칸트는 어떤 행위의 도덕성에 관해 양심적으로 결정할 때 행위자의 마음 안에서 인류의 이익을 집합적으로 혹은 최소한 차별 없이 고려해야만 한다는 것을 실질적으로 인정한 것이다. 그렇지 않다면 칸트는 그 말들을 아무 의미도 없이 사용하고 있는 것이다. 왜냐하면 모든 이성적 존재들이 완전한 이기성의 규칙을 채택하는 것은 전혀 불가능하다 — 사물의 본성상 그 규칙의 채택을 가로막는 극복 불가능한 장애가 있다 — 는 주장은 전혀 설득력이 없기 때문이다. 칸트의 원리가 의미를 가지려면, 그 원리는 모든 이성적 존재들이 **집합적 이익을 증진하기 위해서** 채택할 규칙에 의해서 우리의 행동을 결정해야 한다는 것으로 해석되어야 한다.

5.23 지금까지의 논의를 요약하면 다음과 같다. 정의의 관념은 행위의 규칙과 그 규칙에 제재를 부여하는 감정, 이 두 가지를 상정하고 있다. 첫 번째 행위의 규칙은 모든 인류에게 공통된 것이고 모든 인류의 선을 위한 것이다. 두 번째 정의의 감정은 그 규칙을 위반하는 사람들이 처벌받아야 한다는 욕구이다. 여기에 덧붙여서 정의의 감정에는 규칙 위반으로 인해 고통 받는 특정한 존재, 다시 말해 (이 경우에 적합한 표현을 쓰자면) 자신의 권리가 침해된 특정한 존재의 개념이 포함

되어 있다. 내가 보기에, 정의감은 자기 자신이나 자신이 공감하는 사람들에 대한 상해나 피해를 물리치거나 그것에 대해 보복하고자 하는 동물적 욕구가 인간의 확대된 공감 능력과 인간의 지성적인 자기 이익의 관념에 의해서 모든 사람을 포괄하도록 확대된 것이다. 정의감은 후자로부터[즉, 인간의 확대된 공감 능력과 지성적인 자기 이익의 관념으로부터] 도덕성을 이끌어 내고, 전자로부터[즉, 복수하고자 하는 욕구로부터] 그 감정 특유의 강렬함과 자기주장의 동력을 이끌어 낸다.

5.24 지금까지 나는 피해를 입은 사람이 가지고 있는 **권리** 그리고 그런 피해로 인해 침해된 권리라는 개념을 정의의 관념과 정의의 감정을 구성하는 하나의 독립적 요소로 간주하지 않고, 다른 두 요소들이 스스로를 표현하는 여러 형태들 중 하나로 취급해 왔다. 이 다른 두 요소란, 특정 사람이나 사람들에게 가하는 상해가 그 하나이고, 처벌에 대한 요구가 다른 하나이다. 나는 우리 자신의 마음을 잘 조사해 보면, 우리가 어떤 권리의 위반에 관해서 말할 때 우리가 의미하는 바가 이 두 요소들 안에 모두 포함되어 있음이 드러난다고 생각한다. 우리가 어떤 것을 어떤 사람의 권리라고 부를 때, 우리가 의미하는 바는 그가 사회에 대해서 법의 힘에 의해서건 교육과 여론의 힘에 의해서건 그 어떤 것을 소유하도록 보호해 달라고 요구할 수 있는 정당한 청구권을 가지고 있음을 의미한다. 만약 그 사람이 어떤 근거에서건 사회가 자신에게 어떤 것을 보장해 주어야 한다고 요구하기에 충분한 청구권을 가지고 있다면, 우리는 그 사람이 그것에 대한 권리를 가지고 있

다고 말할 수 있다. 우리가 그 사람이 어떤 것에 대한 권리를 가지고 있지 않다는 것을 증명하고자 한다면, 우리는 사회가 그 사람에게 그것을 보장해 주기 위한 조치를 취할 필요가 없고, 그것을 그 사람의 운이나 본인의 노력에 맡겨야 한다는 것을 보여 주기만 하면 된다. 그러므로 사람은 공정한 직업 경쟁에서 자신의 노력을 통해서 얻을 수 있는 것에 대해서 권리를 가진다고 말할 수 있다. 왜냐하면 사회는 그 사람이 그런 방식으로 그가 할 수 있는 한 많이 얻고자 노력하는 것을 다른 사람들이 방해하지 못하도록 보호해 주어야 하기 때문이다. 이에 반해서 어떤 사람이 실제로 1년에 300파운드를 벌었다고 해도, 그가 1년에 300파운드를 벌 권리를 가지는 것은 아니다. 그 이유는 사회가 그에게 그만한 액수를 제공해 주어야 할 의무가 없기 때문이다. 그러나 반대로 그 사람이 3% 이율의 10,000파운드 공채(公債)를 가지고 있다면, 그는 1년에 300파운드에 대한 권리를 가진다. 그 이유는 사회가 그만한 액수의 수입을 그에게 제공해야 할 의무가 있기 때문이다.

5.25 그러므로 내가 생각하기에, 어떤 것에 대해 권리를 가진다는 것은 내가 그것을 소유하도록 사회가 보호해 주어야 한다는 의미이다. 만약 어떤 비판자가 왜 사회가 보호해 주어야 하느냐고 의문을 제기한다면, 나로서는 일반 공리(general utility) 이외에 다른 이유를 댈 수 없다. 만약 이런 표현이 그 [정의의] 의무의 강한 구속력에 대한 느낌을 충분히 전달하지 못하거나 그 감정의 독특한 동력을 설명하지 못하는 것으로 보인다면, 그것은 그 [정의의] 감정의 구성 요소들이 이성적인

요소뿐만 아니라 동물적 요소, 즉 보복하고자 하는 갈망도 가지고 있기 때문이다. 이 갈망은 이와 관련되어 있는 특별히 중요하고 인상적인 종류의 공리로부터 그것의 도덕적 정당성 뿐만 아니라 강렬함을 이끌어 낸다. 여기에 관련된 이익은 안전(security)에 대한 이익인데, 이것은 모든 이익들 중에서 누구나 가장 중요하다고 느끼는 이익이다. 세상의 모든 다른 이득들은 어떤 사람에게는 필요하지만 다른 사람에게는 필요하지 않을 수 있다. 그리고 이런 것들 중 많은 것들이 필요한 경우에 기꺼이 포기되거나 다른 것으로 대체될 수도 있다. 그러나 [안전만은 그렇지 않다.] 어떤 인간도 안전 없이는 도저히 지낼 수가 없다. 일시적으로가 아니라 지속적으로 악으로부터 우리를 보호하는 모든 것이, 그리고 모든 가치 있는 것과 모든 좋은 것 전반이 안전에 의존하고 있다. 왜냐하면 어느 한순간에 우리보다 더 강한 사람이 나타나서 다음 순간에 우리에게서 모든 것을 빼앗아 버린다면, 그 순간의 만족 이상의 어떤 것도 우리에게 가치를 가질 수 없을 것이기 때문이다. 안전은 우리에게 필요한 모든 것들 가운데서 신체에 영양을 공급하는 것 다음으로 가장 없어서는 안 되는 것이다. 그런 안전은 그것을 제공하는 기제가 계속 작동하지 않으면 확보할 수 없다. 그러므로 우리를 위해서 우리의 삶의 토대를 안전하게 만드는 일에 동참하라고 동료 인간들에게 요구하는 청구권의 개념은 보다 일반적인 경우의 공리가 관계되는 감정보다 훨씬 더 강렬한 감정을 촉발한다. 그래서 (심리학에서 가끔 그렇듯이) 정도의 차이가 진정한 종류의 차이가 된다.

그 [안전에 대한] 요구(청구권)는 그 특징으로 절대성, 명백한 무한성, 다른 모든 고려 사항들과 통약 불가능성을 전제하고 있다. 그리고 이런 특징들이 옳고 그른 감정과 통상적인 편의 및 비편의의 감정을 구별해 준다. 이와 관련된 감정은 너무나 강력할 뿐만 아니라, 우리가 (모두가 유사한 이해 관심을 가지는) 다른 사람들도 그에 상응하는 감정을 가지기를 너무나 적극적으로 기대하기 때문에, '마땅히 해야 한다(*ought*)와 해야 한다(*should*)'가 '반드시 해야만 한다(*must*)'로 변화하고, 필수 불가결하다고 인정된 것이 물리적 필연성과도 유사한 도덕적 필연성이 되어서, 종종 물리적 필연성 못지않은 구속력을 지니게 된다.

5.26 만일 위의 분석이나 그와 비슷한 것이 정의 관념에 대한 정확한 설명이 될 수 없다면, 즉 정의가 공리와 완전히 독립적이고, **그 자체가** 독자적 기준이어서, 인간 정신이 그 자체를 내관(introspection)함으로써만 인식할 수 있는 것이라고 한다면, 어째서 내부의 신탁이 그렇게 애매하고, 또 어째서 수많은 사안들이 그것들을 보는 방식에 따라 정의롭거나 부정의하게 보이는지를 이해하기 어렵다.

5.27 널리 회자되는 견해에 따르면, **공리**는 불확실한 기준이어서 서로 다른 사람들이 서로 다르게 해석하는 데 비해서, **정의**의 명령들은 자체적으로 증거를 가지고 있어서[즉, 자명해서], 사람들의 변하는 의견으로부터 독립되어 있다고 한다. 그래서 이런 변하지도 않고 제거할 수도 없고 실수를 범할 수

도 없는 정의의 명령들 안에서가 아니라면 안전은 있을 수 없다고 한다. 이런 견해로부터 정의의 문제에 관해서는 논쟁의 여지가 있을 수 없으며, 우리가 정의를 우리의 규칙으로 삼는다면, 어떤 주어진 경우에 그것을 적용하는 것은 수학적 증명만큼이나 의심의 여지가 없을 것이라는 가정이 나온다. 그러나 이것은 사실과는 거리가 먼 이야기이다. 사실은 무엇이 정의로운지에 관해서도 무엇이 사회에 유용한지에 관해서 만큼이나 다양한 의견 차이와 격렬한 논쟁이 존재한다. 서로 다른 민족과 개인들은 정의에 관해 다른 관념을 가질 뿐만 아니라, 같은 한 사람의 마음 안에서도 정의는 어떤 하나의 규칙, 원리, 혹은 준칙이 아니라, 여러 가지이다. 그리고 그 다수의 명령들이 언제나 일치하는 것도 아니어서, 그것들 중에서 선택하는 문제에 있어서도 그는 어떤 외부적 기준이나 그 자신의 개인적인 편애에 의해 인도된다.

5.28 예를 들어, [첫째] 일부 사람들은 다른 사람들에게 본보기를 보이기 위해 어떤 사람을 처벌하는 것(본보기 처벌)은 정의롭지 않다고 주장한다. 즉, 처벌은 처벌 받는 사람의 이익을 위한 것일 때에만 정의롭다고 주장한다. [둘째] 다른 사람들은 정반대의 주장을 한다. 그들은 분별력 있는 나이에 이른 사람들의 경우에, 그들 자신의 이익을 위해서 처벌하는 것은 독재이고 부정의하다고 주장한다. 그 이유는, 만일 관련된 문제가 오직 그들 자신에게만 관련된 선이라면, 그런 선에 대한 그들의 판단을 통제할 권리를 가진 사람은 아무도 없기 때문이다. 그러나 이들은 다른 사람들에게 악을 저지르는 것

을 방지하기 위해서 그들을 처벌하는 것은 정당하다고 주장한다. 왜냐하면 이 경우에 처벌은 정당한 자기방어의 권리를 행사하는 것이기 때문이다. 그러나 [셋째] 오언(R. Owen)[36]은 어떤 처벌도 정의롭지 않다고 주장한다. 왜냐하면 범죄자가 자신의 성격을 형성한 것이 아니라 그가 받은 교육과 그를 둘러싼 환경이 그를 범죄자로 만들었고, 이런 것들은 그가 책임질 수 있는 것이 아니기 때문이다. 이 [세 가지] 견해들은 모두 매우 설득력이 있다. 그 문제가 단순히 정의의 문제로만 논의되는 한, 즉 그 문제가 정의의 기저에 놓여 있으면서 정의의 권위의 원천을 이루는 원리들에까지 내려가서 논의되지 않는 한, 나는 이 주장들 중 어느 것도 논박할 방법을 알지 못한다. 왜냐하면 정말로 이 세 가지 입장 각각은 모두 의심할 여지가 없이 참인 정의의 규칙들에 근거하고 있기 때문이다. 첫 번째 입장은 어떤 한 개인을 선택해서 그 사람의 동의 없이 다른 사람들의 이익을 위하여 그 사람을 희생시키는 것은 부정의하다는 널리 인정되는 정의의 규칙에 호소한다. 두 번째 입장은 자기방어라는 널리 인정되는 정의의 규칙과, 어떤 사람에게 다른 사람의 선 관념을 따르도록 강요하는 것은 부정의하다는 역시 널리 인정되는 정의의 규칙에 의존한다. 세 번째 입장인 오언주의자들도 어떤 사람이 스스로 통제할 수 없는

36_ 오언(Robert Owen, 1771~1858)은 영국의 공상적 사회주의자이자 조합 운동의 창시자이다. 그는 결정론의 견해를 받아들여 환경이 인간의 성격을 결정한다고 보았다. 그래서 사회 환경을 개선할 것을 주장하였으며, 노동자의 환경 개선을 위해 협동조합적 제도의 설립을 제창하였다: 옮긴이.

것 때문에 처벌받는 것은 부정의하다는 널리 인정되는 원리에 호소한다. 각각의 입장이 자기가 선택한 정의의 준칙이 아니라 다른 정의의 준칙을 고려하도록 강요당하지 않는 한[즉, 각자의 준칙만을 고려하는 한], 각자는 자신의 승리를 주장할 수 있다. 그러나 그들의 여러 준칙들이 서로 부딪쳐서 논쟁을 하게 되면, 각 논쟁자는 각자 자신의 입장을 주장할 기회를 다른 사람과 똑같이 가지게 된다. 그들 가운데 누구도 자신의 정의의 관념과 똑같이 구속력 있는 다른 사람의 정의의 관념을 무시하지 않고는 자신의 정의의 관념을 관철할 수 없다. 이것들이 어려운 점들이다. 그들은 언제나 이것들에 어려움을 느껴 왔기 때문에, 이런 어려움을 극복하기보다는 회피하기 위한 많은 장치들을 고안해 왔다. 우선 세 번째 입장의 난점으로부터 벗어나기 위해서 사람들은 소위 의지의 자유라는 것을 상상해 냈다. 그래서 사람들은 어떤 사람의 의지가 이전 상황의 영향을 받지 않고 [자신의 의지의 자유에 의해서] 완전히 나쁜 상태가 된 것으로 상정하지 않는 한, 그 사람을 처벌하는 것은 정당화될 수 없다고 생각한다. 다른 난점들로부터 벗어나기 위해서 애용되어 온 장치는 계약이라는 허구를 사용하는 것이다. 이 계약론에 따르면, 어느 때인가 사회의 모든 구성원들이 법률을 준수할 것을 약속하고, 법률을 위반할 경우 처벌받기로 합의하였으며, 그 계약에 의해 그들 자신의 선이나 사회의 선을 위해 입법자들에게 그들을 처벌할 권리 ― 계약을 맺지 않았더라면 그들이 가질 수 없었던 권리 ― 를 부여하게 되었다는 것이다. 이런 행복한 생각은 모든 어려움을 제거하는 것으로 생각되었으며, '동의하는 사람에게는 어떤 해도 가할 수 없다(*volenti non fit injuria*)'는 널리 수용되고 있는 또 다른 정의의 준칙에 근거해서 처벌을 정당화하는 것으로 여겨졌다. 즉, 처벌받을 것으로 예상되는 사람의 동의하에 이루어지는 처벌은 부정의하지 않다는 것이다. 비록 동의가 단순한 허구가 아니라 할지라도, 이 준칙이 그것을 대체하는 다른 준칙들보다 더 우월한 권위를 가지는 것은 아니다. 오히려 그것은 이른바 정의의 원리들이 얼마나 느슨하고 불규칙한 방식으로 생겨나는지를 잘 보여 주는 예이다. 이 특수한 준칙은 분명히 때때로 매우 불확실한 추정에 만족하지 않을 수 없는 법정의 절박한 요구에 도움을 주는 데 이용되었다. 왜냐하면 법정이 법률상의 추정을 보다 세밀하게 하려고 시도하면 종종 더 큰 악이 발생하기 때문이다. 하지만 법정도 그 준칙을 일관되게 고수할 수는 없다. 왜냐하면 법정도 종종 사기로 인한 자발적인 약속과 때로는 단순한 실수나 잘못된 정보로 인한 자발적인 약속을 무효화하기 때문이다.

5.29 게다가 처벌의 정당성이 허용된다고 해도, 잘못된 행동에 상응하는 적절한 처벌의 정도와 관련해서도 많은 상충하는 정의의 개념들이 논쟁을 벌이고 있다. 이 문제와 관련된 어떤 규칙도 '눈에는 눈, 이에는 이'라는 **복수법**(*lex talionis*)만큼 강력하게 원초적이고 자발적인 정의감에 호소하는 것은 없다. 하나의 실행 준칙으로서 유대와 이슬람 법률의 이런 원리는 유럽에서는 일반적으로 포기되었다. 하지만 나는 대부분의 사람들이 마음속에서 은밀하게 그것을 갈망하고 있다

고 생각한다. 그래서 비행을 저지른 사람에게 우연이라도 그의 죄에 정확히 알맞은 보복이 가해졌을 때 일어나는 일반적인 만족의 감정은 이런 종류의 보복을 수용하는 감정이 얼마나 자연스러운 것인지를 분명하게 보여 준다. 많은 사람들에게 있어서 형벌 집행에서 정의의 기준은 처벌이 죄에 비례해야 한다는 것이다. 이것이 의미하는 바는 (도덕적 잘못을 측정하는 그들의 기준이 무엇이건) 처벌의 양은 범죄자의 도덕적 잘못에 의해 정확하게 평가되어야 한다는 것이다. [이 입장에 따르면] 처벌의 양을 정하는 평가에서 그 죄를 억지하는 데 어느 정도의 처벌이 필요한가라는 고려 사항은 정의의 문제와 무관하다. 이에 반해서 그런 고려를 가장 중시하는 사람들도 있다. 그들은, 어떤 사람이 지은 죄가 무엇이건, 그의 재범을 방지하고 타인들의 범죄 모방을 방지하는 데 필요한 최소한의 처벌 그 이상으로 동료 피조물들에게, 적어도 인간들에게 고통을 가하는 것은 정의롭지 않다고 주장한다.

5.30 이미 앞에서 언급한 적이 있는 주제를 가지고 다른 예를 들어보자. 협동산업체(co-operative industrial association)[37]에서 재능이나 기술을 자격 기준으로 삼아 더 많은 보수를 주는 것은 정의로운가 그렇지 않은가? 이 질문에 부정적인 답변을 하는 측은, 자신이 할 수 있는 최선을 다한 사람이라면 누구나 평등하게 잘 대우받을 응분의 자격이 있으며, 정의의 이

37_ 협동산업체는 오언이 주창한 일종의 생산자 협동조합을 의미한다. 밀은 사회주의를 전면적으로 실시하기 전에 노동자들이 자본과 노동, 기술을 함께 투입하는 일종의 생산 공동체를 시범적으로 실시할 것을 주장하였다: 옮긴이.

름으로 자신의 잘못이 아닌 것 때문에 열등한 위치에 놓여서는 안 된다고 주장한다. 그리고 [이 입장에 따르면] 우월한 능력을 가진 사람들은 굳이 세속의 재화들을 더 많이 받지 않더라도, 자신의 우월한 능력으로 인해서 존경을 받고, 개인적 영향력을 가지며, 그런 능력 발휘에서 내적인 만족의 원천을 가지는 등 이미 충분히 많은 혜택을 누리고 있다. 그러므로 사회는 정의에 입각해서 이 부당한 혜택의 불평등을 악화시키기보다는 혜택을 덜 받은 능력이 부족한 사람들을 보상해 주어야 한다. 그러나 반대편에서는 더 유능한 노동자들이 사회에 더 많은 기여를 하고, 그의 기여가 사회에 더 유용하기 때문에 사회는 그에게 더 많은 보답을 할 빚을 지고 있다고 주장한다. 그리고 그의 노동의 결과물이 협동의 산물 전체에서 실제로 더 많은 몫을 차지하기 때문에 그 많은 몫에 대한 그의 권리를 허용하지 않는 것은 일종의 도둑질이라고 주장한다. 그리고 만약 그가 다른 사람들이 받는 만큼만 받아야 한다면, 그도 다른 사람들만큼만 생산하고 그의 우월한 능력에 비례해서 보다 적은 시간과 노력만을 제공하면 된다. 이것만이 사회가 그에게 정의롭게 요구할 수 있는 것이다. 이 상이한 견해들은 각각 상이한 정의의 원리들에 호소하고 있다. 누가 이 갈등하는 정의의 원리들 사이에서 결정을 할 것인가? 이 경우에 정의는 서로 조화될 수 없는 두 측면을 가지고 있다. 그리고 두 논쟁 당사자들은 서로 다른 측면을 선택한다. 한쪽은 개인이 받아야 하는 것에 초점을 맞추어 정의를 이해하고, 다른 쪽은 공동체가 주어야 하는 것에 초점을 맞추어 정의를 이해한다. 각자의 입장은 그 자신의 관점에서 보면 논박의 여지가 없다. 하지만 이 둘 중에서 어느 쪽을 선택하든 그 선택은 정의의 관점에서 보면 완전히 자의적인 것이다. 사회적 공리만이 그 선호를 결정할 수 있다.

5.31 과세에 관해서 논의할 때 언급되는 정의의 기준들 역시 매우 다양하고 서로 양립 불가능하다. 일부 사람들은 국가에 내는 세금은 각자의 금전 수입에 산술적으로 비례해야 한다는 의견을 주장한다. 그러나 다른 사람들은 더 여유 있는 사람에게 더 고율로 세금을 거두는 일종의 누진세가 정의가 명령하는 것이라고 생각한다. 또 어떤 사람들은 수입의 차이를 일체 무시하고 (징수할 수만 있다면) 모든 사람에게 동일한 절대 세액을 징수하는 것이 합당하다는 강력한 논거를 자연적 정의의 관점에서 제시할 수 있다고 주장한다. 즉, 식당이나 술집에서 고객들이 각자의 지불 능력과 무관하게 모두 똑같은 서비스에 똑같은 금액을 지불하듯이, 법과 국가의 보호는 모두에게 제공되고, 또 모든 사람이 그것을 필요로 하기 때문에 모든 사람이 같은 가격으로 그것을 구입한다고 해서 거기에 부정의한 점은 없다는 것이다. 다시 말해 가게 주인이 고객의 지불 능력에 따라 가격을 바꾸지 않고 모든 고객들에게 같은 물건에 대해서 같은 가격을 받는 것은 부정의가 아니라 정의로 간주되어야 한다는 것이다. 그러나 이 이론을 세금 문제에 적용하는 데 찬성하는 사람은 없다. 왜냐하면 그것은 인간의 인류애의 감정 및 사회적 편의의 지침들과 크게 충돌하기 때문이다. 그럼에도 불구하고 그것이 호소하는 정의의 원

리는 그것에 반대하기 위해서 끌어들일 수 있는 다른 정의의 원리들만큼이나 참되고 구속력이 있는 것이다. 그래서 그 원리는 세금을 산정하는 다른 방식을 지지하는 방어 노선에 암묵적 영향력을 발휘한다. [이 원리의 암묵적 영향력 아래] 어떤 사람들은 **국가**가 가난한 사람들보다 부자들에게 더 많은 혜택을 주기 때문에 부자에게 세금을 더 많이 징수하는 것이 정당하다고 주장한다. 그러나 이것은 정말로 사실이 아니다. 왜냐하면 부자들은 법이나 정부가 없는 상황에서 가난한 사람들보다 자신들을 훨씬 더 잘 보호할 수 있고, 실제로 더 성공적으로 가난한 사람들을 노예로 삼을 수 있기 때문이다. 또 다른 사람들은 동일한 정의관에 따라서 (인격은 모든 사람에게 평등한 가치를 가지므로) 모든 사람은 인격의 보호를 위해서는 평등한 인두세를 지불해야 하고, 불평등한 재산의 보호를 위해서는 그 재산의 불평등에 따라 세금을 불평등하게 지불해야 한다고 주장하기도 한다. 이런 주장에 대해서 반대자들은 한 사람이 가진 모든 것은 그 자신에게는 다른 사람이 가진 모든 것과 똑같이 가치 있다고 비판한다. 결국 이런 혼란에서 벗어날 수 있는 방법은 공리주의밖에 없다.

5.32 그렇다면 **정의로운 것과 편의**(便宜)**적인 것** 사이의 차이는 한갓 상상에 의한 구별에 불과한 것인가? 정의가 방편(方便, policy)보다 더 신성하고, 정의가 충족된 이후에야 비로소 방편에 관심을 기울여야 한다고 생각하는 것은 인류가 지금까지 망상에 빠졌었기 때문인가? 결코 그렇지 않다. 지금

까지 우리가 제시한 감정의 본성과 기원에 대한 설명에 의하면 그 둘은[즉, 정의와 편의는] 실제로 구분되는 것이다. 그리고 행동의 결과가 그 행동의 도덕성을 구성하는 한 가지 요소라는 것을 가장 극단적으로 경멸하는 사람들 가운데 그 누구도 이 구분을 나보다 더 중요하게 생각하는 사람은 없다. 나는 공리에 근거하지 않는 상상의 정의의 기준을 내세우는 모든 이론들에 반대한다. 하지만 나는 공리에 근거한 정의가 모든 도덕의 가장 중요한 부분이고, 비교할 수 없을 정도로 가장 신성하고 구속력 있는 부분이라고 생각한다. 정의는 삶을 지도하는 다른 어떤 규칙보다도 인간 복지의 본질에 더 밀접히 관련되어 있다. 그래서 정의는 더 절대적인 의무의 성격을 띠는 특정 부류의 도덕 규칙들을 지칭하는 이름이다. 그리고 우리가 정의라는 관념의 본질이라고 생각해 온 개념, 즉 개인이 가지고 있는 권리라는 개념이 정의가 더 구속력 있는 의무라는 것을 암시하고 증명한다.

5.33 인간의 복지에 가장 중요한 도덕 규칙들은 인류가 서로에게 해를 가하는 것을 금지하는 도덕 규칙들이다. (물론, 인류가 서로에게 가하는 해 안에는 당연히 서로의 자유에 대해 부당한 간섭을 하는 것도 포함된다.) 그리고 이런 해악 금지의 도덕 규칙들은 단지 인간사의 어떤 부분을 잘 관리할 수 있는 최고의 방법만을 가르쳐 주는 그 어떤 준칙 — 그 준칙이 아무리 중요한 것이라고 해도 — 보다도 인간 복지에 중요하다. 또한 이런 규칙들은 인류의 사회적 감정의 전부를 결정하는 핵심 요소라는 특이성도 가지고 있다. 이런 규칙들을 준수하는 것

만이 사람들 사이에 평화를 보존한다. 만약 그 도덕 규칙들에 복종하는 것 자체가 도덕 규칙이 아니라면, 그리고 도덕 규칙들에 불복종하는 것이 단지 예외로 인정되는 것이 아니라면, 모든 사람은 다른 모든 사람들을 잠재적인 적으로 생각하고, 그들로부터 끊임없이 자신을 지켜야만 하는 상황에 처할 수밖에 없을 것이다. 이에 못지않게 중요한 것은 이런 도덕 규칙들이 인류가 서로에게 그 중요성을 납득시키려는 가장 강력하고 가장 직접적인 유인을 가지는 도덕적 지침들이라는 점이다. 사람들은 서로에게 타산적인 교훈이나 권고를 주는 것만으로는 [실제로] 아무것도 얻지 못하거나 그럴 것이라고 생각할 것이다. 사람들은 서로 서로에게 적극적인 선행의 의무를 심어 주는 데 틀림없이 관심을 가진다. 하지만 [상호 해악을 금지하는 도덕 규칙을 심어 주려는 관심에 비해] 그 정도는 훨씬 약하다. 어떤 사람이 다른 사람들의 혜택을 전혀 필요로 하지 않을 수는 있다. 하지만 그런 사람도 언제나 다른 사람들이 자기를 해치지 못하도록 할 필요가 있다. 그러므로 다른 사람들이 직접적으로 가하는 해악으로부터 또는 자기 자신의 선을 추구할 자유를 방해함으로써 가하는 해악으로부터 각 개인을 보호하는 도덕이야말로 각 개인이 가장 마음속 깊이 간직하는 도덕이자, 그가 말과 행동으로 공표하고 실행하는 데 가장 강한 관심을 가지고 있는 도덕이다. 어떤 사람이 인류 사회의 일원으로 살기에 적합한지는 그가 이런 규칙을 준수하는지 여부에 의해서 검사되고 결정된다. 왜냐하면 그 사람이 그와 교류하는 사람들에게 해가 되는 존재인지 아닌지가 그것에 달려 있기 때문이다. 바로 이런 도덕[규칙들]이 일차적으로 정의의 의무를 구성한다. 가장 현저한 부정의의 사례이자 정의감의 특징인 혐오의 감정을 불러일으키는 경우는 누군가를 부당하게 공격하는 행위나 누군가에게 부당하게 힘을 행사하는 행위이다. 그 다음은 어떤 사람이 마땅히 받아야 할 응분의 몫(대우)을 부당하게 받지 못하게 하는 행위들이다. 이 두 종류의 행위는 모두 그 사람에게 직접적인 고통을 주거나, 아니면 그 사람이 물리적 근거에서나 사회적 근거에서 합당하게 기대할 수 있는 좋은 것들을 박탈하는 형태로 적극적인 해를 가한다.

5.34 이런 1차적 도덕을 준수하도록 명령하는 강력한 동기와 동일한 동기가 그 도덕을 위반하는 사람들을 처벌하라고 명령한다. 그리고 그런 위반자들에 대해서 자기방어의 충동, 타인 보호의 충동, 복수의 충동이 일어남에 따라, 보복 혹은 '악에는 악으로 되갚는 것'이 정의감과 밀접하게 연결되고, 정의의 관념 속에 보편적으로 자리하게 된다. 또 '선에는 선으로 갚는 것' 역시 정의의 명령 중 하나이다. 이것의 사회적 공리는 분명하고, 그 속에는 자연스러운 인간적 감정이 담겨 있다. 하지만 이것은 처음 볼 때에는 가장 기본적인 정의 또는 부정의의 사례들이자 정의감의 특징적인 강렬함의 원천인 해 또는 상해와 분명한 관련성이 없는 것으로 보인다. 그러나 그런 관련이 덜 명백하기는 하지만, 그렇다고 해서 그런 관련이 덜 실제적인 것은 아니다. 남의 도움을 받고서 그 사람이 도움을 필요로 할 때 도움을 주지 않는 것은 그 사람의 기대

를 좌절시킴으로써 실제로 해를 주는 행위다. 도움을 받은 사람이 나중에 도움을 갚을 것이라는 기대는 가장 자연스럽고 합당한 기대들 가운데 하나이자, 그가 적어도 암묵적으로 고무시킨 것이 틀림없는 기대이다. 만약 그렇게 하지 않았다면 처음부터 도움을 주지도 않았을 것이다. 인간이 저지르는 악과 비행 중에서도 정당한 기대를 좌절시키는 것은 대단히 중요한데, 이것은 우정을 배신하는 것과 약속을 지키지 않는 것과 같은 행위가 대단히 비도덕적인 행위로 간주되는 주된 이유가, 즉 그 주된 범죄성이 정당한 기대를 좌절시키는 것 때문이라는 사실에서 잘 드러난다. 인간이 당할 수 있는 해 중에서, 습관적으로 그리고 아주 확실히 믿었던 것이 정작 도움이 필요한 순간에 그들을 실망시키는 것보다 더 크고 더 쓰라린 상처를 주는 것도 없을 것이다. 이처럼 선에 보답해야 할 때 하지 않는 것보다 더 나쁜 것은 별로 없고, 고통을 당하는 사람이나 그를 공감적으로 바라보는 사람의 입장에서 이것보다 더 분노를 자극하는 것도 없다. 그러므로 각자에게 각자의 응분의 몫(대우)을 (해)주어야 한다는 원리, 즉 '악에는 악으로,' '선에는 선으로' 갚아야 한다는 원리는 우리가 지금까지 규정해 온 정의의 개념 속에 내포되어 있을 뿐만 아니라, **정의**를 단순한 **편의**보다 높이 평가하도록 만드는 강렬한 감정의 적합한 대상이 된다.

5.35 세상에서 통용되고 있고 정의의 집행 과정에서 흔히 호소하는 대부분의 정의의 준칙들은 우리가 지금까지 논의해 온 정의의 원리들을 실행하는 데 있어서 단순히 도구적 역할

을 한다. 사람은 자신이 자발적으로 한 일이나, 자발적으로 피할 수 있었던 일에 대해서만 책임을 진다는 준칙, 소명할 기회도 주지 않고 사람을 유죄로 판결하는 것은 부정의하다는 준칙, 처벌은 죄의 중대함에 비례해야 한다는 준칙 등과 같은 준칙은 '악에는 악으로'라는 정의의 원리가 정당한 이유 없이 악의 형벌을 가하는 방향으로 왜곡되는 것을 막기 위해 [즉, 처벌 수단으로 악을 남용하지 못하도록 하기 위해] 고안된 준칙들이다. 이 통상적인 준칙들의 대부분은 법정의 관행으로부터 유래해서 사용하게 된 것들이다. 그래서 이 준칙들은 자연히 법정의 두 가지 기능인 죄지은 자를 처벌하고 각 개인의 권리를 보호하는 기능을 수행하는 데 필요한 규칙들을 일상적인 의미보다 더 분명하게 인식하고 정교화하는 쪽으로 이어진다.

5.36 사법적 덕목들 가운데 제1덕인 공평성은 정의의 의무들 중 하나이다. 그것이 정의의 의무인 이유는 부분적으로 [앞 단락의] 마지막에 언급한 이유, 즉 그것이 정의의 다른 의무들을 수행하기 위한 필수 조건이기 때문이다. 그러나 이것만이 인간의 여러 의무들 중에서 평등과 공평성의 준칙이 높은 위치를 차지하는 유일한 원천은 아니다. 평등과 공평성의 준칙은 대중들의 평가와 가장 계몽된 사람들의 평가 모두에서 정의의 지침들 안에 포함된다. 그런데 어떤 관점에서 보자면, 이런 준칙들은 이미 정립된 원리들로부터 추론된 것으로 여겨질 수도 있을 것이다. 만약 각자의 응분에 따라 각자를 대우해야 할 의무가 있다면, 즉 악을 악으로 억제하고 선을 선으로 보상할 의무가 있다면, 이것으로부터 필연적으로 다

음과 같은 결론이 도출된다. 우리는 (더 상위의 의무가 금지하지 않는 한) 우리들 가운데 평등하게 잘 대접받을 응분의 자격이 있는 사람들을 평등하게 잘 대우해야 하며, 사회는 사회에서 평등하게 잘 대우받을 응분의 자격이 있는 모든 사람들을, 즉 절대적으로 평등하게 잘 대우받을 응분의 자격이 있는 모든 사람들을 평등하게 잘 대우해야 한다. 이것이야말로 사회 정의와 분배 정의의 최고의 추상적 기준이다. 가능한 한 최대한 이 기준에 알맞도록 모든 제도들이 만들어져야 하고, 또 모든 유덕한 시민의 노력이 이루어져야 한다. 그러나 이 위대한 도덕적 의무는 훨씬 더 심오한 토대 위에 기초하고 있다. 그것은 도덕의 제1원리에서 직접 나온 것이지, 2차적이거나 파생적인 이론들로부터 도출된 단순한 논리적 추론의 산물이 아니다. 그것은 바로 **공리**의 의미 또는 **최대 행복의 원리** 안에 함축되어 있다. (행복의 종류를 적절하게 고려한 결과) 행복의 정도가 똑같다고 가정할 때, 어떤 사람의 행복이 다른 사람의 행복과 정확히 똑같이 계산되지 않는다면, 그 원리는[즉, 공리의 원리 또는 최대 행복의 원리는] 아무런 합리적 의미도 없는 단어들의 단순한 나열에 불과할 것이다. 이런 조건들이 충족될 때 "모든 사람은 하나로 계산되어야지 누구도 하나 이상으로 계산되어서는 안 된다"는 벤담의 격언은 공리의 원리를 설명하는 주석으로 그 원리 밑에 써넣을 수 있을 것이다.[38] 도덕 이

38_ (저자 주) 사람들 간에 완전한 공평성을 유지하라는 요구는 공리주의의 제1원리 안에 함축되어 있다. 그러나 스펜서(Herbert Spencer)는 오히려 이 것을[즉, 공평성의 요구를] (그의 저서 『사회정학*Social Statics*』에서) 공리가 권리

론가와 입법가들이 볼 때, 모든 사람이 행복에 대한 평등한
청구권을 가진다는 것은 행복의 모든 수단에 대해서도 평등

에 대한 충분한 지침(토대)이 될 수 있다는 주장에 대한 하나의 반증으로 간
주한다. 왜냐하면 그는 공리의 원리가 선행하는 원리, 즉 모든 사람은 행복
에 대한 평등한 권리를 가진다는 선행 원리를 전제하고 있다고 생각하기 때
문이다. 이것을 좀 더 정확하게 기술하면, 공리의 원리는, 같은 사람이 그렇
게 생각하건 아니면 서로 다른 사람들이 그렇게 생각하건 그와 무관하게, 동
일한 양의 행복은 동일하게 바람직하다고 가정하고 있다는 것이다. 그러나
이것은 공리의 원리를 뒷받침하기 위해 필요한 사전 가설이나 전제가 아니
라, 공리의 원리 그 자체이다. 왜냐하면 '행복'과 '바람직하다'가 같은 말이
아니라면 공리의 원리를 설명할 길이 없기 때문이다. 만일 선행하는 원리가
있다면, 그것은 산술의 진리가 다른 모든 측정 가능한 양의 가치 평가에서와
마찬가지로 행복의 가치 평가에도 적용될 수 있다는 것 외에 다른 것일 수
없다.

　스펜서는 나와의 개인적인 의견 교환을 통해 자신이 공리주의에 대한 반
대자로 여겨지는 것에 이의를 제기하고, 그가 행복을 도덕의 궁극적 목적으
로 간주한다는 점을 분명히 했다. 그러나 스펜서는, 그 궁극적 목적은 행동
의 결과에 대한 관찰에 바탕을 둔 경험적 일반화를 통해서는 단지 부분적으
로만 달성될 수 있고, 삶의 법칙과 삶의 조건으로부터 어떤 종류의 행동이
필연적으로 행복을 산출하는 경향이 있고, 또 어떤 종류의 행동이 필연적으
로 불행을 산출하는 경향이 있는지를 연역함으로써만 완전히 달성될 수 있
다고 생각했다. '필연적'이라는 단어만 제외한다면 나는 그의 이론과 표현
에 반대하지 않는다. 그리고 (그 단어만 뺀다면) 오늘날 공리주의를 지지하는
그 어떤 사람도 그와 생각이 다르지 않을 것이다. 스펜서가 그의 책 『사회
정학』에서 특별히 언급하고 있는 벤담은 확실히 어떤 사상가들보다도 인간
본성의 법칙과 인간적 삶의 보편적 조건으로부터 행동이 행복에 미치는 효
과를 기꺼이 연역해 내고자 하였다. 오히려 벤담은 그와 같은 연역에 너무
배타적으로 매달려서 특수한 경험으로부터의 일반화 — 스펜서가 공리주의
자들이 일반적으로 받아들인다고 생각하는 — 를 등한시한다고 비판받는
다. 내 생각으로는(그리고 내가 알기로는 스펜서의 견해도 내 생각과 같은데), 어
떤 일반 명제에 과학적 증명이라고 할 수 있을 정도와 종류의 증거를 제공
하기 위해서는 다른 모든 과학적 연구 분야와 마찬가지로 윤리학에서도 이
두 과정의 결과들의 통섭이, 즉 이 두 과정의 결과들이 서로 협동하고 상대
를 검증하는 통섭이 필수적이다.

한 청구권을 가진다는 것을 의미한다. 물론, 인간 삶의 불가피한 조건들과, 모든 개인의 이익을 포괄하는 일반 이익이 그 준칙에 제한을 가하는 경우는 예외이다. 그리고 그 제한은 엄격하게 해석되어야 한다. 다른 모든 정의의 준칙들과 마찬가지로, 이 준칙 역시 결코 보편적으로 적용되거나 혹은 보편적으로 적용 가능한 것으로 간주되는 것은 아니다. 오히려 이미 논의한 대로 이 준칙은 모든 사람의 사회적 편의라는 관념에 따라 좌우된다. 그러나 이 준칙이 적용될 수 있는 경우에는 어느 경우이든, 그것은 정의의 명령으로 간주된다. 일부 공인된 사회적 편의가 불평등한 대우를 요구하는 경우가 아닌 한, 모든 사람은 평등한 대우를 받을 권리를 가지는 것으로 여겨진다. 그러므로 더 이상 편의를 산출하지 않는 것으로 생각되는 모든 불평등은 단순한 비편의가 아니라 부정의한 것이다. 그런 불평등이 너무나 독재적으로 보이기 시작하면 사람들은 자신들이 그런 불평등을 지금까지 어떻게 용인해 왔는지 의아해한다. 그러나 그들은 자신들도 똑같이 잘못된 사회적 편의 개념에 따라[즉, 더 이상 편의를 산출하지 않음에도 불구하고 편의를 산출한다고 잘못 생각하는 편의 개념에 따라] 다른 불평등을 용인할 수도 있다는 것을 잊고 있다. 그런 사람들도 그런 잘못을 교정하고 난 뒤에는 그들이 승인한 것을 그들이 비난해 온 것 못지않게 끔찍한 것으로 여기게 된다. 사회 발전의 전 역사는 일련의 이행 과정이다. 즉, 사회적 삶을 사는 데 기본적으로 필요한 것으로 여겨지던 관습이나 제도가 시간이 지나면서 보편적인 불의나 폭압으로 낙인찍혀 가는 과정이라

할 수 있다. 노예와 자유인, 지주와 농노, 귀족과 평민의 구별이 그러했고, 피부색, 인종, 성별에 따른 불평등도 이미 부분적으로 그렇게 되고 있고, 앞으로 그렇게 될 것이다.

5.37 지금까지의 논의로부터 분명한 점은 정의란 모종의 도덕적 요구들을 가리키는 이름이라는 것, 그리고 이 정의의 도덕적 요구들은 집합적으로 보았을 때, 사회적 공리의 척도에서 아주 높은 위치를 차지하고, 따라서 다른 어떤 의무들보다 더 중요한 의무라는 것이다. 그러나 어떤 특수한 경우들에는 다른 사회적 의무가 너무 중요해서 일반적인 정의의 준칙을 무시해야 하는 경우들이 생길 수도 있다. 그래서 목숨을 구하기 위해서 필요한 음식이나 약을 훔치거나 강제로 빼앗는 것 또는 병을 치료할 수 있는 단 한 사람의 자격 있는 의료인을 납치해서 강제로라도 환자를 돌보게 하는 것은 허용될 수 있을 뿐 아니라 하나의 의무일 수도 있다. 우리는 덕이 아닌 것은 정의라고 부르지 않기 때문에, 그런 경우에 대해서 우리는 보통 정의가 어떤 다른 도덕원리에 의해 무시되어야 한다고 말하지 않고, 보통 상황에서는 정의로운 것이 다른 도덕적 원리 때문에 이 특수한 경우에는 정의가 아니라고 말한다. 이런 언어의 유용한 용법을 사용함으로써 우리는 정의에 귀속되는 무시 불가능성(indefeasibility)의 속성을 보존하면서도, 칭찬할 만한 부정의가 존재할 수 있다고 주장해야 하는 곤경에서도 벗어날 수 있다.

5.38 나는 지금까지 논의된 고려 사항들이 공리주의 도덕 이론이 당면한 유일한 실제적 어려움을 해소해 줄 수 있다고

생각한다. 정의의 모든 경우들이 또한 편의의 경우들이라는 것은 언제나 명백하다. 다만 이 둘의 차이는 정의에 수반되는 특별한 감정에 있다. 이 특별한 감정에 의해서 정의는 편의와 대조되어 구별된다. 만약 이런 특징적 감정이 충분히 설명되었고, 그래서 이런 감정을 위하여 어떤 기원의 특별함을 가정할 필요가 없다면, [그리고 이 설명대로] 단순한 분개의 자연적 감정이 사회적 선의 요구와 그 외연이 일치하도록 도덕화된 것이 바로 그 [정의의] 감정이라면, 그리고 이런 감정이 정의의 관념에 상응하는 모든 경우에 존재할 뿐 아니라 반드시 존재해야만 한다면, 이 정의라는 관념은 더 이상 공리주의 도덕에 걸림돌로 작용하지 않는다. 정의는 여전히 다른 어떤 종류의 사회적 공리보다 훨씬 더 중요하고, 따라서 더욱 절대적이고 명령적인 특정한 사회적 공리들에 대한 적절한 이름이다. (그러나 어떤 특별한 경우에는 다른 종류의 사회적 공리가 더 중요하고 더 절대적이고 더 명령적일 수도 있다). 그러므로 정의라는 사회적 공리들에는 정도뿐만 아니라 종류에서도 확연히 다른 하나의 감정이 자연스럽게 수반되고 또 마땅히 그래야만 한다. 이 정의감은 그 명령의 더 단호한 성격에 의해서도 또 그 제재의 더 엄격한 성격에 의해서도 인간의 쾌락이나 편의 증진이라는 관념에 수반되는 온화한 감정과는 [그 정도와 종류에서 확연히] 구별된다.

『공리주의』해제

일러두기

해제에서 인용문의 출처는 다음과 같이 ( ) 안에 표기하였다. 즉, (Bentham, 1988: 4)은 Bentham의 1988년 발행의 책 4쪽이라는 의미이다. 책은 해제 끝에 있는 참고 문헌을 참고하기 바란다. 그리고 밀의 문헌은 다음과 같이 머리글자로 표시하였다.

A: *Autobiography*

L: *On Liberty*

U: *Utilitarianism*

1. 공리주의의 기원

'최대 다수의 최대 행복'을 도덕의 기준으로 내세우는 공리주의의 핵심 사상은 우리가 할 수 있는 한 이 세상을 최선의 곳으로 만들어야 한다는 것이다. 이것은 우리가 힘이 닿는 한에서 모든 개인들이 가능한 최고 수준의 행복한 삶을 누리는 세상을 만들어야 한다는 의미이다(de Lazari-Radek & Singer, 2019: 19). 최대 다수의 최대 행복의 요구를 통해서 공리주의는 도덕의 중요성을 아주 단순하고 명백하게 해명한다. 공리주의에 따르면, 도덕이 중요한 이유는 그것이 세상의 고통을 줄이고 행복을 증진하기 때문이다. 도덕은 인간과 모든 유정적 존재자들의 행복을 위해서 존재한다는 것이다. 벤담의 말대로 도덕이 인간을 위해서 존재하는 것이지 인간이 도덕을 위해서 존재하는 것은 아니다(Pojman & Fieser, 2019: 201).

세상의 고통을 줄이고 행복을 증진해야 한다는 공리주의의 핵심 통찰은 지극히 단순하고 상식적이지만, 그것은 고통을 피하고 행복을 바라는 인간의 보편적 동기와 관심에 토대를 두고 있기 때문에 결코 무시할 수 없는 힘과 호소력을 지닌다. 그래서 다양한 시대와 장소에서 공리주의는 삶의 궁극적 목적을 제시하고, 우리의 행동을 지도하는 유력한 기준으로 여겨져 왔다. 공리주의는 고금과 동서를 막론하고 명시적

으로나 암묵적으로 삶의 목적이자 행위의 기준으로 여겨져
왔다.

공리주의와 유사한 사상을 주장한 최초의 인물은 전국시대
의 중국 철학자인 묵자(BC 490~403)이다. 묵자는 '겸애교리
(兼愛校利),' 즉 '보편적 사랑과 상호 이익'을 도덕의 기준으로
제시함으로써 공리주의의 선구를 이루었다. 서양에서는 에피
쿠로스(BC 341~270)가 쾌락과 고통이 선과 악의 기준이라고
주장하면서, 고통 없는 평온함(ataraxia)을 삶의 목적으로 제
시하였다. 에피쿠로스의 쾌락주의는 후대의 공리주의를 예기
하는 것이었지만, 중세를 거치면서 기독교에 의해서 철저히
배격 당하였다.

공리주의적 사고방식은 고대부터 많은 철학자들에게
서 발견되지만 공리주의가 철학적 학파로서의 정체성을 분
명하게 확립한 것은 18세기 후반에 들어서였다. 일반 선
(general good)을 옳은 행위의 기준으로 삼아야 한다는 생각
은 18세기 유럽에서 하나의 유행이었다. 컴벌랜드(Richard
Cumberland), 섀프츠베리(Anthony Ashley Cooper, the third
Earl of Shaftesbury), 허치슨(Francis Hutcheson), 엘베시우스
(Claude Adrian Helvetius), 베카리아(Cesare Beccaria), 프리스
틀리(Joseph Priestley), 흄(David Hume), 페일리(William Paley),
고드윈(William Godwin) 등이 이런 생각을 피력하였다.

피터버러의 주교인 컴벌랜드는『자연법에 관하여』에서 홉
스(Thomas Hobbes)의 이기주의에 반대하면서 행동의 본성
상 인간의 행복에 기여하지 않는 어떤 행동도 도덕적으로 선

일 수 없다고 주장하였다. 새프츠베리도 최고 형태의 선은 보편적 선을 연구하여 우리의 힘이 닿는 한에서 전체 세계의 이익을 증진하는 것이라고 주장하였다. 공리주의를 상징하는 슬로건이 된 '최대 다수의 최대 행복'이라는 문구는 허치슨이 1726년에 출간한 책『미와 덕의 관념의 기원에 관한 탐구』에서 처음 등장하였다. 18세기 중반에는 프랑스 계몽철학자인 엘베시우스와 이탈리아 법률가인 베카리아가 '최대 다수의 최대 행복'을 주장하였다. 벤담(Jeremy Bentham, 1748-1832)은 베카리아의 책을 읽고 '최대 다수의 최대 행복'을 공리주의를 대표하는 표어로 사용하였다. 흄은 자신의 저서인 『인성론』에서 어떤 것이 덕으로 간주되어야 하는지 여부는 그것의 공리에 의해서 결정된다고 주장하였다. 벤담은 이 구절을 읽고 광명을 되찾는 것 같았다고 밝히고 있다(de Lazari-Radek & Singer, 2019: 22-3). 영국 교회의 목사였던 윌리엄 페일리는 그의 저서『도덕과 정치철학』에서 모두를 평등하게 사랑하는 자비로운 신은 우리 모두가 일반 행복(general happiness)을 최대한 증진하는 방식으로 행위 하기를 원한다고 하면서, 공리주의를 따르는 것이 신의 의지에 복종하는 것이라고 주장하였다. 윌리엄 고드윈도 자신의 저서『정치적 정의에 관한 탐구』에서 가까운 사람에 대한 특별한 의무나 애착을 일체 허용하지 않는 극단적 형태의 공리주의를 주장하였다.

2. 벤담과 밀의 공리주의

2.1 벤담의 공리주의

18세기에 들어서 많은 사상가들이 공리주의를 주창하였지만 공리주의를 하나의 체계적 윤리 이론이자 사회 개혁 이론으로 만든 사람은 벤담이었다. 벤담은 12살에 옥스퍼드 대학에 입학하여 법학을 공부하였으나, 그는 변호사 개업을 하지 않고 런던으로 돌아가서 법률 개혁 방안에 관한 글을 썼다. 벤담이 공리주의의 원리에 대한 정식으로 '최대 다수의 최대 행복'을 처음 사용하기 시작한 해는 1776년이다. 그때부터 그는 그 목표를 달성하는 데 헌신했다. 1780년에 벤담은 『도덕과 입법의 원리에 관한 서론(*Introduction to the Principles of Morals and Legislation*)』을 완성했다. 이 책은 그가 공리주의 이론을 가장 명료하게 제시한 책이다. 그러나 이 책은 이 책을 서론으로 포함하기로 예정했던 책이 미완이었기 때문에 9년 뒤에나 출판될 수 있었다. 이것은 벤담 저술의 특징이다. 그는 생전에 16권의 책을 출간했다. 이것은 어떤 사상가에게도 상당한 성과이다. 그러나 그것은 벤담이 유작으로 남긴 72,500쪽 — 대략 3,600만 단어 — 에 달하는 미출간 육필 원고에 비하면 작은 일부에 불과하다. 80권으로 기획된 『제레미 벤담 전집(*Collected Works of Jeremy Bentham*)』은 2016년까지 33권이 출판되었다(de Lazari-Radek & Singer, 2019: 23-

26).

벤담의 공리주의는 결과주의 원리, 쾌락주의 가치론, 그리고 공평성을 요구하는 보편주의가 결합된 윤리 이론이다. 벤담에 의하면, 행위의 옳고 그름은 행위 그 자체의 성질이나 종류가 아니라 결과의 좋고 나쁨에 의해 결정된다. 좋은 결과를 산출하는 행위는 옳고, 나쁜 결과를 산출하는 행위는 그르다. 그렇기 때문에 행위 자체는 본래적 가치를 가지지 않으며, 행위의 도덕적 가치는 그 행위의 수행이 산출하는 결과에 달려 있다. 즉, '좋은 결과'가 행위를 정당화한다.

벤담은 이 '좋은' 결과가 무엇인지를 설명하기 위하여 쾌락주의(hedonism)를 끌어들인다. 벤담의 쾌락주의는 심리적 쾌락주의, 윤리적 쾌락주의, 양적 쾌락주의라는 특징을 가진다. 벤담에 의하면, 인간의 모든 행동은 쾌락을 추구하고 고통을 피하고자 하는 동기에서 비롯된다(심리적 쾌락주의). 쾌락과 고통은 모든 동기의 원천일 뿐만 아니라 동시에 선과 악의 원천이기도 하다. 쾌락이 유일한 선이고, 고통이 유일한 악이다(윤리적 쾌락주의).

> 자연은 인류를 쾌락과 고통이라는 최고의 두 주인의 지배 하에 두었다. 이것들만이 우리가 무엇을 하고자 하는지를 결정할 뿐만 아니라 우리가 무엇을 해야 하는지를 지시해 준다. 한편으로는 옳음과 그름의 기준과 다른 한편으로는 원인과 결과의 사슬이 이 둘의 옥좌에 매여 있다. 고통과 쾌락은 우리가 행하고 말하고 생각하는 모든 것을 지배한

다. (Bentham, 1988: 1)

그리고 이런 쾌락은 질에서는 차이가 없고, 오직 양에서만 차이가 난다(양적 쾌락주의). 따라서 양적으로 많은 쾌락이 더 좋은 것이며, 가장 많은 양의 쾌락을 가져오는 것이 가장 좋은 것이다. 예를 들어, 만약 푸쉬킨(Pushkin)의 시를 읽는 것보다 단순한 압정(Pushpin) 놀이가 더 많은 양의 쾌락을 산출한다면 후자가 더 좋은 것이며, 둘 중 하나를 해야 하고 다른 조건이 같다면 후자를 하는 것이 옳은 것이다. 그러나 벤담은 실제 현실 세계에서 시나 음악이 주는 정신적 쾌락은 단순한 감각적 쾌락보다 안전성, 항구성 등에서 더 많은 쾌락을 산출한다고 본다.

벤담은 양적 쾌락주의의 입장에서 쾌락과 고통을 측정하는 방안으로 쾌락 계산법(hedonic calculus)을 고안했는데, 쾌락의 경험과 고통의 경험은 강도, 지속성, 확실성, 근접성, 다산성, 순수성, 파급 범위를 총합함으로써 양적으로 점수화된다. 가능한 행위 각각의 쾌락과 고통의 양을 합산한 다음 그 점수를 비교함으로써, 우리는 어떤 행위를 해야 할지를 결정할 수 있다.

벤담의 결과주의와 쾌락주의에 따르면, 가능한 한 많은 쾌락을 산출하는 결과가 좋은 결과이다. 그러나 이것만으로는 어떤 행위가 옳은 행위인지를 결정할 수 없다. 그 좋은 결과가 누구에게 좋은 것인지가 불분명하기 때문이다. 그 좋은 결과는 자기 자신에게만 좋은 것일 수도 있고 관련된 당사자 모두의 관점에서 좋은 것일 수도 있다. 이 문제에 대하여 벤담은 "모든 인간은 (쾌락 계산에 있어) 하나로 계산되어야 하며, 누구도 하나 이상으로 계산되어서는 안 된다"라고 주장한다. 도덕은 관련된 당사자 모두를 공평하게 고려할 것을 요구한다는 것이다(공평성의 요구). 이렇게 벤담은 결과주의 원리, 쾌락주의 가치론, 공평성의 요구를 결합하여 '공리의 원리' 또는 '최대 행복의 원리(최대 다수의 최대 행복)'를 도덕의 제1원리로 제시한다.

> 공리의 원리는 이해 당사자의 행복을 증가시키거나 감소시키는 것처럼 보이는 혹은 달리 말해서 그의 행복을 증진하거나 방해하는 것처럼 보이는 경향에 따라서 각각의 행동을 승인하거나 불승인하는 원리를 의미한다. (Bentham, 1988: 2)

공리의 원리는 최대 다수의 최대 행복을 가져오느냐 그렇지 않느냐에 따라 행위를 시인하거나 부인하는 원리로서 도덕의 제1원리, 최고의 도덕원리이다. 그런데 벤담에 따르면 이 공리의 원리 자체를 증명하는 것은 불가능하다. 왜냐하면 "다른 모든 것을 증명하기 위하여 사용되는 원리는 그것 자체로는 증명 불가능한 것이며, 증명의 연쇄는 그 출발점을 다른 곳에서 갖지 않으면 안 되기 때문이다. 그 출발점을 증명하는 것은 불필요할 뿐만 아니라 불가능한 일이기도 하다"(Bentham, 1988: 4).

이처럼 벤담은 공리의 원리를 도덕의 제1원리로 제시하고, 그것에 비추어 모든 사적인 행동과 정부의 정책을 평가할 것을 주장한다. 그러나 이러한 벤담의 공리주의 이론 체계에는 내적인 균열이 생길 위험이 내포되어 있다. 심리적 쾌락주의의 이기적 성향과 공리의 원리가 명령하는 보편적 이타주의 사이의 갈등이 그것이다. 심리학적 쾌락주의에 따르면, 인간은 누구나 자신의 쾌락을 추구하고 고통을 피하고자 한다. 따라서 심리학적 쾌락주의는 일종의 심리적 이기주의를 함의한다. 이에 반해서 공리의 원리는 관련된 당사자 모두를 공평하게 고려할 것과 더불어 최대 행복을 위해 필요하다면 자신의 행복을 포기할 것을 요구한다. 공리의 원리는 기본적으로 보편적 이타주의에 기초하고 있다. 이 둘이 갈등할 때, 즉 심리적 쾌락주의의 이기적 성향과 공리의 원리가 명령하는 보편적 이타주의가 갈등할 경우에 이기적 성향의 심리학적 쾌락주의에 지배되는 인간은 자발적으로 공리의 원리를 준수하려고 하지 않는다. 공리의 원리를 따르도록 하기 위해서는 인간의 동기의 원천에 모종의 제재를 가해서 공리의 원리를 따르는 것이 더 많은 쾌락이나 적어도 더 적은 고통을 누리도록 만들어야만 한다. 벤담에 따르면, 이 동기의 원천, 쾌락과 고통의 원천은 기본적으로 물리적, 정치적, 도덕적, 종교적 원천 네 가지이다(Bentham, 1988: 24). 네 가지 원천에 제재(sanction) ― 물리적 제재, 도덕적 혹은 대중적 제재, 정치적 제재, 종교적 제재 ― 를 가함으로써, 특히 공리의 원리를 위반할 경우에 제재를 가함으로써, 심리학적 쾌락주의의 이기적 성향을 극복하고 공리의 원리를 따르도록 만들 수 있다.

벤담은 공리의 원리를 바탕으로 사회 공리를 극대화하지 않는 모든 제도와 관습을 타파하고 개혁할 것을 주장하였다. '동해 복수법(lex talionis)'에 기초한 형벌 제도를 '범죄의 교화와 예방' 중심의 형벌 제도로 개혁할 것을 주장하였으며, 보통·평등 선거, 동성애 처벌 금지, 여성의 재산권 인정, 구빈원 제도를 통한 빈민의 구제, 동물에 대한 도덕적 고려 등을 주장하였다.

벤담의 공리주의는 쾌락의 극대화와 고통의 최소화라는 단 하나의 원리만을 적용하는 간단한 이론이라는 점에서 그리고 도덕은 고통을 완화시키고 선행을 증진하는 것이라는 우리의 상식적 생각에 부합한다는 점에서 강한 호소력을 가진다. 또한 그것은 우리 자신을 특별히 우대하거나 또는 다른 사람들을 인종, 성, 종교를 이유로 특별히 차별하지 않고 공리의 원리를 공평하게 적용할 것을 주장하는 보편주의 윤리라는 점에서도 강한 호소력을 가진다(Pojman & Fieser, 2019: 193). 그럼에도 불구하고 벤담의 공리주의는 그의 양적 쾌락주의로 인해서 돼지의 쾌락과 인간의 고귀한 쾌락을 구분하지 못하는 '천박한 돼지의 철학'이라는 조롱을 받았으며, 처벌 위주의 외적 제재만을 제시하고 양심과 같은 내적 제재의 필요성을 인식하지 않은 점에서도 비판을 받았다. 무엇보다도 벤담의 공리주의는 전통적인 상식 도덕의 핵심인 자연권, 인권 같은 권리를 허튼소리로 치부해 버림으로써 역직관적 도덕이라는 비판을 받았다. 이러한 벤담 공리주의의 한계를 보완하는 것이 벤담의 지적 상속인이었던 밀이 해결해야만 했던 중심 과제였다.

2.2 밀의 공리주의

벤담의 공식적인 지적 상속인으로서 밀은 벤담의 공리주의를 비판적으로 계승·발전시켰다. 특히, 벤담의 공리주의에 대해서 제기된 천박한 돼지의 철학이라는 비판에 대한 대응, 벤담의 외적 제재 이론을 내적 제재 이론으로 보완하는 것, 공리의 원리에 대한 간접적 증명을 통해서 공리주의를 정당화하는 것, 벤담 공리주의의 역직관성을 해소하고 공리주의와 상식 도덕의 조화를 꾀하는 것 등이 그의 주된 과제였다.

우선 밀은 천박한 돼지의 철학이라는 비난을 받았던 벤담의 쾌락주의를 수정하여 질적 쾌락주의를 주장한다. 밀도 벤담과 마찬가지로 쾌락과 고통이 모든 동기의 원천이라는 점(심리적 쾌락주의)을 인정하며, "그 자체로 바람직한 유일한 것은 행복밖에 없으며, 그 밖에 바람직한 것은 모두 행복에 대한 수단이나 그 일부로서 바람직한 것"(U, 4.2)(윤리적 쾌락주의)이라고 주장한다. 그러나 밀은 "다른 모든 것들을 평가할 때는 양뿐만 아니라 질도 고려하면서, 쾌락을 평가할 때에는 오직 양에만 의존해야 한다고 가정하는 것은 부조리하다"(U, 2.4)고 하면서, 벤담의 양적 쾌락주의를 거부하고 질적 쾌락주의를 주장한다.

밀에 의하면, 쾌락에는 양적 차이만이 아니라 질적 차이도 존재한다. 지성, 감정과 상상력, 도덕 감정과 같이 고등 능력을 발휘하는 데서 얻는 쾌락이 질적으로 더 고급한 쾌락이고, 고급 쾌락은 저급 쾌락보다 본래 더 우월하다. 그리고 밀에 의하면 인간은 동물적 욕망보다 더 고결한 능력을 가지고 있기 때문에, 일단 그 능력을 자각하게 되면, 그것을 만족시키지 못하는 한 어떠한 것도 행복이라고 생각하지 않는다. 그래서 고등한 기능을 가진 존재는 행복하기 위해서 열등한 존재보다 더 많은 것을 필요로 하고 또 불만족을 느끼기도 쉽지만, 그래도 그는 여전히 고등 기능을 가지지 않은 존재보다 질적으로 더 유복하다. 배부른 돼지보다 배고픈 인간이, 만족한 바보보다 불만족한 소크라테스가 더 낫다. 그리고 밀에 의하면 인간이 이렇게 높은 쾌락을 선택하는 것은 일부 인간만이 아니라 모든 인류의 공통된 본성이다. 정상적인 인간이라면 누구나 더 높은 기능을 행사할 수 있는 존재로서의 인간의 지위를 버리고 보다 저급한 기능만을 갖는 동물이 되기를 원하지 않는다는 것이다. 그 이유는 인간에게는 인격 특유의 존엄감(sense of dignity)이 있기 때문이다. 이 존엄감은 저열한 존재로 전락하기 싫어하는 감정이다. 이렇게 밀은 질적 쾌락주의를 통해서 벤담의 공리주의에 대해서 제기되었던 천박한 돼지의 철학이라는 비판에 대응한다.

다음으로 밀은 벤담의 제재 이론을 확대, 발전시킨다. 밀은 벤담의 네 가지 제재를 모두 외적 제재로 보고 이를 수용한다. 그러나 밀은 외적 제재에 덧붙여서 내적 제재의 이론을 주장한다. 밀에 의하면, 도덕에 대한 궁극적 제재는 외적 제재가 아니라 내적 제재, 즉 우리 안에 있는 도덕적 감정인 양심이다. 도덕 감정, 즉 양심은 선천적으로 구비된 인류의 사회적 감정에 후천적인 노력이 겸비됨으로써 생긴다. 이 도덕 감정은 인간 본성의 일부라는 의미에서는 선천적인 것이 아니지만, 본성에서 자연적으로 생겨난 것이라는 점에서는 자연적인 것이다. 밀은 도덕교육에 의한 양심의 장착을 통해서 심리적 쾌락주의의 이기적 성향을 극복하고 공리의 원리를 따르도록 하는 궁극적 제재가 가능하다고 주장한다. 이 내적 제재의 이론은 밀의 공리주의 안에 성품과 덕이 중요한 요소로 자리 잡는 근거 가운데 하나가 된다.

밀의 세 번째 과제는 공리의 원리에 적합한 증명의 종류를 밝히고 그런 증명을 제시하는 것이다. 밀은 벤담이 제기한 공리의 원리에 대한 '증명 불가능성 논제'를 받아들이면서도 공리의 원리에 대한 간접적 증명을 통해서 공리주의를 정당화한다. 밀에 의하면, 궁극적 목적에 관한 문제는 통상적 의미에서 증명이 불가능하다. 추론에 의한 증명이 불가능한 것은 모든 제일원리에 공통된 특징이다(U, 1.5). 그러나 공리의 원리에 대한 넓은 의미의 증명, 즉 증거에 의한 증명은 가능하다. 밀의 간접적 증명에 따르면, 어떤 대상을 볼 수 있다는 것을 증명하는 유일한 증거가 사람들이 그 대상을 실제로 보는 것인 것과 마찬가지로 어떤 것이 바람직하다는 것의 유일한 증거는 사람들이 실제로 그것을 바란다는 것이다. 따라서 일반적 행복이 바람직하다는 것의 증거는 각자가 자기의 행복을 바란다는 사실밖에 없으며, 각자의 행복은 각자의 선이듯 일반적 행복은 모든 개인들의 집합체에 선이다.

마지막으로 밀은 상식 도덕과 공리주의의 조화를 꾀함으로써 벤담 공리주의의 역직관성 문제를 해소하고자 한다. 밀은 상식 도덕에서 중시하는 도덕 규칙의 필요성과 중요성을 인정하고, 그것을 공리주의 도덕 체계 내로 받아들인다. 밀에 의하면, "우리가 무엇을 도덕의 근본 원리로 채택하건, 우리는 그것을 적용하기 위해서 하위 원리들을 필요로 한다. 하위 원리 없이 근본 원리를 적용하는 것은 불가능하다"(U, 2.24). 밀은 공리의 원리를 적용하기 위한 하위 원리로서 도덕 규칙을 받아들일 뿐만 아니라, 그런 도덕 규칙 가운데 가장 중요한 도덕 규칙이 정의와 권리임을 인정하고 그것을 공리주의 체계 내로 수용한다. 정의와 권리는 다른 어떤 규칙보다도 인간 복지의 본질에 더 밀접히 관련되어 있고, 사회적 공리의 척도에서 아주 높은 위치를 차지하는 중요한 의무이다. 그리고 이 정의와 권리는 공리주의와 대립하는 것이 아니라 공리의 원리에 의해서 정당화되는 것이다. 이렇게 밀은 상식 도덕의 핵심을 구성하는 정의와 권리를 공리주의 체계 내로 수용함으로써 공리주의와 상식 도덕이 갈등하는 것이 아니라 조화될 수 있음을 주장한다. 나아가 밀은 상식 도덕을 구성하는 도덕 규칙들이 서로 갈등할 때, 공리의 원리에 의해서 그 규칙의 갈등을 해결할 수 있다는 점이 공리주의의 장점임을 강조한다.

3. 밀의 생애와 저술

3.1 밀의 생애

존 스튜어트 밀은 1806년 5월 20일에 제임스 밀(James Mill, 1773~1836)의 장남으로 런던에서 태어났다. 스코틀랜드 출신인 제임스 밀은 에든버러 대학을 나와 전도사 자격을 얻었으나 전도 일을 그만두고, 언론인으로서 경력을 쌓기 위해 런던으로 이주하였다. 1808년 제임스 밀은 당대의 공리주의 사상가인 벤담을 만났고, 이후 제임스 밀은 벤담의 친구이자 제자로서 벤담 사상을 대중에게 전파하고 공리주적 사회 개혁을 이루는 데 헌신하였다. 벤담과 친분이 두터워지면서 밀 가족은 벤담의 집 근처로 이사하였고, 한때 1년의 반을 벤담의 집과 별장에 함께 기거하기도 하였다. 존의 유년 시절에 제임스 밀은 평론과 논문을 써서 생계를 유지했는데, 그가 쓴『영국령 인도사』가 호평을 받으면서 이를 계기로 동인도 회사에 자리를 얻었다.

제임스 밀은 아들 밀을 학교에 보내지 않고 집에서 강도 높은 교육을 시켰다. 존 스튜어트 밀이『자서전(*Autobio-graphy*)』에서 밝힌 바에 따르면, 그는 세 살 때부터 그리스어를 배우기 시작해서 일곱 살 때는 이미 플라톤의 초기 대화편 여섯 편을 독파했고, 그 후 5년 동안 나머지 대화편들도 모두 읽었다. 여덟 살 때부터는 라틴어를 배웠고, 열세 살에는 리

카도(David Ricardo, 1772~1823)의 『경제학 및 과세의 원리』를 읽었고, 열네 살 때는 1년 동안 프랑스로 건너가 벤담의 동생인 새뮤얼 벤담의 집에 기거하면서, 당시 프랑스에 머물던 공리주의 법학자인 존 오스틴(John Austin)의 지도 아래 로마법에 대해 공부하였다. 열다섯 살이 되었을 때, 그는 대부분의 고전을 이미 원어로 읽었고, 프랑스어를 알았으며, 역사서를 널리 읽었고, 수학, 논리학, 과학, 경제학의 중요한 사상을 터득했다. 그리고 이때 처음으로 밀은 벤담의 저작을 접하게 되었다. 프랑스에서 돌아온 후 밀은 아버지의 권유로 벤담의 『입법론(*Traties de Legislation*)』 프랑스어 판을 읽었다. 벤담을 읽고 나서 밀은 『자서전』에서 '이 책을 읽은 것은 내 삶에 획기적인 사건이었다. 내 정신사의 전환점 중의 하나였다'(A, 3.2)고 술회하면서, '기존의 모든 도덕 이론이 대체되고 사상에서 새로운 시대가 시작되었다는 느낌이 나를 엄습했다'(A, 3.3)고 적고 있다.

> 나는 이전과는 다른 존재가 되었다. '공리의 원리'를 벤담이 이해한 대로 이해하고, 그가 『입법론』 세 권을 통해서 이를 적용한 방식대로 적용함으로써, 나는 이 원리가 내 지식과 신념의 산만하고 단편적인 부분들을 한데 결합해 줄 핵심적인 기초가 되리라는 점을 분명하게 깨달았다. 이 원리는 많은 것들에 대한 나의 관념들에 통일성을 주었다. 나는 이제 나 자신의 의견, 신조, 교리를, 그리고 철학을 갖게 되었고, 가장 바람직한 의미에서 종교를 갖게 되었다. 이

원리를 사람들에게 심어 주고 유포하는 일을 일생의 주요
한 목적으로 삼을 수 있게 되었다. (A, 3.3)

16세가 되던 1822년에 밀은 의견을 같이하는 또래의 젊은
이들과 공리주의 연구회(Utilitarian Society)라는 독서 토론회
를 만들었다. 이 모임은 2주에 한 번씩 벤담의 집에서 이루어
졌는데, 3년간 이어졌다. 17세인 1823년에 밀은 대학에 입학
하는 대신 아버지의 추천으로 동인도 회사에 취업하였으며,
1858년 퇴직할 때까지 35년간 봉직하였다. 다행히도 동인도
회사에서의 일은 하루에 3~4시간이면 다 끝낼 수 있어서 밀
이 공부하고 저술하는 데 방해가 되지는 않았다. 1824년 무
렵에 밀은 벤담의 요청으로 그의 5권짜리 저작 『사법적 증거
의 정당성(*The Rationale of Judicial Evidence*)』을 편집하게 되
었고, 약 1년 동안 여가를 모두 바쳐서 그 일에 몰두하였다.
책이 출간되었을 때, 벤담은 '편집자'로 밀의 이름을 넣어 주
었다.

이때까지 밀은 아버지로부터 철저하게 계획된 교육을 받았
다. 밀은 매일 아침 아버지와의 산책에서 전날의 독서 내용을
보고하고, 아버지의 질문에 대답해야 했다. 이런 과정을 통해
서 밀은 철저히 스스로 생각하고 스스로 문제를 발견하고 해
결하는 교육을 받았다. 그러나 밀이 받은 교육은 주로 지식
위주의 교육이었고, 정서 교육이나 예술 교육은 받은 적이 없
었다. 또한 밀의 아버지는 밀이 또래 소년들과 교제하는 것을
제한했기 때문에, 밀은 또래의 친구들과 놀지도 못하였으며,

동료 집단과 함께하면서 배울 수 있는 교육의 기회도 갖지 못했다. 그래서 나중에 그는 '만들어진 인간,' '제조된 인간'이라는 비난을 듣기도 하였다.

이런 교육 실험의 영향으로 밀은 20세에 그 스스로 '정신사의 위기'라고 이름 붙인 극심한 우울증을 겪게 된다. 그는 온몸의 신경이 나른해지고, 자신이 지금까지 추구해 온 모든 것에 대해서 아무런 감흥도 느끼지 못하는 상태에 빠져서 삶에의 열정과 욕망을 잃게 되었다. 밀은 자신이 추구하는 인생의 목적, 즉 모든 제도와 사상이 공리주의적으로 변혁되는 목적이 달성된다면 과연 행복하다고 할 수 있을까라고 자문해 보았는데, 그 대답은 '아니다'였다고 한다. 자신의 모든 행복을 공리주의적 목표를 끊임없이 추구하는 것과 동일시해 왔던 밀은 낙망했고, 생활의 전 기반이 무너졌다. 밀은 더 이상 인생의 목표가 남아 있지 않다고 느꼈다. 그러나 그가 아버지에게서 받은 교육에는 이런 상태를 극복하는 데 도움이 되는 내용은 포함되어 있지 않았다. 그래서 그는 아버지의 계획이 실패했다고 생각하기 시작했다. 아버지로부터 교육받은 분석의 습관은 원인과 결과, 수단과 목적 사이의 연상은 강하게 하지만, 단순한 감정은 약화시키는 경향이 있었고, 그래서 이런 분석의 습관은 신중한 사색과 통찰에는 이롭지만 열정이나 미덕에는 해로운 것이었다(A, 5.4).

이 정신적 위기를 통해서 밀은 최대 다수의 최대 행복에서 개인적인 행복을 찾을 수 없다는 사실에 낙담하였으며, 사명감의 상실로 좌절하였다. 그러나 그것보다 더 그를 우울하게 한 것은 자기 안에 어떤 자연스러운 감정도, 어떤 시적·예술적 감수성도 존재하지 않는다는 것이었다. '분석의 습관'만을 기르는 데 집중한 아버지의 교육으로 인해서 자기 안의 모든 정서적 능력이 파괴되어 버렸다고 그는 확신했다.

6개월 뒤에 밀은 우연히 마르몽텔(Marmontel)의 『회상록』을 읽게 되었는데, 한 소년이 아버지의 죽음에 비통해 하는 대목에서 눈물을 흘렸고, 이를 계기로 자신의 모든 감정이 사라져 버렸다는 생각에서 벗어날 수 있었다. 그리고 다시 일상의 평범한 일들에서 즐거움을 느낄 수 있게 되었다. 밀은 『자서전』에서 이 사건이 자신의 사상과 성격에 두 가지 중요한 영향을 끼쳤다고 밝히고 있다. 그 하나는 행복에 대한 간접적 추구의 중요성을 깨달은 것이고, 다른 하나는 인간의 행복에서 내면 교육의 중요성, 즉 수동적 감수성과 정서 계발의 중요성을 깨달은 것이다.

　나는 행복이 행위의 모든 법칙에 관한 표준이며 인생의 목적이라는 확신을 가지고 있었으며, 이에 대해 결코 흔들려 본 적이 없다. 그러나 지금은 이 목적이 직접적인 목적이 되지 않아야만 달성된다고 생각하게 되었다. 자신의 행복보다 어떤 다른 목적에 확고한 신념을 가진 사람만이 행복하다고 나는 생각한다. 다른 사람들의 행복에 대해서, 인류의 진보에 대해서, 심지어 어떤 예술이나 연구에 대해서 그 자체가 수단으로서가 아니라 이상적인 목적이 되어야 한다. 다른 어떤 것을 목표로 하는 동안 행복은 부산물로 얻어지는 것이다. … 이 이론은 이제 나의 삶의 철학의 토대가 되었다. … 또 다른 중요한 변화는 처음으로 인간 복지의 가장 중요한 필요성을 개인의 내면 교육에 두었다는 것이다. 나는 외부 환경의 정돈과 사색 및 행동을 위한 인간의 훈련에 더 이상 중요성을 두지 않았다. 나는 이제 경험에 의하여 수동적인 감수성은 능동적인 능력들과 마찬가지로 계발되어야 하며, 잘 인도되어야 하는 동시에 살찌고 풍부하게 되어야 한다는 것을 알았다. (A, 5,6)

이때부터 밀은 그의 아버지나 벤담과는 다른 방향으로 가는 지적인 여정의 첫걸음을 내디뎠다. 밀은 시를 읽기 시작했으며, 그중에서도 워즈워스(W. Wordsworth)의 시에 심취하였다. 그리고 급진적이고 영향력 있는 스코틀랜드 저술가 칼라일(Thomas Carlyle), 영국의 시인이자 철학자인 콜리지(Samuel Taylor Coleridge)를 읽었으며, 이와 함께 프랑스 사회주의의 창시자인 생시몽(Claude Henri de Rouvroy Saint-Simon), 사회학의 아버지 콩트(Auguste Comte), 그리고 역사 정치 이론가인 토크빌(Alexis de Tocqueville) 등의 사상가들에게서 통찰을 얻기 시작했다. 또한 그는 독일에서도 많은 영감을 얻었는데, 특히 훔볼트(Wilhelm von Humboldt)와 같은 독일 낭만주의자들에게서 영감을 많이 받았다. 이 시기부터 밀은 엄격한 철학적 분석에 대한 존중과 문화와 감정에 대한 진지한 관심을 결합하려고 했다(Crisp, 1997: 3).

24살 때 밀은 그의 사상에 중대한 영향을 미친 해리엇 테일러(Harriet Taylor)를 만났다. 그녀는 밀보다 두 살 연하였지만, 밀이 독신이었던 데 반해서 그 당시에 그녀는 이미 결혼해서 아이를 두고 있었다. 그들은 점점 가까워졌고, 밀의 친구들이 밀에게 스캔들의 위험을 경고할 정도였다. 그러나 밀은 그들의 경고를 무시했다. 해리엇의 남편이 사망하고 2년 뒤인 1851년에 그들은 만난 지 20년 만에 결혼했다. 해리엇 테일러와의 만남과 결혼은 밀의 사상적 진로에 지대한 영향을 주었다. 밀은 자신이 사회주의를 좀 더 진지하게 받아들인 것과 페미니즘에 대해 더욱 관심을 가지게 된 것은 해리엇의 영향 때문이라고 밝히고 있다. 밀은 자신의 많은 저작들이 사실상 해리엇과의 공동 저술이라고 적고 있다. 특히, 『정치경제학의 원리』와 『자유론』, 그리고 해리엇 사후 15년 후에 출간된 『여성의 예속』이 그러하다. 밀은 『여성의 예속』에 표현된 사상의 많은 것들이 해리엇과 그녀의 딸인 헬렌 테일러의 공로임을 밝히고 있다.

밀은 1858년 35년간 봉직한 동인도 회사를 퇴직하였다. 그해에 밀은 인생과 사상의 동반자였던 해리엇을 잃었다. 남부 유럽에서 지내기 위해 몽펠리에로 가는 도중 아비뇽에서 해리엇이 패혈증으로 사망한 것이다. 21년의 긴 기다림의 시간에 비해 그들의 결혼 생활은 7년 반의 짧은 기간 동안 유지되었을 뿐이다.

해리엇이 사망한 후 밀은 해리엇의 장녀 헬렌 테일러의 보조를 받으며 1865년 의회에 진출하기 전까지는 주로 저술 활동을 이어 갔다. 1865년 밀은 웨스트민스터 선거구 유지들의 권유를 받고 선거에 입후보하여 당선되었다. 그는 입후보를 승낙하는 조건으로 다음 네 가지를 제시하였다. 1. 자원봉사와 자발적 기부에 의한 선거 운동을 제외하고 선거 운동에 돈을 쓰지 않는다. 2. 자신은 선거 운동을 하지 않는다. 3. 당선되어도 지역구의 이익을 위해서 일하지 않는다. 4. 당선 이후에도 자신의 의견은 당에 구속되지 않는다(A, 38). 이런 조건에서는 전능한 신도 당선이 불가능하다는 세간의 평가에도 불구하고 밀은 당선되었다. 밀은 의회의 의원으로 재임하는 동안에 평화와 사회정의 등을 위하여 다양한 여러 개혁을 시도하였으며, 이와 함께 여성의 평등을 이룩하기 위해 노력하였다. 그는 투표권을 여성에게로 확대하기 위해서 1867년의 개혁법에 대한 수정 법안을 제출하였다. 그러나 그것은 압도적으로 부결되었으며, 밀이 수정 법안에서 주장한 평등한 투표권을 여성이 획득하는 데는 이후 60년이 더 걸렸다. 결혼한 여성이 자신의 재산을 소유할 수 있도록 법률을 개정하고자 하는 그의 노력 역시 실패하였다. 그러나 밀이 의원직을 상실하고 난 후 2년 만에 그 법률은 개정되었다(de Lazari-Radek & Singer, 2019: 34).

밀은 3년 후인 1868년 선거에서 낙선하고 정계를 은퇴했다. 그 후 밀은 사회주의에 관한 집필을 시작했으나, 완성되기 전에 아비뇽을 여행하던 중에 병을 얻어 세상을 떠났다. 그가 마지막으로 남긴 말은 '나는 내 일을 다 끝마쳤다'였다.

3.2 저술

밀의 대표적 저술에는 『논리의 체계(*System of Logic*)』(1843), 『정치경제학의 원리(*Principles of Political Economy*)』(1848), 『자유론(*On Liberty*)』(1859), 『공리주의(*Utilitarianism*)』(1861), 『대의 정부론(*Considerations on Representative Governments*)』(1861), 『여성의 예속(*The Subjection of Women*)』(1869) 등이 있다.

밀이 1843년에 출간한 『논리의 체계』는 밀에게 19세기의 대표적 철학자라는 명성을 안겨 주었다. 이 책은 출판되자마자 큰 성공을 거두어 옥스퍼드와 케임브리지 대학의 강의 교재로 채택되었으며, 밀의 생전에 8판까지 인쇄되었다. 아버지와 벤담으로부터 교육받은 경험주의에 기반한 이 책은, 모든 인식은 경험에서 발단하고, 모든 도덕적·지적 성질은 주로 관념 연합에서 발생함을 강조하였다. 이런 주장을 바탕으로 밀은 『논리의 체계』에서 직관주의가 주장하는 필연적 진리 또는 자명한 진리는 단지 경험과 관념 연합의 산물에 불과하다는 것을 설명함으로써 직관주의의 토대를 붕괴시키고자 하였다.

밀은 유럽 대륙에서 혁명이 발생하던 1848년에 『정치경제학의 원리』를 출간하여 명성을 더했다. 이 책 또한 큰 성공을 거두어 정평이 난 교과서가 되었으며, 생전에 7판까지 나왔다. 이 책에서 밀은 노동계급의 지위에 대해 기존의 어떤 정치경제학자보다도 많은 관심을 보였다. 밀은 다양한 재산 및 소유권, 대출, 자원 배분 등의 체계가 노동계급에 어떤 영향을 주는지에 주목하였다. 판을 거듭할수록 밀은 당시의 경제 상황을 비판하면서 사회주의에 공감하는 태도를 보였다(West, 2007: 16).

밀이 『자서전』에서 자신의 저서 중에서 다른 어떤 것보다도 오랜 생명을 가지게 될 것이라고 말한 『자유론』은 1859년에 출판되었다. 밀은 민주주의가 성장하는 것을 보면서 민주주의에 내재한 위험으로 '다수의 압제(tyranny of majority)'를 염려했다. 즉, 다수가 지배하는 민주주의에는 정부에 의한 강제뿐만 아니라 다수의 여론과 같은 비공식적인 통제를 통해서 다수가 소수를 억압하는 위험이 도사리고 있다. 이런 우려를 담은 『자유론』은 사회가 개인에게 적절하게 간섭할 수 있는 것과 개인의 자유에 맡겨야 할 것 사이에 적절한 경계선을 긋기 위한 시도였다. 밀은 그 결론으로 '해악 금지의 원리'와 '자유의 원리'를 결합하여 '타인에게 해악을 입히지 않는 한에서 최대한의 자유'를 허용할 것을 주장하였다. 따라서 타인에게 해악을 주지 않는 성인의 행위에 국가나 사회의 여론이 간섭해서는 안 되며, 그런 간섭은 개인의 자유에 대한 부당한 침해라고 주장하였다. 『자유론』의 핵심은 '인류가 어느 한 개인이 갖는 행위의 자유에 대해 개인적으로나 집단적으로 간섭하는 것을 정당화시켜 줄 수 있는 유일한 목적은 바로 자기 보호밖에 없다'(L, 1.9)는 것이다. 자신의 행복에 대해서는 각 개인이 가장 잘 판단할 수 있으므로 다른 사람들에게 해악을 끼치지 않는 한 각 개인은 어떤 강제를 당해서도 안 된다. 심지어 다른 사람들이 어떤 개인의 행위가 그 자신에게 해가 된다고 판단할 경우에도 마찬가지이다. 한마디로 밀은 『자유론』에서 '개인은 자기 자신에 대하여, 즉 자신의 신체와 정신에 대하여 자유로운 주권자'임을 천명하였다. 『자유론』의 일부 구절들은 밀이 공리보다 개인의 자유와 권리를 더 우선시하는 것이 아닌가 하는 의문을 불러일으켰으며, 이는 밀이 그의 모든 저작에서 일관되게 공리주의자였는지에 대해서 논란을 야기하였다. 그러나 이 문제에 관해서 밀 자신은 아주 분명하게 공리가 모든 윤리적 문제의 궁극적 기준임을 천명하였다.

> 공리와 독립적인 것으로서의 추상적 권리라는 관념으로부터 나의 논증에 도입될 수 있는 일체의 장점을 나는 포기한다. 나는 공리를 모든 윤리적 문제에 대한 궁극적 기준으로 간주한다. (L, 1.11)

밀은 『자유론』이 출판되기 전에 부인인 해리엇이 세상을 떠났음에도 불구하고 해리엇을 공저자로 표시했고, 책을 출판하면서 그녀가 마지막으로 읽고 검토했던 초고에서 단 한 문장도 수정하지 않았다.

1861년 밀은 『대의 정부론』을 출판했는데, 여기서 사람들은 자기 자신의 이익을 가장 잘 판단하는 최고의 판단자이고, 대의 민주주의는 통치자들을 정직하게 만들고 통치자로 하여금 다수의 이익에 집중하게 하는 최선의 방법이라고 하면서, 대의제도를 피통치자들의 이익에 따라 법률을 제정하는 확실한 방식이라고 옹호했다. 밀은 대의 민주주의에서 일부 사람들은 복잡한 정부의 일을 처리할 수 있는 전문적 능력을 갖게 되고, 그 외의 다른 사람들은 삶에서 더 중요한 일에 시간을 할애할 수 있는 자유를 갖게 되기 때문에 직접 민주주의보다 대의 민주주의가 더 효율적이라고 주장하였다. 그는 또한 선거에 적극적으로 참여하는 것이 시민들 사이에 공적인 공감을 함양하고 시민들의 정신을 자극하는 유익한 결과를 낳는다고 주장하였다.

1869년 밀은 『여성의 예속』을 출판했다. 여기서 밀은 결혼 후 평등한 남녀 관계와 여성에게 완전한 시민권 및 더 큰 경제적 기회를 부여할 것을 주장했다. 밀이 『여성의 예속』을 쓸 당시에 여성들은 투표를 할 수도 없었고, 결혼한 여성은 남편과 별도로 자신의 재산이나 돈을 소유할 수도 없었다. 사실상 여성은 영국 법에서 독립적인 법적 독립체가 아니었다. 밀은 이런 종속적 지위는 그 자체로 옳지 못할 뿐만 아니라 '인간의 발전을 가로막는 주요한 장애물 가운데 하나'라고 강력하게 주장했다. 따라서 그것은 '어느 한쪽에 권력이나 특권을 부여하지도 않고 다른 쪽에 무능력을 부과하지도 않는 완전한 평등의 원리에 의해서 대체되어야' 한다고 밀은 쓰고 있다 (de Lazari-Radek & Singer, 2019: 33-4). 이 문제에 관해서 해리엇 테일러는 밀의 사상에 중대한 영향을 주었다. 밀 자신의 설명에 의하면, 그녀는 '여성의 투표권'이라는 제목을 지닌 논문의 주저자였다. 이 논문은 처음에는 1850년에 『웨스트민스터 리뷰(Westminster Review)』에 밀의 이름으로 출간되었다가 나중에 밀과 해리엇 테일러의 공동 이름으로 출간되었다. 해리엇 테일러는 『여성의 예속』이 출판되기 15년 전에 사망했지만 밀은 그 책 안에 표현된 사상의 많은 것들이 그녀와 그녀의 딸인 헬렌 테일러의 공로라고 말했다(de Lazari-Radek & Singer, 2019: 33).

3.3. 『공리주의』에 대하여

밀은 1850년에서 1858년 사이에 도덕의 토대에 관한 글과 정의에 관한 글을 썼는데, 이를 출판하지 않고 있다가 1859년에 이 두 편의 글을 하나로 결합하여 "공리주의"라는 제목의 논문으로 정리하였다. 이후 1861년에 이 논문을 3부로 나누어 『프레이저스 매거진(*Fraser's Magazine*)』 10월호(1, 2장), 11월호(3, 4장), 12월호(5장)에 연재하였다. 이후 1863년에 이 세 편의 기고문을 한 권으로 묶어서 단행본 『공리주의』로 출판하였다.

『공리주의』가 그리 전문적이지 않은 학술 잡지인 『프레이저스 매거진』에 처음 실렸다는 것은 이 글이 학자나 전문가뿐만 아니라 일반 독자들을 위한 저술이었음을 보여 준다. 밀이 일반인들을 위한 공리주의 해설서를 집필한 목적을 대략 두 가지 정도 생각해 볼 수 있다. 그 하나는 밀이 『공리주의』에서 밝히고 있는 바와 같이 공리주의에 대한 일반인들의 오해를 바로잡고 공리주의에 대한 반론에 응답하기 위한 것이다. 다른 하나는 밀이 『공리주의』를 쓸 당시에는 일반 독자들이 공리주의에 쉽게 접근할 수 있는 체계적인 저술이 없었기 때문에, 공리주의에 대한 체계적인 해설서를 제공하기 위해서였다.

그러나 『프레이저스 매거진』에 처음 실렸던 『공리주의』는 그리 주목을 받지 못했으며, 거의 비판적인 평가만 받았다. 밀이 『공리주의』에서 공격의 대상으로 삼았던 직관주의자들로부터 강력한 비판을 받았을 뿐만 아니라, 종교적 저술가들은 공리주의가 타락한 철학에 불과하다고 비난하였다. 하지만 20세기를 거치면서 밀의 『공리주의』는 공리주의 이론을 대표하는 고전으로 자리 잡았다. 밀의 『공리주의』는 공리주의 철학을 언급하거나 옹호할 때 가장 폭넓게 인용되고 논의되는 저술이다. 뿐만 아니라 『공리주의』는 수많은 윤리학과 도덕철학 강의에서 반드시 읽어야 할 원전이 되었다. 일부 조사에 따르면, 밀의 『공리주의』는 오늘날 철학 강좌에서 아리스토텔레스의 『니코마코스 윤리학』 다음으로 많이 추천되는 문헌이다(de Lazari-Radek & Singer, 2019: 46-7). 〈미국의 윤리학(Ethics in America)〉이라는 교육용 비디오는 서양 철학에서 가장 위대한 네 명의 윤리 사상가로 플라톤, 아리스토텔레스, 칸트, 밀을 들고 있다. 오늘날 밀의 『공리주의』는 서양의 도덕철학에서 아리스토텔레스의 『니코마코스 윤리학』, 칸트의 『윤리 형이상학 정초』와 더불어 가장 중요한 저작 중 하나로 꼽힌다.

『공리주의』는 총 5개의 장으로 구성되어 있다. 1장은 "서론”으로 『공리주의』 집필의 목적이 공리주의 이론 또는 행복 이론을 이해하고 평가하는 일과 공리주의에 적합한 증명을 제시하는 데 있음을 밝히고 있다. 2장은 “공리주의란 무엇인가”라는 제목 아래 공리주의적 신조에 대한 간결한 정식을 제공하고, 공리주의에 대한 오해에 기초하고 있는 10가지 반론들에 응답하는 내용으로 이루어져 있다. 3장 “공리의 원리의 궁극적 제재에 관하여”에서는 일반 행복에 기초한 도덕을 준수하고자 하는 동기의 원천에 관해서 논의한다. 4장 “공리의 원리에 적합한 증명의 종류에 관하여”에서는 공리의 원리에 대한 넓은 의미의 증명, 즉 증거에 기초한 증명을 시도한다. 5장 “정의와 공리의 관계에 관하여”는 원래 독립된 논문으로 기획된 것인데, 공리주의가 정의를 적절히 다루지 못한다는 반론에 답하는 형식으로 되어 있다. 밀은 여기서 정의에 입각한 반론은 정의 관념과 정의의 감정에 대한 불충분하고 불완전한 분석에서 기인하는 것임을 주장하고, 정의는 적절하게 이해되기만 한다면 공리에 반대되는 것이 아니라 공리의 중요한 분야의 하나로서 공리와 일관될 뿐만 아니라 공리의 원리에 종속되는 것임을 밝힌다.

밀의 『공리주의』는 공리주의에 대한 오해와 반론에 응답하면서 공리주의에 대한 체계적 정당화를 제공하는 책이다. 『공리주의』는 좋음과 옳음의 관계를 해명하고, 결과주의 윤리 이론으로서 공리주의의 특징을 명료하게 밝히는 내용을 포함하고 있다. 아울러 『공리주의』는 공리주의의 경쟁 이론인 직관주의의 한계를 비판하면서도, 정의와 권리를 비롯한 직관주의 상식 도덕의 핵심 도덕 규칙들을 공리의 원리에 의해 정당화함으로써 그것들을 공리주의 체계 내에 포괄하고 있다. 이렇게 관습 도덕과의 조화를 꾀함으로써 밀은 『공리주의』를 통해서 공리주의에 대한 반감을 완화시키고, 공리주의를 의무론과 쌍벽을 이루는 주요한 윤리 이론으로 자리 잡게 하였다. 밀은 『공리주의』에서 쾌락의 질적 차이에 관한 문제(질적 쾌락주의)를 제기함으로써 공리주의 가치론의 지평을 넓히고 쾌락 및 행복에 대한 새로운 논의를 촉발하는 계기를 마련하였으며, 양심에 의한 내적 제재와 도덕적 성품의 중요성을 강조함으로써 공리주의를 구속력과 실천 가능성을 갖춘 윤리 이론으로 자리 잡도록 하였다. 또한 『공리주의』에 포함된 공리의 원리에 대한 '증거에 기초한 넓은 의미의 증명'은 공리주의 정당화에서 새로운 방법을 제시함과 아울러 이후 다양한 공리주의의 정당화 논증을 촉발하는 계기를 마련하였다.

밀의 『공리주의』는 시지윅(H. Sidgwick)의 『윤리학의 방법』, 헤어(R. M. Hare)의 『도덕적 사유』와 함께 공리주의에 대한 가장 체계적이고 권위 있는 변호와 정당화를 제공하는 책으로 평가받고 있으며, 이후 공리주의 발전에 지대한 영향을 끼쳤다. 밀이 『공리주의』에서 시도한 '공리주의와 직관주의(상식 도덕)의 조화'는 시지윅에게 이어져서 '철학적 직관주의에 기초한 공리주의의 정당화 논증'으로 이어졌으며, 현대에 들어서는 헤어의 '두 수준 공리주의'에 영향을 주었다(Hare, 1981: 25-28). 『공리주의』 4장에서 시도된 공리의 원리에 대한 증명은 무어(G. E. Moore) 이래로 자연주의적 오류(naturalistic fallacy)를 범하는지를 둘러싸고 수많은 논쟁을 촉발하였다 (de Lazari-Radek & Singer, 2019: 48). 밀이『공리주의』에서 도입한 2차 원리로서 도덕 규칙의 필요성에 대한 강조는 엄슨 (J. O. Urmson)이 밀의 공리주의를 일종의 규칙 공리주의(rule utilitarianism)로 독해할 가능성을 제기한 이래로 규칙 공리주의 논쟁을 촉발하였으며(Urmson, 1953: 37), 규칙 공리주의 및 다수준 공리주의(multi-level utilitarianism)의 발전에 영향을 주었다(Crisp, 1997: 109-111; West, 2004: 90-91). 또한 최근에는『공리주의』5장에서 밀이 제기한 도덕 영역의 종차적 특징으로서 '제재의 적절성'에 관한 논의는 '제재 공리주의 (sanction utilitarianism)' 논쟁으로 이어지고 있다(Brink, 2013, 98-112).

4.『공리주의』내용 해제

1장. 서론

밀은「1장. 서론」에서 도덕철학의 현재 상태를 파악하고, 그 원인을 진단한다. 그리고 그 문제 해결의 방법으로 공리주의를 제안하면서,『공리주의』집필의 목적이 공리주의를 이해하고 평가하는 일과 공리주의에 적합한 증명을 제시하는 데 있음을 밝히고 있다.

밀은 우리 인류가 도달한 지식의 상황을 고려할 때, 옳고 그름의 기준에 관한 논쟁만큼 후진 상태를 보이는 것은 거의 없다고 하면서, 그 원인이 최고선에 관한 물음, 즉 도덕의 토대에 관한 물음에 관해서 논란만 거듭할 뿐, 일치된 견해가 없기 때문이라고 진단한다(1.1). 제1원리에 관해서 불확실성과 불일치가 존재하는 것은 과학의 분야도 마찬가지이지만, 이런 사실이 과학 분야에서는 결론의 신뢰성을 손상시키지 않는다. 왜냐하면 과학의 세부 이론은 보통 제1원리로부터 연역되지 않으며, 그 이론을 지지하는 증거도 제1원리에 의존하지 않기 때문이다. 과학에서는 특수한 진리가 먼저 발견되고 이를 바탕으로 일반 이론이 정립된다. 이에 반해서 도덕이나 입법 같은 실천적 기술에서는 일반 이론이 특수한 진리에 선행한다. 모든 행동은 어떤 목적을 달성하기 위한 것이기 때문에 행동의 규칙들의 전체적인 성격과 특징은 그것들이 추구하는 목적에 의해서 정해질 수밖에 없다(1.2). 그래서 제1원리에 관한 불확실성과 불일치는 도덕의 영역에서는 큰 문제가 아닐 수 없다.

밀에 의하면, 이런 어려움은 우리에게 옳고 그름을 알려 주는 감각이나 본능 같은 자연적 능력이 있다는 대중적 이론에 호소한다고 해서 피할 수 있는 것이 아니다. 왜냐하면 그런 도덕적 본능의 존재 여부 자체가 하나의 논란거리일 뿐만 아니라, 도덕적 본능 또는 도덕적 감각(도덕감)이 특수한 경우마다 옳고 그른 것을 구별할 수 있다는 생각 ─ 지각적 직관주의 ─ 은 지지될 수 없기 때문이다. 뿐만 아니라 우리의 선천적인 도덕적 능력이 감각적 능력이 아니라 일반적 원리들을 파악하는 이성 능력의 일부라고 주장하는 직관주의 윤리학파도 도덕의 제1원리에 관한 문제를 해결하는 데 도움이 되지 못한다. 왜냐하면 직관주의자들은 도덕원리들이 선험적으로 자명하다고만 주장할 뿐, 그 선험적 원리들의 목록을 만들려고도 하지 않고, 그런 다양한 원리들을 하나의 제1원리나 의무의 공통 근거로 환원하려고도 하지 않기 때문이다. 그러나 직관주의자들의 주장들을 뒷받침하기 위해서는 모든 도덕의 기초가 되는 하나의 근본 원리나 근본 법칙이 있어야 한다. 또는 만약 그 원리나 법칙이 여럿이라면 그런 다양한 도덕원리들 사이에 확고한 우선순위가 있어야 한다(1.3).

밀은 이런 난맥상에도 불구하고 그나마 인류의 도덕적 신념들이 어느 정도의 안정성이나 일관성을 유지해 온 것은 주로 공리의 원리가 암묵적으로 영향을 미쳤기 때문이라고 주장한다. 밀의 논의에 따르면, 애호와 혐오의 인간적 감정들은 모두 인간의 행복에 영향을 미친다고 생각되는 것들에 크게 영향을 받는다. 그렇기 때문에 '공리의 원리' 혹은 '최대 행복의 원리'는 도덕 이론을 정립하는 데 있어서 큰 역할을 해왔다. 심지어 이런 사정은 칸트와 같이 공리주의를 철저히 배격하는 윤리 이론에서도 마찬가지라고 주장한다. 밀의 주장에 따르면, '당신의 행위의 규칙이 다른 모든 이성적 존재들에 의해서 하나의 법칙으로 채택될 수 있는 그런 규칙에 따라서 행위하라'는 칸트의 정언명령도 비도덕적인 행동 규칙을 보편적으로 채택했을 때 나타날 결과를 아무도 바라지 않는다는 것을 보여 줄 뿐이다(1.4).

여기서 밀은 최고선의 문제, 도덕의 토대 문제에 대한 해결책이 공리주의임을 암시하면서 1.5에서『공리주의』의 주된 목적이 공리주의 이론을 이해하고 평가하는 것과 공리주의에 적합한 증명을 제시하는 것에 있음을 밝히고 있다.『공리주의』에서 밀이 시도하고자 하는 증명은 통상적이고 일반적인 의미에서의 증명, 즉 연역적이고 추론적인 증명은 아니다. 밀에 의하면, 궁극적 목적에 관한 문제는 직접적으로 증명될 수 없다. 그 자체로 좋은 모든 것들을 포함하는 하나의 포괄적인 정식은 받아들여지거나 거부될 수는 있지만, 일반적인 의미의 증명의 대상은 아니다. 그렇다고 최고선의 문제, 제1원리의 문제를 맹목적인 충동이나 자의적인 선택에 내맡길 수도 없다. 밀은 최고선의 문제, 제1원리의 문제에 대해서 직접적인 추론적 증명은 불가능하지만, 넓은 의미의 증명은 가능하다고 주장한다. "이 주제는 이성적 능력의 인식 범위 안에 있다. 그리고 이성적 능력이 그 문제를 단지 직관의 방식으로만 다루는 것도 아니다. 지성이 그 이론에 동의할 것인지 아니면 반대할 것인지를 결정할 수 있는 고려 사항들이 제시될 수 있다"(1.5). 여기서 밀은 직관주의를 거부하고 귀납주의적 방식으로 제1원리에 대한 넓은 의미의 증명을 시도할 것임을 예고하고 있다. 즉, 도덕원리들의 선험적 자명성만을 주장하는 직관주의와는 달리 제1원리의 문제에 관해서 관찰과 실험에 의해 제공되는 '증거에 기반한 증명'을 시도할 것임을 예고하고 있다. 이런 넓은 의미에서의 증명은 4장에서 본격적으로 논의된다.

밀은 공리주의에 대한 증명, 즉 공리주의를 받아들이거나 거부할 합리적 근거를 살펴보기 위한 기초 작업으로서 먼저 공리주의가 무엇인지를 보다 분명하게 제시하고, 공리주의 아닌 것과 구별한 다음, 공리주의에 대한 실천적 반론이 공리주의의 의미에 대한 오해에서 비롯된 것이거나 그런 오해와 밀접히 관련되어 있음을 밝히고자 한다(1.6).

2장. 공리주의란 무엇인가

밀은 「2장. 공리주의란 무엇인가」에서 공리주의에 대한 오해와 이런 오해에 기초한 반론에 답하면서 공리주의에 대한 완전한 개념 정립과 정확한 이해를 도모한다. 밀은 기본적으로 오해에 기초하고 있는 '공리주의에 대한 반론'을 총 10개로 분류하고 그에 대해 응답하면서 공리주의가 무엇이며, 그것이 다른 이론과 어떻게 구별되는지를 밝힌다.

1. 공리주의는 쾌락을 거부하거나 무시한다(2.1)

공리주의에 대한 첫 번째 반론은 공리주의자들이 '공리'라는 용어를 '쾌락'과 반대되는 의미로 사용한다는 것이다. 이런 주장에 대해서 밀은 그것이 무지함에서 비롯된 실수라고 하면서, 에피쿠로스부터 벤담에 이르기까지 공리에 관한 이론을 주장해 온 모든 사상가들에게 있어 공리가 쾌락과 반대되는 것이 아니라, 고통으로부터의 해방과 더불어 쾌락 그 자체를 의미한다고 응답한다(2.1).

2. 쾌락 이상의 고차적 목적이 없다고 주장하는 공리주의는 천박한 돼지의 철학이다(2.2~2.10)

밀은 2.2에서 그 유명한 공리주의의 '도덕의 기준'에 대한 정식을 제시하고, 그것이 기초하고 있는 '삶의 이론'이 무엇인지를 밝힌다. 그리고 2.3에서 2.9까지 이 삶의 이론에 대해서 제기되는 '돼지에게나 어울리는 철학'이라는 비판에 대하여 응답하면서, 쾌락의 질적 차이를 인정하는 '질적 쾌락주의' 논증을 전개한다.

밀에 의하면, 도덕의 토대로서 **공리** 혹은 **최대 행복의 원리**를 받아들이는 신조는 '행위는 행복을 증진하는 경향에 비례해서 옳고, 행복과 반대되는 것을 증진하는 경향에 비례해서 그르다'고 주장한다. 여기서 행복은 쾌락의 향유와 고통의 부재를 의미하고, 불행은 쾌락의 결핍과 고통을 의미한다. 그리고 이 도덕 이론은 고통으로부터의 해방과 쾌락이 목적으로서 바람직한 유일한 것들이며, 모든 바람직한 것들은 그것들 자체에 내재하는 쾌락 때문에 바람직하거나 아니면 쾌락의 증진과 고통의 방지에 대한 수단으로서 바람직하다는 삶의 이론에 기초하고 있다(2.2).

그런데 인생에 쾌락보다 더 높은 목표가 없다고 상정하는 이런 삶의 이론은 많은 사람들의 마음속에 심각한 반감을 불러일으킨다. 그들은 이 삶의 이론이 완전히 비천하고 저급한 이론이며, 돼지에게나 어울리는 이론이라고 비판한다(2.3). 이런 비판에 대해서 밀은 에피쿠로스학파의 말을 빌어서 인간의 본성을 그렇게 저급하게 보는 것은 자신들이 아니라 비판자들이라고 응수한다. 왜냐하면 그런 비판은 인간이 돼지가 누릴 수 있는 쾌락 이외의 쾌락을 누릴 수 없다고 가정하기 때문이다. 밀의 논의에 따르면, 인간은 동물의 욕망보다 더 고등한 능력들을 가지고 있으며, 일단 그런 능력들을 의식하게 되면 그런 고등 능력의 만족을 포함하지 않는 것은 행복으로 여겨지지 않는다. 그래서 공리주의의 삶의 이론은 단순한 감각의 쾌락보다 지성, 감정과 상상력, 도덕 감정에서 얻는 쾌락에 더 높은 가치를 부여한다. 그리고 밀에 의하면 일반적으로 육체의 쾌락들보다 정신적 쾌락들이 더 우월한 이유는 정신적 쾌락의 더 큰 항구성, 안전성, 적은 비용 등의 상황적 이익 때문만이 아니라 그것의 본질적인 성질 때문에, 즉 질적으로 더 고등하기 때문이다. 밀은 '다른 모든 것들을 평가할 때는 양뿐만 아니라 질도 고려하면서, 쾌락을 평가할 때에는 오직 양에만 의존해야 한다고 가정하는 것은 부조리하다'고 주장한다(2.4).

그리고 밀은 쾌락에서 질의 차이에 관해서 두 가지 쾌락 모두를 경험한 모든 사람들이나 대부분의 사람들이 두 가지 쾌락 중에서 어떤 한 종류의 쾌락을 확실하게 더 선호한다면, 그것이 보다 바람직한 쾌락, 질적으로 우월한 쾌락이라고 주장한다(2.5). 그리고 두 가지 쾌락에 대해 똑같이 잘 알고 있고 감상하고 즐길 수 있는 사람들이 고등한 능력들을 발휘하는 존재 방식을 가장 뚜렷하게 선호한다는 것은 의문의 여지

가 없다고 말한다. 동물의 쾌락을 최대한 누리도록 보장해 준
다고 해서 하등동물로 되고자 하는 사람은 아무도 없을 것이
며, 지성을 갖춘 사람이 바보가, 교육을 받은 사람이 무식한
사람이, 감정과 양심이 있는 사람이 이기적이고 저열한 사람
이 되려고 하지도 않을 것이다. 밀에 의하면, 이처럼 저급한
존재가 되지 않으려는 것은 바로 존엄감 때문이다. 모든 사람
은 어떤 식으로든 존엄감을 가지고 있고, 그것은 대체로 그들
의 고등 능력에 비례한다. 그리고 존엄감이 강한 사람들에게
있어서 그것은 행복의 본질적인 부분이다. 그래서 "만족한 돼
지가 되는 것보다 불만족한 인간이 되는 것이 더 나으며, 만
족한 바보가 되는 것보다 불만족한 소크라테스가 되는 것이
더 낫다. 만일 바보나 돼지가 다른 생각을 가지고 있다면, 그
이유는 그들이 오직 한쪽만을 알고 있기 때문이다"(2.6).

　밀은 위의 주장에 대해서 많은 사람들이 때때로 유혹을 이
기지 못하고 더 저급한 쾌락에 빠져서 고급 쾌락을 뒤로 미
룬다는 반론이 있을 수 있음을 인정한다. 그러나 밀은 이것이
성격의 나약함 때문이거나 열악한 여건 때문이지, 사람들이
고급 쾌락보다 저급 쾌락을 선호하는 선택을 자발적으로 하
기 때문은 아니라고 말한다. "나는 두 종류의 쾌락을 즐길 수
있는 능력을 똑같이 가지고 있는 사람들이라면, 누구라도 알
면서 그리고 평온한 상태에서 저급 쾌락을 선호할 것이라고
는 생각하지 않는다"(2.7).

　이처럼 밀은 쾌락의 질 판정 또는 더 가치 있는 쾌락을 주
는 존재 방식에 대한 판정과 관련해서는 유능한 판단자들 ─

쾌락을 경험할 수 있는 기회 및 이에 더해서 자기의식과 자기 관찰의 습관을 갖춘 사람들 ─ 의 판결 또는 그들 중 다수의 판단이 최종적인 것으로 인정되어야 한다고 주장한다. "쾌락의 질과 관련해서 이 판단을 받아들이는 데 주저할 필요가 없는데, 그 이유는 쾌락의 양에 관한 문제에서도 호소할 수 있는 다른 재판정이 없기 때문이다"(2.8).

밀은 이 점이 인간 행위의 지도 규칙인 **공리** 또는 **행복**의 완전하고 적절한 개념의 필수적 부분임을 강조하면서, 여기에 덧붙여서 공리주의의 기준은 행위자 자신의 최대의 행복이 아니라 모든 사람들의 행복의 최대량임을 강조한다. 그리고 이런 특징 때문에 공리주의는 사람들의 성격의 고귀함을 일반적으로 배양함으로써만 그 목표를 달성할 수 있다(2.9). 따라서 공리주의의 삶의 이론과 그것에 기초한 도덕 이론은 돼지에게나 어울리는 천박한 이론이 아니라, 고등 능력을 발휘하는 존재 방식 안에서 모두의 행복을 위해서 헌신하는 고귀한 이론이라는 것이 밀의 응답이다.

밀은 최종적으로 "공리주의의 궁극적 목적이 우리가 가능한 한 고통으로부터 해방되고 양과 질 두 측면 모두에서 가능한 한 풍부한 즐거움을 누릴 수 있는 존재 상태에 이르는 것"임을 밝히고, "최대 행복은 인간 행동의 목적이므로, 그것은 또한 필연적으로 도덕의 기준"이라고 주장한다. 그리고 '인간 행위를 위한 규칙들과 지침들'인 도덕의 기준을 준수함으로써 고등 능력을 발휘하는 존재 상태가 모든 인류에게 그리고 모든 유정적 존재들에게 가능한 한 최대한 보장될 수 있을 것이라고 주장한다(2.10).

3. 행복은 실현 불가능하기 때문에 인간의 삶과 행위의 합리적 목적이 될 수 없다(2.11~2.14)

최대 행복의 원리에 대해서 제기되는 세 번째 비판은 행복의 실현이 불가능하기 때문에 행복은 인간의 삶과 행위의 합리적 목적이 될 수 없다는 비판이다(2.11). 이 비판에 대해 밀은 공리는 행복의 추구뿐만 아니라 불행의 방지나 완화도 포함하기 때문에 그리고 행복이 불가능하다는 주장은 과장된 것이기 때문에 행복은 합리적 목적이 될 수 있다고 응수한다. 밀에 의하면 행복은 황홀함으로 가득 찬 삶이 아니라, 고통은 적고 일시적이고, 쾌락은 많고 다양한 가운데, 삶이 줄 수 있는 것보다 많은 것을 삶에서 기대하지 않는 데서 느끼는 황홀함의 순간들이다. 이런 행복에 도달하는 것은 결코 불가능하지 않다(2.12). 그리고 외적인 면에서 어느 정도 운이 좋은 사람들이 삶에서 충분한 즐거움을 찾지 못한다면, 그 원인은 이기심과 정신 교양의 부족 때문이라고 주장한다(2.13). 웬만한 도덕적 소양과 지적 소양을 지닌 사람이라면 누구나 부러워할 만한 삶(존재 상태)을 영위할 수 있다(2.14).

4. 우리는 행복 없이도 살 수 있고, 행복 없이 살기는 덕의 필수 조건이다(2.15~2.17)

공리주의에 대한 네 번째 비판은 사람들이 행복 없이도 살 수 있고, 행복을 포기하고 사는 것을 배우는 것이 모든 덕의 시작이자 필요조건이기 때문에 행복은 인간의 삶과 행위의 합리적 목적이 될 수 없다는 비판이다. 이에 대해서 밀은 사람들이 행복 없이 살 수 있다는 데에 대해서는 의문의 여지가 없다고 하면서, 때때로 영웅이나 순교자들은 자신의 행복을 완전히 포기하기도 한다는 것을 기꺼이 인정한다(2.15). 그러나 밀에 의하면, 자기의 행복을 완전히 포기하거나 행복을 포기하고 살아갈 수 있는 의식적인 능력이 덕의 필수 조건이 되는 것은 세상의 질서가 아주 불완전한 상태에 있을 때뿐이다(2.16). 밀은 행복을 포기하는 자기희생은 그 자체만으로는 선이 아니며, 그것은 단지 전체 인류나 다른 개인들의 행복을 위해 헌신하는 자기희생일 때에만 선이라고 주장한다(2.17).

5. 공리주의의 공평성 요구는 지나치게 과도한 요구이다(2.18~2.19)

공리주의에서 행위의 옳음의 기준은 행위자 자신의 행복이 아니라 그 행동에 의해서 영향을 받는 모든 사람들의 행복이다. 그래서 공리주의는 행위자 자신의 행복과 다른 사람들의 행복 사이에서 공평무사하고 박애심을 지닌 관망자처럼 엄격하게 공평할 것을 요구한다(2.18). 공리주의의 이런 특징에 대해서 비판자들은 공리주의의 기준이 인간의 본성을 고려할 때 너무 높다고 비판한다. 즉, 사람들에게 언제나 사회의 일반 이익을 증진하려는 동기에서 행위하라고 요구하는 것은 지나치게 과도한 요구라는 것이다. 이런 비판에 대해서 밀은 그것이 '도덕의 기준'이라는 말의 의미를 오해하고, 행위의 규칙과 행위의 동기를 혼동한 데서 비롯된 것이라고 응수한다. 밀에 의하면, "어떤 윤리 체계도 우리가 하는 모든 행위의 유일한 동기가 의무감(feeling of duty)이어야 한다고 요구하지는 않는다. 오히려 우리가 하는 행위의 백분의 구십구는 의무감이 아닌 다른 동기에서 행해진다. 그러나 그 행위가 의무의 규칙들을 위반하지 않는 한, 그 행위는 옳은 것이다"(2.19). 공리주의도 사람들에게 공리의 원리에 의해서 정당화되는 의무의 규칙들을 따르라고 말할 뿐, 언제나 세상이나 사회 전체의 일반선에 전념하라고 요구하지는 않는다. 공리주의가 언제나 일반 행복의 증진에 전념하라고 요구한다는 생각은 공리주의에 대한 오해라고 밀은 반박한다. 밀에 의하면, "대부분의 선한 행동은 세상의 이익을 위해서가 아니라 개인의 이익을 위해서 의도된 것이며, 이런 개인의 이익이 모여서 세상의 이익을 형성하는 것이다"(2.19). 그러므로 다수의 행복에 큰 영향을 주는 공적인 업무를 담당하는 아주 소수의 사람들만이 일반 행복의 증진이라는 공적 공리에 전념할 필요가 있으며, 그 외의 다른 사람들은 대부분의 경우에 사적 공리, 즉 몇몇 사람들의 이익이나 행복을 추구하면 된다. 따라서 공리주의의 공평성 요구가 지나치게 과도한 요구라는 비판은 공리주의에 대한 오해에 불과하다는 것이 밀의 반론이다.

6. 공리주의는 행위자의 성격의 중요성을 충분히 강조하지 않는다 (2.20~2.21)

공리주의에 대한 또 다른 비판은 공리주의가 사람을 냉정하고 동정심 없게 만든다는 것이다. 즉, 공리주의는 행동의 결과만을 엄격하게 고려하기 때문에 사람들의 도덕 감정을 냉담하게 만들고, 성품의 자질을 도덕적 평가에서 고려하지 않는다는 비판이다. 이에 대해서 밀은 "이 비판이 의미하는 바가 공리주의자들은 어떤 행위의 옳고 그름에 관한 판단이 그 행위를 한 사람의 성품의 자질에 관한 견해에 영향 받는 것을 허용하지 않는다는 것이라면, 이것은 공리주의에 대한 비판이 아니라 도덕의 기준을 가지는 것 자체에 대한 비판"(2.20)이라고 응수한다. 왜냐하면 우리가 아는 어떠한 윤리적 기준도 어떤 행위가 좋은지 나쁜지를 결코 그 행위를 좋은 사람이 했는지 나쁜 사람이 했는지를 근거로 결정하지는 않기 때문이다. 밀에 의하면, 이런 고려 사항들은 행위에 대한 평가가 아니라 사람에 대한 평가와 관련이 있다. 그럼에도 불구하고 공리주의자들은 장기적으로 볼 때 좋은 성격에 대한 최선의 증명은 좋은 행동이고, 나쁜 행위를 산출하는 뚜렷한 경향을 지닌 정신적 성향은 나쁜 것이라는 견해를 지지한다고 응수한다(2.20). 그러나 밀은 위의 반론이 공리주의가 공리주의적 기준을 가지고 행위의 도덕성을 평가하는 데에만 배타적인 관심을 기울이고, 인간을 사랑스럽고 존경할 만한 존재로 만들어 주는 성격의 다른 미덕들을 충분히 강조하지 않는다는 비판이라면, 그런 반론은 타당할 수 있음을 인정한다. 밀에 의하면, 도덕 감정만 함양하고 공감 능력이나 예술적 감상 능력을 함양하지 않는 공리주의자들이 이런 잘못을 범하는데, 이런 잘못은 공리주의자들만 범하는 것이 아니라 동일한 조건 아래 있는 다른 모든 도덕 이론가들도 범하는 잘못이다.

그러나 만약 모종의 잘못이 있을 수밖에 없다면, 차라리 이런 종류의 잘못을 범하는 것이 더 낫다고 변명한다(2.21).

7. 공리주의는 무신론적 이론이다(2.22)

공리주의에 대한 또 다른 비판은 공리주의가 무신론적 이론이라는 비판이다. 이 비판에 대해서 밀은 신학적 공리주의의 논의를 빌어서, 신이 피조물들의 행복을 바라고 이것이 창조의 목적이라는 신앙을 진심으로 믿는다면, 최대 행복을 주장하는 공리주의야말로 무신론적 이론이 아닐 뿐만 아니라 다른 어떤 이론보다도 심오한 종교적 이론이라고 반박한다. 신의 완전한 선함과 지혜를 믿는다면 공리의 요구가 도덕 문제에 관한 신의 계시임을 의심할 수 없다는 것이다(2.22).

8. 공리주의는 옳음보다는 편의를 강조하는 비도덕적 이론이다(2.23)

공리주의에 대해 자주 제기되는 또 다른 비판은 공리주의가 옳음이나 원칙보다는 편의를 강조하는 비도덕적인 이론이라는 비판이다. 이 비판에 대해 밀은 행위자 자신의 특정한 이익을 위해서 또는 어떤 즉각적이고 일시적인 목적을 위해서 장기적으로 더 큰 편의를 산출하는 규칙을 위반하면서까지 편의를 추구하는 것은 옳음과 반대되는 의미의 편의일 뿐, 진정한 편의가 아니라고 반박한다. 자기 자신이나 다른 사람들의 편의를 위해서 엄청난 편의를 가진 규칙을 위반하는 사람은 인류에게 선을 빼앗고 악을 가하는 것으로 가장 나쁜 인류의 적 역할을 하는 것이다(2.23). 밀은 진정한 편의는 장기적으로 편의를 낳는 규칙을 준수하는 것이기 때문에 편의를 강조하는 공리주의는 비도덕적 이론이 아니라고 주장한다. 그러나 밀에 의하면 모든 규칙은 예외를 허용한다. 규칙의 준수가 특별한 경우에 명백하게 비편의(비공리)를 산출하는 경우가 바로 그런 예외이다. 그런 예외적 경우에는 규칙을 위반하는 것이 편의를 낳으며, 그런 규칙 위반 행위가 옳은 행위가 된다. 밀은 이런 예외적 경우에도 그런 예외가 필요 이상으로 확대되지 않도록 해야 하고, 그런 경우들이 예외라는 점과 그 한계가 분명하게 설정되어야 함을 강조한다. 그리고 밀은 이렇게 규칙의 공리와 예외적 경우의 공리가 서로 상충할 때, 공리가 더 우세한 것이 무엇인지를 분명하게 결정할 수 있다는 것이 공리주의의 장점이라고 주장한다(2.23). 따라서 공리주의에서 진정한 편의와 옳음은 일치하기 때문에 공리주의는 비도덕적 이론이 아니라는 것이 밀의 반론이다.

9. 공리를 계산할 시간이 부족하다(2.24)

공리주의가 응답해야 할 또 다른 비판은 행위를 하기 전에 어떤 행동 노선이 일반 행복에 미치는 영향을 계산할 시간이 없다는 것이다. 밀은 이 반론에 대해 충분한 시간이 있다고 응답한다. 밀의 논의에 따르면, 인류의 전체 과거가 바로 그런 시간이다. 인류는 지금까지 경험을 통해 행동의 경향을 배워 왔고, 어떤 행위들이 자신들의 행복에 어떤 영향을 미치는지에 대한 믿음을 형성해 왔다. 그리고 이렇게 전해 내려온 믿음들이 대중들과 철학자들을 위한 도덕의 규칙들이 된다.

밀은 이런 도덕 규칙들이 최대 행복이라는 도덕의 궁극적 목적을 향해 가는 길을 안내하는 표지물과 이정표 역할을 한다고 주장한다. 밀에 의하면, "우리가 무엇을 도덕의 근본 원리로 채택하건, 우리는 그것을 적용하기 위해서 하위 원리들을 필요로 한다. 하위 원리 없이 근본 원리를 적용하는 것은 불가능하다"(2.24). 그리고 "우리는 2차적 원리들이 갈등하는 경우에만 제1원리에 호소할 필요가 있다는 것을 명심해야만 한다. 도덕적 의무의 경우치고 모종의 2차적 도덕원리들과 관련되지 않는 경우는 없다"(2.25). 따라서 밀은 공리주의가 매 경우마다 공리의 원리를 직접 적용할 필요가 없고 대부분의 경우에 2차 원리들을 따르면 되기 때문에 공리주의가 공리를 계산할 시간이 부족하다는 것은 전적으로 오해의 산물이라고 주장한다(2.24). 요컨대, 밀은 도덕적 의사 결정에 있어서 도덕의 제1원리(공리의 원리)를 직접 적용하는 대신에 2차 원리(도덕 규칙)들을 적용할 필요성과 중요성을 강조한다. 이 점에서 밀은 현대의 규칙 공리주의적 논의의 핵심을 100여 년 전에 이미 포착하고 있었던 것으로 보인다.

10. 공리주의는 공리를 핑계로 자신을 도덕 규칙의 예외로 간주하고 도덕 규칙을 위반한다(2.25)

마지막으로 공리주의에 대해서 자주 제기되는 비판은 공리주의자가 자신이 처한 특수한 경우를 도덕 규칙이 적용되지 않는 예외로 만드는 경향이 있고, 그래서 도덕 규칙을 지키는 것보다 위반하는 것이 공리가 더 크다고 강변한다는 것이다.

이 비판에 대해서 밀은 악을 행할 때 변명을 하고 자신의 양심을 속이는 수단을 제공하는 것은 공리주의만이 아니라 도덕에 상충하는 고려 사항들이 존재한다는 것을 인정하는 모든 이론들이 마찬가지라고 반박한다. 인간사의 복잡함 때문에 어떤 윤리 이론도 행동 규칙에 예외를 인정하지 않을 수 없고, 의무의 갈등을 포함하지 않을 수 없다. 이처럼 예외나 의무의 갈등이 발생하는 경우에는 공리주의만이 아니라 다른 윤리 이론들도 언제나 변명과 양심을 속일 수 있는 가능성을 제공한다는 것이다. 그러나 밀의 주장에 의하면 공리주의는 도덕적 의무의 요구들이 상충할 때 공리에 호소해서 그런 의무의 갈등을 해결할 수 있는 장점이 있다. 이에 비해서 다른 윤리 체계에서는 도덕법칙들이 모두 독립적인 권위를 주장하기 때문에, 그런 도덕법칙들 사이의 갈등을 조정해 줄 자격이 있는 공통의 심판이 없다(2.25).

3장. 공리의 원리의 궁극적 제재에 관하여

3장에서 밀은 공리의 원리의 궁극적 제재에 관해서, 즉 우리가 공리의 원리를 따라야 하는 구속력과 동기의 원천이 무엇인지에 관해서 논의한다. 밀은 벤담의 외적 제재에 관한 논의를 비판적으로 계승하면서, 여기에 추가로 내적 제재에 관한 논의를 제시하고 있다. 밀은 외적 제재 외에도 인간의 내면에 자리하는 또 다른 제재, 즉 내적 제재가 있다고 주장하면서, 내면의 도덕적 감정인 '양심'이 바로 내적 제재라고 주장한다(3.4). 그리고 밀은 이런 도덕적 능력 또는 도덕적 감정이 우리의 본성 안에 선천적으로 주어진 것이 아니라 후천적으로 습득되는 것이라고 주장한다(3.8). 그러나 밀은 그런 도덕적 능력이나 감정이 우리의 본성 안에 '사회적 감정(social feelings)'이라는 자연적인 토대를 지니고 있으며, 그런 자연적인 토대로부터 자라 나온 것이라고 말한다(3.10). 그런 점에서 도덕적 능력이나 감정은 우리의 본성의 일부가 아니라 습득된 것이기는 하지만, 본성에서 자라 나온 자연적인 것이라고 주장한다.

밀에 의하면, 우리 마음에 그 자체로 의무라는 감정을 불러일으키는 유일한 도덕은 교육과 여론을 통해 신성시되어 온 관습 도덕이다. 그래서 우리는 도둑질하거나 살인하거나 배신하거나 속여서는 안 된다고 느낀다. 하지만 공리의 원리와 같은 일반 원리는 그 자체로 의무의 감정을 불러일으키지 못한다. 우리는 자신의 행복과 공리의 원리가 상충할 때, 자연스럽게 '왜 우리가 공리의 원리를 따라야 하는지'에 대해서 의문을 가지게 된다(3.1). 밀은 이런 어려움이 공리의 원리가 우리의 성격에 깊이 뿌리내리고 그것이 우리의 본성의 일부로서 우리의 의식에 완전히 고착되기 전까지는 사라지지 않을 것이라고 말한다(3.2).

밀의 논의에 따르면, 이런 어려움을 극복하기 위하여 공리주의도 다른 모든 도덕 체계들이 사용하는 모든 외적 제재와 내적 제재를 가지고 있다. 외적 제재는 우리가 동료 인간들이나 우주의 지배자로부터 호의를 얻고자 하는 희망과 미움 받는 것에 대한 두려움이며, 이는 또한 우리가 동료 인간들에 대해 공감이나 애정을 가지는 것들이거나 신에 대한 사랑과 외경심이다. 이와 같은 모든 외적인 보상과 처벌의 힘은 공리주의 도덕을 강화하는 데 사용될 수 있다(3.3). 이에 비해서 의무의 내적 제재는 우리 안에 생기는 하나의 감정인데, 이 감정은 의무를 위반하는 경우에 다소간 강렬한 고통을 수반한다. 이 감정이 아무 사심 없이 발휘되고 의무의 순수한 관념과 연결될 때, 바로 양심의 본질을 이룬다. 도덕적 의무의 구속력은 바로 이 감정 안에 존재한다(3.4).

밀은 이 인류의 양심적 감정들이 도덕의 궁극적 제재라고 주장한다. 그런 감정들은 인간 본성에 관한 하나의 사실로서 존재한다. 그리고 그런 감정들을 잘 함양한 사람들에게 그 감정들이 강력한 힘을 발휘한다(3.5). 그런데 이런 견해에 대해서 도덕적 의무가 "물자체"의 영역에 속하는 객관적 실재라고 믿는 초월주의 도덕 이론가들은 양심이라는 것이 마음 안에 있는 하나의 감정에 불과하다면, 그 감정이 사라지면 의무도 사라지고, 구속력도 사라지게 될 것이라고 비판한다. 초월주의 도덕 이론가들은 이 객관적 실재로서 도덕적 의무가 사람들로 하여금 도덕적 의무를 더 잘 준수하게 만든다고 주장한다. 이런 비판에 대해서 밀은 도덕적 의무가 마음 바깥에 자리하고 있다는 믿음이 도덕적 의무 감정을 제거할 수 없을 정도로 강하게 만들지는 않는다고 반박한다. 밀에 의하면, 일반적으로 양심은 마음 안에서 침묵당하고 억압당한다. 초월주의 이론을 믿는다고 해서 양심이 더 강력해지는 것은 아니다. 사람들로 하여금 실제로 도덕적 의무를 준수하도록 만드는 힘은 그 자신의 주관적 감정이며, 그 힘은 그 감정의 강도에 의해 측정된다(3.6).

밀은 이런 도덕적 의무 감정이 후천적으로 습득된 것임을 강조한다. 하지만 밀에 의하면 사람들이 말하고 추론하고 도시를 건설하는 것이 자연적인 것이지만 후천적으로 습득된 능력들인 것과 마찬가지로 이 도덕적 감정들 역시 후천적으로 습득되는 것이지만 자연적인 것이다. 도덕적 감정들이 분명히 지각될 수 있을 정도로 우리 모두 안에 존재하는 것은 아니다. 이런 의미에서라면, 도덕적 감정들은 우리의 본성의 일부가 아니다. 하지만 그것들은 우리의 본성에서 자연적으로 자라 나온 것이다. 그리고 다른 후천적 능력들과 마찬가지로 도덕적 능력도 아주 적은 정도는 저절로 자라날 수 있고, 함양함으로써 높은 수준으로 발전할 수도 있다(3.8).

그러나 밀은 공리주의 도덕을 위한 감정의 자연적 토대가 없다면, 설령 교육에 의해 양심과 공리주의 사이에 강한 연상 관계를 형성한다고 하더라도 그와 같은 연상 관계는 분석에 의해서 사라질 수 있음을 경고한다(3.9). 하지만 밀에 의하면 이런 강력한 자연적 감정의 토대가 존재하는데, 그것은 바로 인류의 사회적 감정이다. 동료 인간들과 하나가 되고자 하는 욕망인 사회적 감정은 이미 인간 본성 속에서 강력한 원리로 작동하고 있으며, 다행히도 인위적으로 가르치지 않더라도 문명 발전의 영향으로 인해 점점 강해지는 경향이 있다.

이 사회적 감정의 가장 작은 씨앗이 공감의 전염성과 교육의 영향력에 의해서 뿌리를 내려 자라나게 되고, 외적 제재의 강력한 작용에 의해 그것을 둘러싸고 있는 완전한 협력적 연상 관계의 거미줄이 형성된다. 인간 정신이 발전함에 따라 그 영향들이 꾸준히 증대되면서 각 개인은 나머지 다른 사람들 모두와 일체감을 느끼는 경향이 있다(3.10). 이미 사회적 감정을 조금이라도 발달시킨 사람은 그의 나머지 동료 인간들을 행복의 수단을 두고 자신과 다투는 경쟁자로 여길 수 없게 된다. 그런 사회적 감정을 가지고 있는 사람들에게 그것은 자연적 감정의 모든 특성을 가지고 있다. 이런 확신이 최대 행복 도덕의 궁극적 제재이다(3.11).

4장. 공리의 원리에 적합한 증명의 종류에 관하여

4장에서 밀은 공리의 원리에 대한 넓은 의미의 증명을 시도한다. 밀은 공리의 원리에 적합한 증명이 사실과 경험에 기초한 '증거에 의한 증명'임을 밝히고(4.10), 3단계에 걸쳐서 공리의 원리에 대한 증명을 시도한다. 먼저 밀은 '각자가 자신의 행복을 바란다는 증거에 기초해서 행복은 각자에게 바람직하다'는 증명을 시도한다(1단계). 다음으로 밀은 각자의 행복이 각자에게 바람직하다는 것을 근거로 '일반 행복은 모든 사람의 집합에 바람직하다'는 증명을 시도한다(2단계). 마지막으로 밀은 '오직 행복만이 유일하게 그 자체로 바람직하다'는 원리에 대한 증명을 시도한다(3단계). 이러한 밀의 증명은 『공리주의』출간 이래로 공리주의의 정당화와 관련하여 지금까지도 가장 많이 논의되는 것이며, 수많은 논쟁을 야기하였다. 1단계의 증명은 무어로부터 '자연주의적 오류'를 범한다는 비판을 받은 이래로 지금까지도 무수히 많은 비판과 옹호의 주제가 되고 있다. 2단계의 증명 역시 '결합의 오류'를 범하는지를 둘러싸고 논란되고 있으며, 3단계의 증명 역시 밀이 쾌락주의를 포기한 것인지 여부를 둘러싼 논쟁이 이어지고 있다.

먼저 밀은 공리의 원리에 적합한 증명이 무엇인지에 대해서 논의한다. 밀의 논의에 의하면, 궁극적 목적에 관한 물음들은 통상적인 의미에서는 증명될 수 없다. 추론에 의한 증명은 행동의 제1원리들이건 지식에 관한 제1원리들이건 모든 제1원리에 대해서 불가능하다. 그러나 지식에 관한 제1원리들은 사실의 문제이기 때문에 사실을 판단하는 능력에 직접 호소할 수 있는 문제이다(4.1). 밀은 실천적 목적들에 관한 물음들에 관해서도 동일한 능력에 호소할 수 있다고 보고 사실과 경험에 기초한 증명을 시도한다.

"공리주의 이론은 행복이 바람직하며, 행복만이 목적으로서 바람직한 유일한 것이고, 모든 다른 것들은 그 목적을 위한 수단으로서만 바람직하다는 이론이다"(4.2). 공리주의 이론의 이런 주장이 믿을 만한 타당한 것임을 보이기 위해서 밀은 "어떤 대상이 가시적이라는 것에 대한 유일한 증명은 사람들이 실제로 그것을 본다는 것이고, 어떤 소리가 가청적이라는 것에 대한 유일한 증명은 사람들이 그 소리를 듣는다는 것이다. … 이와 마찬가지로 어떤 것이 바람직하다는 것에 대해 제시할 수 있는 유일한 증거는 사람들이 그것을 실제로 바란다는 것"(4.3)이라고 주장한다. 이어서 밀은 "일반 행복이 바람직하다는 것에 대해서 제시될 수 있는 유일한 이유는 각자가 자신의 행복을 달성할 수 있다고 믿는 한에서 자기 자신의 행복을 바란다는 것뿐이다. 그러나 이 하나의 사실만으로도 우리는 행복이 선이라는 것, 즉 각 개인의 행복은 그 사람에게 하나의 선이며, 따라서 일반 행복은 모든 사람의 집합에 하나의 선이라는 것에 대해서 그것이 허용하는 모든 증명뿐만 아니라 요구 가능한 모든 증명을 가지게 된다. 행복은 행동의 목적들 가운데 하나라는 자격을 확립하게 되고, 결과적으로 도덕의 기준들 중 하나라는 자격을 확립하게 된다"(4.3)고 주장한다.

그러나 밀에 의하면 이것만으로는 행복 자체가 유일한 기준이라는 것을 증명하지 못한다. 그런 증명을 위해서는 사람들이 행복을 바란다는 것뿐만 아니라, 그들이 행복 이외의 그어떤 것도 바라지 않는다는 것을 보여 줄 필요가 있다. 공리주의의 기준에 반대하는 사람들은 행복 외에도 인간 행동의다른 목적들이 있으며, 그런 까닭에 행복이 승인과 부인의 기준이 아니라고 비판한다. 이에 대해서 밀은 사람들이 덕과 악덕의 부재와 같이 확실히 행복이 아닌 다른 것들을 바란다는 것을 인정한다(4.4). 그러나 밀은 사람들이 덕을 바랄 수 있을 뿐만 아니라 그것도 덕 그 자체를 위해 사심 없이 바랄 수 있다는 사실이 행복의 원리에서 조금도 벗어난 것이 아니라고 주장한다. 밀에 의하면, 행복의 구성 요소들은 매우 다양하다. 그리고 그 구성 요소들 각각은 단지 행복의 총합을 증가시키는 수단으로서만 바람직한 것이 아니라 그 자체로 바람직하다. 행복의 구성 요소들은 수단일 뿐만 아니라 목적의 한 부분이다(4.5). 밀에 의하면, "원래는 다른 것을 위한 수단이었고 그래서 그런 수단이 아니었을 때에는 무관심의 대상이었던 어떤 것이, 그것이 수단으로 봉사하는 것(목적)과의 연상 작용에 의해서 그 자체를 위해서 바라게 되고 그것도 가장 강하게 바라게 되는 것이 될 수 있다"(4.6). 덕, 음악, 건강, 돈, 명예, 권력 등이 그런 것들이 될 수 있다. 그런 것들은 처음에는 행복을 위한 수단이었던 것이 그 자체로 개인의 행복 개념의 중요한 구성 요소가 된 것이다. 이런 경우에는 수단이 목적의 한 부분이 되고, 한때는 행복의 달성을 위한 도구로서 바라던 것을 이제는 행복의 부분으로서 바라게 된다. 이처럼 행복은 추상적인 관념이 아니라 다양한 구성 요소들로 이루어진 하나의 구체적인 전체이다(4.6).

밀에 의하면, 덕도 연상 작용에 의해서 수단에서 목적의 일부가 될 수 있다. "덕이 쾌락에 도움이 된다는 것, 특히 고통으로부터의 보호에 도움이 된다는 것을 제외하면 덕에 대한 최초의 욕구나 동기는 없었다. 그러나 그렇게 형성된 연상 관계를 통해서 덕은 그 자체로 좋은 것으로 느껴지고, 그 자체로 좋은 다른 것들과 마찬가지로 강렬하게 그 자체로 바라게 된다"(4.7). 그리고 덕에 대한 사심 없는 사랑을 함양하는 것은 일반 행복에 무엇보다도 중요하기 때문에 공리주의적 기준은 덕에 대한 사랑을 최대한 함양할 것을 명령하고 요구한다.

이상의 논의로부터 밀은 행복 외에는 실제로 바라는 바가 없다는 결론을 도출한다. 궁극적으로 행복을 위한 수단으로서가 아니라 그 자체로 바라게 되는 모든 것들은 그 자체 행복의 일부분으로 바라게 된다는 것이다(4.8). 이렇게 해서 행복은 인간 행동의 유일한 목적이고, 행복의 증진이 모든 인간 행위를 판단하는 기준이 된다. 이것으로부터 행복의 증진이 도덕의 기준이 되어야 한다는 결론이 필연적으로 도출된다. 왜냐하면 도덕의 기준이라는 부분은 모든 인간 행위의 판단 기준이라는 전체 안에 포함되기 때문이다(4.9).

밀은 이상의 논의에 대해 의지와 욕구가 다르다는 점을 강조하면서, 확고한 덕을 가진 사람이나 확고한 목적을 가진 사람은 쾌락을 전혀 생각하지 않으면서도 그의 목적들을 수행하고, 더 나아가서 그 목적을 추구하는 데 따르는 고통이 더 크다고 할지라도, 그런 목적을 계속 추구할 것이라는 반론이 제기될 수 있음을 인정한다. 이런 반론에 대해서 밀은 의지는 원래 욕구로부터 나온 욕구의 자녀이지만, 시간이 지나면서 의지는 자체적으로 뿌리를 내리고 부모인 욕구와 분리되는데, 이 사실은 단지 의지 역시 습관의 영향을 받기 쉽다는 점을 보여 줄 뿐이라고 하면서, 이에 못지않은 분명한 진실은 의지가 최초에 전적으로 욕구에 의해서, 즉 쾌락이라는 끄는 힘과 고통이라는 밀어내는 힘을 포함하는 욕구에 의해서 산출된다는 점이라고 주장한다. 밀에 의하면 의지는 욕구의 자식이다. 그 의지는 습관의 지배를 받게 될 때에만 그 부모인 욕구의 지배로부터 벗어나게 된다. 따라서 밀은 습관의 결과인 의지는 내재적으로 좋은 것이라고 할 수 없다고 주장한다. 의지는 선을 위한 하나의 수단이지 그 자체가 내재적으로 하나의 선은 아니라는 것이다(4.11). 유덕한 의지, 옳은 것을 하고자 하는 의지 역시 습관의 산물인 한에서 내재적인 선이 아니라 다른 무엇을 위한 수단, 즉 욕구를 위한 수단으로서 선일 뿐이다. 밀의 이 주장은 '다른 어떤 것 때문이 아니라 오직 옳다는 이유만으로 행위하려는 의지,' 즉 '선의지'만이 그 자체로 무조건적으로 선하다는 칸트의 주장과 선명한 대조를 이룬다. 밀의 입장에서 보면, 선의지는 본래 쾌락을 추구하고 고통을 피하고자 하는 욕구에서 나온 것이지만 습관에 의해서 욕구로부터 분리되어 독립성을 가지게 된 의지일 뿐이다. 그런 선의지는 그 자체로 무조건적인 내재적 가치를 가지는 것이 아니라, 단지 궁극적 목적의 일부가 되거나 그런 목적을 달성하는 수단으로서만 가치를 가진다.

5장. 정의와 공리의 관계에 관하여

5장에서 밀은 공리주의에 대한 가장 강력한 반대 논거 가운데 하나인 정의와 권리에 대하여 논의한다. 밀에 의하면, 정의와 편의(공리)는 흔히 생각하는 것처럼 반대되는 것이 아니며, 장기적으로 볼 때 결코 분리되지 않는다(5.1). 정의는 일반 공리의 특정한 종류나 부분에 불과하다(5.2). 밀은 공리에 근거하지 않은 정의의 기준에 반대하고 공리에 근거하는 정의를 주장한다. 밀에 의하면, 공리에 근거한 정의는 모든 도덕의 가장 중요하고 가장 구속력 있는 부분으로, 다른 어떤 규칙보다도 인간 복지의 본질에 더 밀접히 관련되어 있으며 절대적인 의무의 성격을 띠는 도덕 규칙들을 지칭하는 이름이다(5.32).

밀은 공리와 정의의 관계를 논의하는 과정에서 편의 및 가치 있음의 영역으로부터 도덕을 구별시켜 주는 '도덕의 종차적 특징'에 대하여 논의하고, 이어서 도덕 일반으로부터 정의를 구별시켜 주는 '정의의 종차적 특징'에 대해서 논의한다. 밀은 5.14에서 도덕과 단순 편의를 구별하는 도덕의 종차적 특징으로 '제재의 적절성'을 제시하고 있다. 제재(법적 처벌, 사회적 비난, 양심의 가책)를 적용하는 것이 적절한 행위는 도덕적 의무가 되는 데 반해서, 제재를 적용하는 것이 적절하지 않은 행위는 도덕적 의무의 대상이 아니라 좋아함이나 싫어함 또는 존경이나 경멸의 대상이라고 주장한다. 행위의 옳고 그름을 제재와 관련지어 논의하는 이 구절은 밀의 공리주의에 대한 성격 규정과 관련해서 많은 논쟁을 야기하는 구절이다. 이어서 밀은 5.15에서 도덕 일반으로부터 정의를 구별시켜 주는 정의의 종차적 특징으로 '도덕적 권리'를 제시한다. 정의는 도덕적 권리로서 요구할 수 있는 것과 관계되며, 그런 도덕적 권리를 존중하는 것이 정의이고, 도덕적 권리를 침해하는 것이 부정의이다. 밀은 5.25에서 사회가 어떤 것을 권리로서 보호해 주어야 하는 근거로서 '일반 공리'를 들고 있으며, 특히 '안전의 이익'과 관련되는 공리가 권리의 근거가 됨을 밝히고 있다. 밀은 정의의 종차적 특징으로 도덕적 권리를 도입하고, 그 도덕적 권리를 공리의 원리에 의해서 정당화함으로써 벤담에 의해서 거부되었던 도덕적 권리 개념을 공리주의 체계 내로 포함시킨다.

5장의 논의를 통해서 밀은 정의 및 권리는 공리와 대립하는 것이 아니라 공리에 의해서 정당화되는 가장 우선적인 도덕규칙임을 분명히 한다. 이렇게 해서 밀은 공리주의에 대한 반대 논변의 핵심을 이루는 정의와 권리를 공리주의 체계 내로 받아들이고, 그것들에 가장 구속력이 강한 도덕 규칙이라는 위상을 부여한다. 그리고 그 결론으로 밀은 공리에 근거한 정의 및 권리만이 정당화되고 타당하다고 주장한다.

밀은 이상의 주장을 입증하기 위하여 먼저 정의나 부정의의 구별되는 특징, 즉 정의나 부정의의 공통된 속성이 무엇인지를 확인하는 작업에서 시작한다(5.3). 그리고 이런 작업을 통해서 정의가 특별한 계시를 필요로 하는 독자적인(sui generis) 종류의 객관적 실재인지 아니면 일반적인 성질들이 독특한 국면에서 나타난 것인지를 결정할 수 있으며, 궁극적으로 정의가 공리와 완전히 독립적인 독자적인 기준인지 아니면 일반 공리의 특정한 부분인지를 결정할 수 있다고 주장한다(5.2).

정의의 공통된 속성을 찾기 위해서 밀은 먼저 정의나 부정의로 분류되는 보편적으로 널리 받아들여지는 견해를 살펴

본다. 밀에 의하면 그런 견해에서 정의나 부정의로 분류되는 것은 대략 다섯 가지이다. 첫째, 어떤 사람의 법적 권리를 존중하는 것은 정의롭고, 위반하는 것은 부정의하다(5.5). 둘째, 도덕적 권리를 존중하는 것은 정의롭고, 침해하는 것은 부정의하다(5.6). 셋째, 각자가 자신의 응분의 몫(대우)을 받는 것은 정의롭고, 자신의 응분의 몫(대우)이 아닌 것을 받게 되는 것은 부정의하다(5.7). 넷째, 어떤 사람과의 계약이나 약속에서 신뢰(faith)를 지키는 것은 정의롭고, 신뢰를 깨뜨리는 것은 부정의하다(5.8). 다섯째, 공평한 것은 정의롭고, 편파적인 것은 부정의하다(5.9). 여섯째, 사회 전체의 편의(공리)를 산출하는 한에서 평등한 것은 정의롭고, 그런 편의를 산출하지 않는 불평등한 것은 부정의하다(5.10).

이처럼 정의라는 용어는 다양하게 적용되기 때문에, 이 다양한 적용 방식에 공통되는 정의의 속성을 찾기 위해서 밀은 정의의 어원을 탐색하는 시도를 한다. 밀에 의하면, 대부분의 언어에서 정의의 어원은 실정법과 관련된 기원을 지시하며, 정의 관념의 모관념은 원래 법의 준수였는데, 이후에 이것은 '마땅히 존재해야만 하는 법'의 준수와 결부되었다(5.12). 그래서 사람들은 법이 적용되지 않는 영역에서도 '존재해야만 하는 이상적 법'의 관념에 의해서 법의 준수를 정의라고 하고, 법의 위반을 부정의라고 생각한다. 따라서 법적인 제약이라는 관념은 여전히 정의의 개념을 산출하는 관념이다(5.13).

그러나 밀은 이상의 설명에는 정의의 의무를 도덕적 의무 일반으로부터 구별하는 어떤 기준도 포함하고 있지 않다고 하면서, 법의 본질인 처벌적 제재라는 관념은 부정의의 관념 뿐만 아니라 모든 종류의 그름의 관념에도 들어 있다고 주장한다. 밀에 논의에 따르면, "우리가 어떤 것을 그르다고 부를 때, 그것이 함축하는 의미는 그 그릇된 것을 행한 사람은 그것 때문에 어떤 식으로든, 즉 법에 의해서가 아니라면 동료 인간들에 의해서, 동료 인간들에 의해서가 아니라면 그 자신의 양심의 가책에 의해서 마땅히 처벌받아야 한다는 것이다"(5.14). 밀은 이것이 도덕과 단순한 편의를 구별하는 진정한 구분점이라고 말한다. 밀에 의하면, 처벌받아 마땅함과 마땅하지 않음의 관념의 구별이 옳음과 그름의 관념들의 기저에 놓여 있다. 그래서 "우리는 어떤 사람이 그가 한 행동 때문에 마땅히 처벌받아야 한다고 생각하는 경우에는 그 행동을 그르다고 부르고, 마땅히 처벌받아서는 안 된다고 생각하는 경우에는 그 행동을 그르다고 하지 않고 대신에 싫어한다거나 경멸한다고 부른다. 또 우리가 어떤 행동과 관계된 사람에게 특정 방식으로 행동을 하도록 강요하기를 원할 경우에는 그런 식으로 행동하는 것이 옳다고 말하고, 단지 그를 그런 식으로 행동하도록 설득하거나 권장하기를 원할 경우에는 그런 식으로 행동하는 것을 그저 바람직하거나 칭찬받을 만하다고 말한다"(5.14).

그러나 밀에 의하면, 이 제재의 적절성은 편의와 가치 있음의 나머지 부분들로부터 정의만이 아니라 도덕 일반을 구별시켜 주는 특징적인 차이점이지, 정의를 도덕의 다른 부분으로부터 구별해 주는 특징은 아니다. 밀은 도덕의 나머지 부분으로부터 정의를 구별시켜 주는 종차적 특징을 도덕적 권리에서 찾는다. 정의란 용어는 일반적으로 개인적 권리의 개념과 관련되는 것이다. 그래서 "정의는 행하면 옳고 행하지 않으면 그른 것이면서, 어떤 개인이 우리에게 그의 도덕적 권리로서 요구할 수 있는 것과 관계된다"(5.15).

이렇게 해서 밀은 정의에 공통되는 속성이 도덕적 권리와 관련된 것임을 밝히고, 이제 다음으로 정의의 감정에 관해서 탐구한다. 밀은 정의의 감정 그 자체는 편의의 관념에서 생기지 않지만, 그 감정 안에 있는 도덕적인 것은 편의의 관념에서 생긴다고 주장한다(5.17). 밀의 논의에 따르면, 정의의 감정 안에 있는 두 가지 본질적인 구성 요소는 해를 가한 사람을 처벌하고자 하는 욕구와 해를 당한 어떤 특정한 개인이 있다는 믿음이나 인식인데(5.18), 어떤 개인에게 해를 가한 사람을 처벌하고자 하는 욕구는 자기방어의 충동과 공감의 감정에서 자발적으로 자라나온 것이다(5.19). 이런 감정들은 인간과 동물이 공유하는 감정들인데, 인간은 공감의 범위가 매우 넓다는 점과 탁월한 지성에 의해서 자기와 자신이 속한 인간 사회 사이에 하나의 이익 공동체가 존재한다는 것을 이해할 수 있다는 점에서 차이가 난다(5.20). "그러므로 정의감은 사회 전체를 통해서 우리에게 해를 입히거나 혹은 사회 전체와 우리에게 공동으로 해를 입히는 해악들에 대해서 지성과 공감의 능력이 적용되어 발생하는 자연적인 보복 혹은 복수의 감정이다. 이 감정 자체에는 도덕적인 것이 없다. 도덕적인 것은 그 자연적인 보복 또는 복수의 감정이 사회적 공감에 전적으로 복종하는 것, 그래서 그 감정이 사회적 공감의 부름을 기다리고 그것에 순종하는 것에 있다. 왜냐하면 그 자연적 감정은 … 사회적 감정에 의해서 도덕화 되면 오직 일반 선에 일치하는 방향으로만 작용하기 때문이다"(5.21). 요약하자면, 정의의 관념은 행위의 규칙과 그 규칙에 제재를 부여하는 감정을 포함하는데, 첫 번째 행위의 규칙은 모든 인류에게 공통된 것이고 모든 인류의 선을 위한 것이고, 두 번째 정의의 감정은 그 규칙을 위반하는 사람들이 처벌받아야 한다는 욕구이다. 여기에 덧붙여서 정의의 감정에는 규칙 위반으로 인해 고통 받는 권리가 침해된 특정한 존재의 개념이 포함되어 있다. 정의감은 자기 자신이나 자신이 공감하는 사람들에 대한 상해나 피해에 대해 보복하고자 하는 동물적 욕구가 인간의 확대된 공감 능력과 인간의 지성적인 자기 이익의 관념에 의해서 모든 사람을 포괄하도록 확대된 것이다. 정의감은 후자로부터 도덕성을 이끌어 내고, 전자로부터 그 감정 특유의 강렬함과 자기주장의 동력을 이끌어 낸다(5.23).

정의감의 기원과 본성에 대해서 설명한 후, 밀은 이어서 권리의 의미와 권리 보호의 이유에 대해서 논의한다. 밀에 의하면, '어떤 것에 대해 권리를 가진다는 것은 그것을 소유하도록 사회가 보호해 주어야 한다는 의미이다.' 그리고 사회가 권리를 보호해 주어야 하는 이유는 일반 공리 때문이다. 특히, 모든 이익들 중에서 누구나 가장 중요하다고 느끼는 안전에 대한 이익이 갖는 일반 공리 때문이다. 안전은 우리에게 필요한 모든 것들 가운데서 신체에 영양을 공급하는 것 다음으로 가장 없어서는 안 되는 것이기 때문에, 안전의 침해는 다른 경우보다 훨씬 더 강렬한 감정을 촉발한다. 그리고 이런 감정의 강렬함이 통상적인 편의 및 비편의의 감정과 정의감을 구별해 준다(5.25).

그러나 이와 같은 정의 관념에 대한 설명에 대해서 정의는 공리와 완전히 독립적이고 그 자체가 독자적 기준이어서, 공리의 원리에 의해서 설명될 수 있는 것이 아니라는 반론이 제기될 수 있다. 이에 대해서 밀은, 만약 정의가 그렇게 완전히 독자적인 기준이라면, 왜 정의에 관한 견해들이 그렇게 다양하고 불일치하는가라고 반문한다(5.26-27). 밀은 이렇게 다양한 견해와 의견의 불일치는 오직 공리의 원리에 의해서만 적절한 해결이 가능하다고 주장한다.

밀은 정의에 관한 의견의 불일치를 예를 들어 설명한다. 먼저, 처벌의 정당성과 관련해서 서로 상충하는 정의의 견해들이 존재한다. (1) 처벌은 범죄를 저지른 사람을 처벌함으로써 범죄자 자신을 이롭게 할 경우에만 정의롭다. (2) 처벌은 다른 사람들이 범죄를 저지르지 못하도록 하는 효과를 가질 경우에만 정의롭다. (3) 인간의 행동은 자유롭지 않기 때문에 어떤 처벌도 정의롭지 않다(5.28).

다음으로, 잘못된 행동에 상응하는 적절한 처벌의 정도와 관련해서도 많은 상충하는 정의의 개념들이 논쟁을 벌이고 있다. (1) 눈에는 눈, 이에는 이로 대응해야 한다. (2) 처벌은 범죄에 비례해야 한다. (3) 처벌은 다른 사람들이 동일한 종류의 범죄를 저지르는 것을 억지하는 효과를 발휘하는 정도

만큼 부과되어야 한다(5.29).

또한 분배 정의의 문제에 대해서도 다양한 의견이 대립한다. (1) 사회는 사람들의 재능이나 기술을 자격 기준으로 삼아 분배해야 한다. (2) 자신이 할 수 있는 최선을 다한 사람이라면 누구나 평등하게 잘 대우받을 응분의 자격이 있으므로 사회는 정의에 입각해서 혜택을 덜 받은 능력이 부족한 사람들을 보상해 주어야 한다. (3) 유능한 노동자들에게 각자의 기여에 따라 더 많이 분배해야 한다(5.30).

마지막으로, 조세 정의와 관련해서도 서로 양립 불가능한 견해들이 존재한다. (1) 비례세: 세금은 사람들이 가진 재산에 산술적으로 비례해야 한다. (2) 누진세: 세금은 누진적이어야 한다. (3) 평등세: 모든 사람은 동일한 액수의 세금을 내야 한다. (4) 모든 사람은 인격의 보호를 위해서는 평등한 인두세를 지불해야 하고, 불평등한 재산의 보호를 위해서는 그 재산의 불평등에 따라 세금을 불평등하게 지불해야 한다(5.31).

밀에 의하면, 이같이 상이한 견해들은 각각 상이한 정의의 원리들에 호소하고 있고, 각자의 입장은 그 자신의 관점에서 보면 논박의 여지가 없기 때문에 이런 혼란에서 벗어날 수 있는 방법은 공리주의밖에 없다(5.31).

이상의 논의를 바탕으로 밀은 정의와 편의는 실제로 구분되는 것이지만, 그 둘의 차이는 정의에 수반되는 특별한 감정 때문이지 정의가 편의(공리)와 완전히 다른 것이기 때문은 아니라고 주장한다. 정의는 어디까지나 공리에 의해서 정당화되는 공리의 특별한 한 종류일 뿐이다. 그런 점에서 정의는 일반 편의(공리)와도 일치한다. 밀은 공리에 근거하지 않는 상상의 정의의 기준을 내세우는 모든 이론들에 반대한다. 하지만 그는 공리에 근거한 정의가 모든 도덕의 가장 중요한 부분이고, 비교할 수 없을 정도로 가장 신성하고 구속력 있는 부분이라는 점을 인정한다. "정의는 삶을 지도하는 다른 어떤 규칙보다도 인간 복지의 본질에 더 밀접히 관련되어 있다. 그래서 정의는 더 절대적인 의무의 성격을 띠는 특정 부류의 도덕 규칙들을 지칭하는 이름이다. 그리고 우리가 정의라는 관념의 본질이라고 생각해 온 개념, 즉 개인이 가지고 있는 권리라는 개념이 정의가 더 구속력 있는 의무라는 것을 암시하고 증명한다"(5.32).

이제 밀은 개인의 권리를 보호하는 정의의 의무가 구체적으로 무엇인지를 해명하는 작업에 착수한다. 밀에 의하면, 인간의 복지에 가장 중요한 도덕 규칙들은 인류가 서로에게 해를 가하는 것을 금지하는 도덕 규칙이다. 이 해악 금지의 도덕 규칙이 일차적으로 정의의 의무를 구성한다. 밀에 의하면, 이 해악 금지의 도덕 규칙 안에는 직접적인 공격 행위(공격 금지의 규칙)뿐만 아니라 부당한 힘의 행사를 통하여 간섭하는 행위(간섭 금지의 규칙) 그리고 마땅히 받아야 할 응분의 몫(대우)을 부당하게 받지 못하게 하는 행위들을 금지하는 것(응분의 대우 방해 금지의 규칙)이 포함된다. 이런 행위들은 직접적인 고통을 주거나 아니면 좋은 것들을 박탈하는 형태로 적극적인 해를 가하는 것이다(5.33).

이어서 밀은 처벌과 관련된 정의의 원리들에 대해서 설명한다. 밀에 의하면, 1차적 도덕을 준수하도록 명령하는 강력한 동기와 동일한 동기가 그 도덕을 위반하는 사람들을 처벌하라고 명령한다. 그래서 '악에는 악으로 되갚는 것'과 '선에는 선으로 갚는 것'이 정의의 의무를 구성한다. 그러므로 각자에게 각자의 응분의 몫(대우)을 주어야 한다는 원리, 즉 '악에는 악으로,' '선에는 선으로' 갚아야 한다는 원리는 정의의 원리일 뿐만 아니라 정의를 단순한 편의보다 높이 평가하도록 만드는 강렬한 감정의 적합한 대상이 된다(5.34). 이 밖에 정의의 집행 과정에서 호소하는 '사람은 자신이 자발적으로 한 일이나, 자발적으로 피할 수 있었던 일에 대해서만 책임을 진다는 준칙,' '소명할 기회도 주지 않고 사람을 유죄로 판결하는 것은 부정의하다는 준칙,' '처벌은 죄의 중대함에 비례해야 한다는 준칙' 등과 같은 준칙은 '악에는 악으로'라는 정의의 원리가 정당한 이유 없이 악의 형벌을 가하는 방향으로 왜곡되는 것을 막기 위해 고안된 준칙들이다(5.35).

마지막으로 사법적 덕목들 가운데 제1덕인 공평성 역시 정의의 의무들 중 하나이다. 밀에 의하면, 그 이유는 두 가지인데, 그 하나는 그것이 이미 정립된 원리들로부터 추론된 것이기 때문이고, 다른 하나는 그것이 공리의 의미 또는 최대 행복의 원리 안에 함축되어 있기 때문이다. 먼저 공평성과 평등은 다른 정의의 의무들을 수행하기 위한 필수 조건이기 때문에 다른 정의의 원리로부터 추론된다. 만약 각자의 응분에 따라 각자를 대우해야 할 의무가 있다면, 즉 악을 악으로 억제하고 선을 선으로 보상할 의무가 있다면, 이것으로부터 필연적으로 우리 또는 사회는 평등하게 잘 대접받을 응분의 자격이 있는 사람들을 평등하게 잘 대우해야 한다는 결론이 도출된다. 그러나 밀에 의하면 평등과 공평성의 의무는 "도덕의 제1원리에서 직접 나온 것이지, 2차적이거나 파생적인 이론들로부터 도출된 단순한 논리적 추론의 산물이 아니다. 그것은 바로 공리의 의미 또는 최대 행복의 원리 안에 함축되어 있다. 행복의 정도가 똑같다고 가정할 때, 어떤 사람의 행복이 다른 사람의 행복과 정확히 똑같이 계산되지 않는다면, 그 원리는 아무런 합리적 의미도 없는 단어들의 단순한 나열에 불과할 것이다. 이런 조건들이 충족될 때, '모든 사람은 하나로 계산되어야지 누구도 하나 이상으로 계산되어서는 안 된다'는 벤담의 격언은 공리의 원리를 설명하는 주석으로 의미를 가지게 된다. 일부 공인된 사회적 편의가 불평등한 대우를 요구하는 경우가 아닌 한, 모든 사람은 평등한 대우를 받을 권리를 가진 것으로 여겨진다. 그러므로 더 이상 편의를 산출하지 않는 모든 불평등은 단순한 비편의가 아니라 부정의한 것이다(5.36).

밀은 이상의 논의로부터 "정의란 모종의 도덕적 요구들을 가리키는 이름이라는 것, 그리고 이 정의의 도덕적 요구들은 집합적으로 보았을 때, 사회적 공리의 척도에서 아주 높은 위치를 차지하고, 따라서 다른 어떤 의무들보다 더 중요한 의무라는 것"(5.37)이 분명해졌다고 주장한다. 그러나 밀은 어떤 특수한 경우들에는 다른 사회적 의무가 너무 중요해서 일반적인 정의의 준칙을 무시해야 하는 경우들이 생길 수도 있다는 것을 인정한다. "그래서 목숨을 구하기 위해서 필요한 음식이나 약을 훔치거나 강제로 빼앗는 것 또는 병을 치료할 수 있는 단 한 사람의 자격 있는 의료인을 납치해서 강제로라도 환자를 돌보게 하는 것은 허용될 수 있을 뿐 아니라 하나의 의무일 수도 있다"(5.37).

밀은 지금까지 논의된 고려 사항들이 공리주의 도덕 이론이 당면한 유일한 실제적 어려움인 정의(와 권리)의 문제를 해소해 줄 수 있다고 하면서, 다음과 같이 『공리주의』의 결론을 맺고 있다. "정의의 모든 경우들이 또한 편의의 경우들이라는 것은 언제나 명백하다. 다만 이 둘의 차이는 정의에 수반되는 특별한 감정에 있다. 이 특별한 감정에 의해서 정의는 편의와 대조되어 구별된다. 만약 단순한 분개의 자연적 감정이 사회적 선의 요구와 그 외연이 일치하도록 도덕화된 것이 바로 그 [정의의] 감정이라면, 그리고 이런 감정이 정의의 관념에 상응하는 모든 경우에 존재할 뿐 아니라 반드시 존재해야만 한다면, 이 정의라는 관념은 더 이상 공리주의 도덕에 걸림돌로 작용하지 않는다. 정의는 여전히 다른 어떤 종류의 사회적 공리보다 훨씬 더 중요하고, 따라서 더욱 절대적이고 명령적인 특정한 사회적 공리들에 대한 적절한 이름이다. 그러므로 정의라는 사회적 공리들에는 정도뿐만 아니라 종류에서도 확연히 다른 하나의 감정이 자연스럽게 수반되고 또 마땅히 그래야만 한다. 이 정의감은 그 명령의 더 단호한 성격에 의해서도 또 그 제재의 더 엄격한 성격에 의해서도 인간의 쾌락이나 편의 증진이라는 관념에 수반되는 온화한 감정과는 구별된다"(5.38).

참고 문헌

Bentham, Jeremy(1988), *The Principles of Morals and Legislation*, NY: Prometheus Books.

Brink, David(2013), *Mill's Progressive Principles*, Oxford, UK: Clarendon Press.

Crisp, Roger(1997), *Guidebook to Mill on Utilitarianism*, London: Routledge.

de Lazari-Radek & Singer, 류지한 역(2019), 『공리주의 입문』, 울력.

Hare, R. M(1981), *Moral Thinking*, Oxford: Oxford Clarendon Press.

Mill, John Stuart(1972), *The Collected Works of John Stuart Mill*, John Robson (eds.). Toronto University Press. 관례에 따라 이하 CW로 약칭함.

_____ (1838), *Autobiography*, CW, I.

_____ (1843), *A System of Logic*, CW, Vlll.

_____ (1859), *On Liberty*, CW, XVlll.

_____ (1861), *Utilitarianism*, CW, X.

Pojman & Fieser, 류지한 · 조현아 · 김상돈 역(2019), 『윤리학: 옳고 그름의 발견』, 울력

Urmson, J. O(1953), "The Interpretation of the Moral Philosophy of J. S. Mill," *Philosophical Quarterly* 3.

West, Henry(2004), *An Introduction to Mill's Utilitarian Ethics*, Cambridge: Cambridge University Press.

_____ (2007), *Mill's Utilitarianism*, London: Continuum Books.

UTILITARIANISM

GENERAL REMARKS

1.1 There are few circumstances among those which make up the present condition of human knowledge, more unlike what might have been expected, or more significant of the backward state in which speculation on the most important subjects still lingers, than the little progress which has been made in the decision of the controversy respecting the criterion of right and wrong. From the dawn of philosophy, the question concerning the *summum bonum*, or, what is the same thing, concerning the foundation of morality, has been accounted the main problem in speculative thought, has occupied the most gifted intellects, and divided them into sects and schools, carrying on a vigorous warfare against one another. And after more than two thousand years the same discussions continue, philosophers are still ranged under the same contending banners, and neither thinkers nor mankind at large seem nearer to being unanimous on the subject, than when the youth Socrates listened to the old Protagoras, and asserted (if Plato's dialogue be grounded on a real conversation) the theory of utilitarianism against the popular morality of the so-called sophist.

1.2 It is true that similar confusion and uncertainty, and in some cases similar discordance, exist respecting the first principles of all the sciences, not excepting that which is deemed the most certain of them, mathematics; without much impairing, generally indeed without impairing at all, the trustworthiness of the conclusions of those sciences. An apparent anomaly, the explanation of which is, that the detailed doctrines of a science are not usually deduced from, nor depend for their evidence upon, what are called its first principles. Were it not so, there would be no science more precarious, or whose conclusions were more insufficiently made out, than algebra; which derives none of its certainty from what are commonly taught to learners as its elements, since these, as laid down by some of its most eminent teachers, are as full of fictions as English law, and of mysteries as theology. The truths which are ultimately accepted as the first principles of a science, are really the last results of metaphysical analysis, practised on the elementary notions with which the science is conversant; and their relation to the science is not that of foundations to an edifice, but of roots to a tree, which may perform their office equally well though they be never dug down to and exposed to light. But though in science the particular truths precede the general theory, the contrary might be expected to be the case with a practical art, such as morals or legislation. All action is for the sake of some end, and rules of action, it seems natural to suppose, must take their whole character and colour from the end to which they are subservient. When we engage in a pursuit, a clear and precise conception of what we are pursuing would seem to be the first thing we need, instead of the last we are to look forward to. A test of right and wrong must be the means, one would think, of ascertaining what is right or wrong, and not a consequence of having already ascertained it.

1.3 The difficulty is not avoided by having recourse to the popular theory of a natural faculty, a sense or instinct, informing us of right and wrong. For—besides that the existence of such a moral instinct is itself one of the matters in dispute—those believers in it who have any pretensions to philosophy, have been obliged to abandon the idea that it discerns what is right or wrong in the particular case in hand, as our other senses discern the sight or sound actually present. Our moral faculty, according to all those of its interpreters who are entitled to the name of thinkers, supplies us only with the general principles of moral judgments; it is a branch of our reason, not of our sensitive faculty; and must be looked to for the abstract doctrines of morality, not for perception of it in the concrete. The intuitive, no less than what may be termed the inductive, school of ethics, insists on the necessity of general laws. They both agree that the morality of an individual action is not a question of direct perception, but of the application of a law to an individual case. They recognise also, to a great extent, the same moral laws; but differ as to their evidence, and the source from which they derive their authority. According to the one opinion, the principles of morals are evident *à priori*, requiring nothing to command assent, except that the meaning of the terms be understood. According to the other doctrine, right and wrong, as well as truth and falsehood, are questions of observation and experience.

But both hold equally that morality must be deduced from principles; and the intuitive school affirm as strongly as the inductive, that there is a science of morals. Yet they seldom attempt to make out a list of the *à priori* principles which are to serve as the premises of the science; still more rarely do they make any effort to reduce those various principles to one first principle, or common ground of obligation. They either assume the ordinary precepts of morals as of *à priori* authority, or they lay down as the common groundwork of those maxims, some generality much less obviously authoritative than the maxims themselves, and which has never succeeded in gaining popular acceptance. Yet to support their pretensions there ought either to be some one fundamental principle or law, at the root of all morality, or if there be several, there should be a determinate order of precedence among them; and the one principle, or the rule for deciding between the various principles when they conflict, ought to be self-evident.

1.4 To inquire how far the bad effects of this deficiency have been mitigated in practice, or to what extent the moral beliefs of mankind have been vitiated or made uncertain by the absence of any distinct recognition of an ultimate standard, would imply a complete survey and criticism of past and present ethical doctrine. It would, however, be easy to show that whatever steadiness or consistency these moral beliefs have attained, has been mainly due to the tacit influence of a standard not recognised. Although the non-existence of an acknowledged first principle has made ethics not so much a guide as a consecration of men's actual sentiments, still, as men's sentiments, both of favour and of aversion, are greatly influenced by what they suppose to be the effects of things upon their happiness, the principle of utility, or as Bentham latterly called it, the greatest happiness principle, has had a large share in forming the moral doctrines even of those who most scornfully reject its authority. Nor is there any school of thought which refuses to admit that the influence of actions on happiness is a most material and even predominant consideration in many of the details of morals, however unwilling to acknowledge it as the fundamental principle of morality, and the source of moral obligation. I might go much further, and say that to all those *à priori* moralists who deem it necessary to argue at all, utilitarian arguments are indispensable. It is not my present purpose to criticize these thinkers; but I cannot help referring, for illustration, to a systematic treatise by one of the most illustrious of them, the *Metaphysics of Ethics*, by Kant. This remarkable man, whose system of thought will long remain one of the landmarks in the history of philosophical speculation, does, in the treatise in question, lay down an universal first principle as the origin and ground of moral obligation; it is this:—'So act, that the rule on which thou actest would admit of being adopted as a law by all rational beings.'* But when he begins to deduce from this precept any of the actual duties of morality, he fails, almost grotesquely, to show that there would be any contradiction, any logical (not to say physical) impossibility, in the adoption by all rational beings of the most outrageously immoral rules of conduct. All he shows is that the *consequences* of their universal adoption would be such as no one would choose to incur.

1.5 On the present occasion, I shall, without further discussion of the other theories, attempt to contribute something towards the understanding and appreciation of the Utilitarian or Happiness theory, and towards such proof as it is susceptible of. It is evident that this cannot be proof in the ordinary and popular meaning of the term. Questions of ultimate ends are not amenable to direct proof. Whatever can be proved to be good, must be so by being shown to be a means to something admitted to be good without proof. The medical art is proved to be good, by its conducing to health; but how is it possible to prove that health is good? The art of music is good, for the reason, among others, that it produces pleasure; but what proof is it possible to give that pleasure is good? If, then, it is asserted that there is a comprehensive formula, including all things which are in themselves good, and that whatever else is good, is not so as an end, but as a mean, the formula may be accepted or rejected, but is not a subject of what is commonly understood by proof. We are not, however, to infer that its acceptance or rejection must depend on blind impulse, or arbitrary choice. There is a larger meaning of the word proof, in which this question is as amenable to it as any other of the disputed questions of philosophy. The subject is within the cognizance of the rational faculty; and neither does that faculty deal with it solely in the way of intuition. Considerations may be presented capable of determining the intellect either to give or withhold its assent to the doctrine; and this is equivalent to proof.

1.6 We shall examine presently of what nature are these considerations; in what manner they apply to the case, and what rational grounds, therefore, can be given for accepting or rejecting the utilitarian formula. But it is a preliminary condition of rational acceptance or rejection, that the formula should be correctly understood. I believe that the very imperfect notion ordinarily formed of its meaning, is the chief obstacle which impedes its reception; and that could it be cleared, even from only the grosser misconceptions, the question would be greatly simplified, and a large proportion of its difficulties removed. Before, therefore, I attempt to enter into the philosophical grounds which can be given for assenting to the utilitarian standard, I shall offer some illustrations of the doctrine itself; with the view of showing more clearly what it is, distinguishing it from what it is not, and disposing of such of the practical objections to it as either originate in, or are closely connected with, mistaken interpretations of its meaning. Having thus prepared the ground, I shall afterwards endeavour to throw such light as I can upon the question, considered as one of philosophical theory.

CHAPTER- II
WHAT UTILITARIANISM IS

2.1 A passing remark is all that needs be given to the ignorant blunder of supposing that those who stand up for utility as the test of right and wrong, use the term in that restricted and merely colloquial sense in which utility is opposed to pleasure. An apology is due to the philosophical opponents of utilitarianism, for even the momentary appearance of confounding them with any one capable of so absurd a misconception; which is the more extraordinary, inasmuch as the contrary accusation, of referring everything to pleasure, and that too in its grossest form, is another of the common charges against utilitarianism: and, as has been pointedly remarked by an able writer, the same sort of persons, and often the very same persons, denounce the theory "as impracticably dry when the word utility precedes the word pleasure, and as too practicably voluptuous when the word pleasure precedes the word utility." Those who know anything about the matter are aware that every writer, from Epicurus to Bentham, who maintained the theory of utility, meant by it, not something to be contradistinguished from pleasure, but pleasure itself, together with exemption from pain; and instead of opposing the useful to the agreeable or the ornamental, have always declared that the useful means these, among other things. Yet the common herd, including the herd of writers, not only in newspapers and periodicals, but in books of weight and pretension, are perpetually falling into this shallow mistake. Having caught up the word utilitarian, while knowing nothing whatever about it but its sound, they habitually express by it the rejection, or the neglect, of pleasure in some of its forms; of beauty, of ornament, or of amusement. Nor is the term thus ignorantly misapplied solely in disparagement, but occasionally in compliment; as though it implied superiority to frivolity and the mere pleasures of the moment. And this perverted use is the only one in which the word is popularly known, and the one from which the new generation are acquiring their sole notion of its meaning. Those who introduced the word, but who had for many years discontinued it as a distinctive appellation, may well feel themselves called upon to resume it, if by doing so they can hope to contribute anything towards rescuing it from this utter degradation.[1]

2.2 The creed which accepts as the foundation of morals, Utility, or the Greatest Happiness Principle, holds

---

1. The author of this essay has reason for believing himself to be the first person who brought the word utilitarian into use. He did not invent it, but adopted it from a passing expression in Mr. [John] Galt's *Annals of the Parish* [Edinburgh: Blackwood, 1821, p. 286]. After using it as a designation for several years, he and others abandoned it from a growing dislike to anything resembling a badge or watchword of sectarian distinction. But as a name for one single opinion, not a set of opinions—to denote the recognition of utility as a [61 the] standard, not any particular way of applying it—the term supplies a want in the language, and offers, in many cases, a convenient mode of avoiding tiresome circumlocution.

that actions are right in proportion as they tend to promote happiness, wrong as they tend to produce the reverse of happiness. By happiness is intended pleasure, and the absence of pain; by unhappiness, pain, and the privation of pleasure. To give a clear view of the moral standard set up by the theory, much more requires to be said; in particular, what things it includes in the ideas of pain and pleasure; and to what extent this is left an open question. But these supplementary explanations do not affect the theory of life on which this theory of morality is grounded—namely, that pleasure, and freedom from pain, are the only things desirable as ends; and that all desirable things (which are as numerous in the utilitarian as in any other scheme) are desirable either for the pleasure inherent in themselves, or as means to the promotion of pleasure and the prevention of pain.

2.3 Now, such a theory of life excites in many minds, and among them in some of the most estimable in feeling and purpose, inveterate dislike. To suppose that life has (as they express it) no higher end than pleasure—no better and nobler object of desire and pursuit—they designate as utterly mean and grovelling; as a doctrine worthy only of swine, to whom the followers of Epicurus were, at a very early period, contemptuously likened; and modern holders of the doctrine are occasionally made the subject of equally polite comparisons by its German, French, and English assailants.

2.4 When thus attacked, the Epicureans have always answered, that it is not they, but their accusers, who represent human nature in a degrading light; since the accusation supposes human beings to be capable of no pleasures except those of which swine are capable. If this supposition were true, the charge could not be gainsaid, but would then be no longer an imputation; for if the sources of pleasure were precisely the same to human beings and to swine, the rule of life which is good enough for the one would be good enough for the other. The comparison of the Epicurean life to that of beasts is felt as degrading, precisely because a beast's pleasures do not satisfy a human being's conceptions of happiness. Human beings have faculties more elevated than the animal appetites, and when once made conscious of them, do not regard anything as happiness which does not include their gratification. I do not, indeed, consider the Epicureans to have been by any means faultless in drawing out their scheme of consequences from the utilitarian principle. To do this in any sufficient manner, many Stoic, as well as Christian elements require to be included. But there is no known Epicurean theory of life which does not assign to the pleasures of the intellect; of the feelings and imagination, and of the moral sentiments, a much higher value as pleasures than to those of mere sensation. It must be admitted, however, that utilitarian writers in general have placed the superiority of mental over bodily pleasures chiefly in the greater permanency, safety, uncostliness, &c., of the former—that is, in their circumstantial advantages rather than in their intrinsic nature. And on all these points utilitarians have fully proved their case; but they might have taken the other, and, as it may be called, higher ground, with entire consistency. It is quite compatible with the principle of utility to recognise the fact, that some *kinds* of pleasure are more desirable and more valuable than others. It would be absurd that while, in estimating all other things, quality is considered as well as quantity, the estimation of pleasures should be supposed to depend on quantity alone.

2.5 If I am asked, what I mean by difference of quality in pleasures, or what makes one pleasure more valuable than another, merely as a pleasure, except its being greater in amount, there is but one possible answer. Of two pleasures, if there be one to which all or almost all who have experience of both give a decided preference, irrespective of any feeling of moral obligation to prefer it, that is the more desirable pleasure. If one of the two is, by those who are competently acquainted with both, placed so far above the other that they prefer it, even though knowing it to be attended with a greater amount of discontent, and would not resign it for any quantity of the other pleasure which their nature is capable of, we are justified in ascribing to the preferred enjoyment a superiority in quality, so far outweighing quantity as to render it, in comparison, of small account.

2.6 Now it is an unquestionable fact that those who are equally acquainted with, and equally capable of appreciating and enjoying, both, do give a most marked preference to the manner of existence which employs their higher faculties. Few human creatures would consent to be changed into any of the lower animals, for a promise of the fullest allowance of a beast's pleasures; no intelligent human being would consent to be a fool, no instructed person would be an ignoramus, no person of feeling and conscience would be selfish and base, even though they should be persuaded that the fool, the dunce, or the rascal is better satisfied with his lot than they are with theirs. They would not resign what they possess more than he, for the most complete satisfaction of all the desires which they have in common with him. If they ever fancy they would, it is only in cases of unhappiness so extreme, that to escape from it they would exchange their lot for almost any other, however undesirable in their own eyes. A being of higher faculties requires more to make him happy, is capable probably of more acute suffering, and is certainly accessible to it at more points, than one of an inferior type; but in spite of these liabilities, he can never really wish to sink into what he feels to be a lower grade of existence. We may give what explanation we please of this unwillingness; we may attribute it to pride, a name which is given indiscriminately to some of the most and to some of the least estimable feelings of which mankind are capable; we may refer it to the love of liberty and personal independence, an appeal to which was with the Stoics one of the most effective means for the inculcation of it; to the love of power, or to the love of excitement, both of which do really enter into and contribute to it: but its most appropriate appellation is a sense of dignity, which all human beings possess in one form or other, and in some, though by no means in exact, proportion to their higher faculties, and which is so essential a part of the happiness of those in whom it is strong, that nothing which conflicts with it could be, otherwise than momentarily, an object of desire to them. Whoever supposes that this preference takes place at a sacrifice of happiness—that the superior being, in anything like equal circumstances, is not happier than the inferior—confounds the two very different ideas, of happiness, and content. It is indisputable that the being whose capacities of enjoyment are low, has the greatest chance of having them fully satisfied; and a highly-endowed being will always feel that any happiness which he can look for, as the world is constituted, is imperfect. But he can learn to bear its imperfections, if they are at all bearable; and they will not make him envy the being who is indeed unconscious of the imperfections, but only because he feels not at all the good which those imperfections qualify. It is better to be a human being dissatisfied than a pig satisfied; better to be Socrates dissatisfied than a fool satisfied. And if the fool, or the pig, is of a different opinion, it is because they only know their own side of the question. The other party to the comparison knows both sides.

2.7 It may be objected, that many who are capable of the higher pleasures, occasionally, under the influence of temptation, postpone them to the lower. But this is quite compatible with a full appreciation of the intrinsic superiority of the higher. Men often, from infirmity of character, make their election for the nearer good, though they know it to be the less valuable; and this no less when the choice is between two bodily pleasures, than when it is between bodily and mental. They pursue sensual indulgences to the injury of health, though perfectly aware that health is the greater good. It may be further objected, that many who begin with youthful enthusiasm for everything noble, as they advance in years sink into indolence and selfishness. But I do not believe that those who undergo this very common change, voluntarily choose the lower description of pleasures in preference to the higher. I believe that before they devote themselves exclusively to the one, they have already become incapable of the other. Capacity for the nobler feelings is in most natures a very tender plant, easily killed, not only by hostile influences, but by mere want of sustenance; and in the majority of young persons it speedily dies away if the occupations to which their position in life has devoted them, and the society into which it has thrown them, are not favourable to keeping that higher capacity in exercise. Men lose their high aspirations as they lose their intellectual tastes, because they have not time or opportunity for indulging them; and they addict themselves to inferior pleasures, not because they deliberately prefer them, but because they are either the only ones to which they have access, or the only ones which they are any longer capable of enjoying. It may be questioned whether any one who has remained equally susceptible to both classes of pleasures, ever knowingly and calmly preferred the lower; though many, in all ages, have broken down in an ineffectual attempt to combine both.

2.8 From this verdict of the only competent judges, I apprehend there can be no appeal. On a question which is the best worth having of two pleasures, or which of two modes of existence is the most grateful to the feelings, apart from its moral attributes and from its consequences, the judgment of those who are qualified by knowledge of both, or, if they differ, that of the majority among them, must be admitted as final. And there needs be the less hesitation to accept this judgment respecting the quality of pleasures, since there is no other tribunal to be referred to even on the question of quantity. What means are there of determining which is the acutest of two pains, or the intensest of two pleasurable sensations, except the general suffrage of those who are familiar with both? Neither pains nor pleasures are homogeneous, and pain is always heterogeneous with pleasure. What is there to decide whether a particular pleasure is worth purchasing at the cost of a particular pain, except the feelings and judgment of the experienced? When, therefore, those feelings and judgment declare the pleasures derived from the higher faculties to be preferable *in kind*, apart from the question of intensity, to those of which the animal nature, disjoined from the higher faculties, is susceptible, they are entitled on this subject to the same regard.

2.9 I have dwelt on this point, as being a necessary part of a perfectly just conception of Utility or Happiness, considered as the directive rule of human conduct. But it is by no means an indispensable condition to the acceptance of the utilitarian standard; for that standard is not the agent's own greatest happiness, but the greatest amount of happiness altogether; and if it may possibly be doubted whether a noble character is always the happier for its nobleness, there can be no doubt that it makes other people happier, and that the world in general is immensely a gainer by it. Utilitarianism, therefore, could only attain its end by the general cultivation of nobleness of character, even if each individual were only benefited by the nobleness of others, and his own, so far as happiness is concerned, were a sheer deduction from the benefit. But the bare enunciation of such an absurdity as this last, renders refutation superfluous.

2.10 According to the Greatest Happiness Principle, as above explained, the ultimate end, with reference to and for the sake of which all other things are desirable (whether we are considering our own good or that of other people), is an existence exempt as far as possible from pain, and as rich as possible in enjoyments, both in point of quantity and quality; the test of quality, and the rule for measuring it against quantity, being the preference felt by those who, in their opportunities of experience, to which must be added their habits of self-consciousness and self-observation, are best furnished with the means of comparison. This, being, according to the utilitarian opinion, the end of human action, is necessarily also the standard of morality; which may accordingly be defined, the rules and precepts for human conduct, by the observance of which an existence such as has been described might be, to the greatest extent possible, secured to all mankind; and not to them only, but, so far as the nature of things admits, to the whole sentient creation.

2.11 Against this doctrine, however, arises another class of objectors, who say that happiness, in any form, cannot be the rational purpose of human life and action; because, in the first place, it is unattainable: and they contemptuously ask, What right hast thou to be happy? a question which Mr. Carlyle clenches by the addition, What right, a short time ago, hadst thou even *to be*? Next, they say, that men can do *without* happiness; that all noble human beings have felt this, and could not have become noble but by learning the lesson of Entsagen, or renunciation; which lesson, thoroughly learnt and submitted to, they affirm to be the beginning and necessary condition of all virtue.

2.12 The first of these objections would go to the root of the matter were it well founded; for if no happiness is to be had at all by human beings, the attainment of it cannot be the end of morality, or of any rational conduct. Though, even in that case, something might still be said for the utilitarian theory; since utility includes not solely the pursuit of happiness, but the prevention or mitigation of unhappiness; and if the former aim be chimerical, there will be all the greater scope and more imperative need for the latter, so long at least as mankind think fit to live, and do not take refuge in the simultaneous act of suicide recommended under certain conditions by Novalis. When, however, it is thus positively asserted to be impossible that human life should be happy, the assertion, if not something like a verbal quibble, is at least an exaggeration. If by happiness be meant a continuity of highly pleasurable excitement, it is evident enough that this is impossible. A state of exalted pleasure lasts only moments, or in some cases, and with some intermissions, hours or days, and is the occasional brilliant flash of enjoyment, not its permanent and steady flame. Of this the philosophers who have taught that happiness is the end of life were as fully aware as those who taunt them. The happiness which they meant was not a life of rapture, but moments of such, in an existence made up of few and transitory pains, many and various pleasures, with a decided predominance of the active over the passive, and having as the foundation of the whole, not to expect more from life than it is capable of bestowing. A life thus composed, to those who have been fortunate enough to obtain it, has always appeared worthy of the name of happiness. And such an existence is even now the lot of many, during some considerable portion of their lives. The present wretched education, and wretched social arrangements, are the only real hindrance to its being attainable by almost all.

2.13 The objectors perhaps may doubt whether human beings, if taught to consider happiness as the end of life, would be satisfied with such a moderate share of it. But great numbers of mankind have been satisfied with much less. The main constituents of a satisfied life appear to be two, either of which by itself is often found sufficient for the purpose: tranquillity, and excitement. With much tranquillity, many find that they can be content with very little pleasure: with much excitement, many can reconcile themselves to a considerable quantity of pain. There is assuredly no inherent impossibility in enabling even the mass of mankind to unite both; since the two are so far from being incompatible that they are in natural alliance, the prolongation of either being a preparation for, and exciting a wish for, the other. It is only those in whom indolence amounts to a vice, that do not desire excitement after an interval of repose; it is only those in whom the need of excitement is a disease, that feel the tranquillity which follows excitement dull and insipid, instead of pleasurable in direct proportion to the excitement which preceded it. When people who are tolerably fortunate in their outward lot do not find in life sufficient enjoyment to make it valuable to them, the cause generally is, caring for nobody but themselves. To those who have neither public nor private affections, the excitements of life are much curtailed, and in any case dwindle in value as the time approaches when all selfish interests must be terminated by death: while those who leave after them objects of personal affection, and especially those who have also cultivated a fellow-feeling with the collective interests of mankind, retain as lively an interest in life on the eve of death as in the vigour of youth and health. Next to selfishness, the principal cause which makes life unsatisfactory, is want of mental cultivation. A cultivated mind—I do not mean that of a philosopher, but any mind to which the fountains of knowledge have been opened, and which has been taught, in any tolerable degree, to exercise its faculties—finds sources of inexhaustible interest in all that surrounds it; in the objects of nature, the achievements of art, the imaginations of poetry, the incidents of history, the ways of mankind past and present, and their prospects in the future. It is possible, indeed, to become indifferent to all this, and that too without having exhausted a thousandth part of it; but only when one has had from the beginning no moral or human interest in these things, and has sought in them only the gratification of curiosity.

2.14 Now there is absolutely no reason in the nature of things why an amount of mental culture sufficient to give an intelligent interest in these objects of contemplation, should not be the inheritance of every one born in a civilized country. As little is there an inherent necessity that any human being should be a selfish egotist, devoid of every feeling or care but those which centre in his own miserable individuality. Something far superior to this is sufficiently common even now, to give ample earnest of what the human species may be made. Genuine private affections, and a sincere interest in the public good, are possible, though in unequal degrees, to every rightly brought-up human being. In a world in which there is so much to interest, so much to enjoy, and so much also to correct and improve, every one who has this moderate amount of moral and intellectual requisites is capable of an existence which may be called enviable; and unless such a person, through bad laws, or subjection to the will of others, is denied the liberty to use the sources of happiness within his reach, he will not fail to find this enviable existence, if he escape the positive evils of life, the great sources of physical and mental suffering—such as indigence, disease, and the unkindness, worthlessness, or premature loss of objects of affection. The main stress of the problem lies, therefore, in the contest with these calamities, from which it is a rare good fortune entirely to escape; which, as things now are, cannot be obviated, and often cannot be in any material degree mitigated. Yet no one whose opinion deserves a moment's consideration can doubt that most of the great positive evils of the world are in themselves removable, and will, if human affairs continue to improve, be in the end reduced within narrow limits. Poverty, in any sense implying suffering, may be completely extinguished by the wisdom of society, combined with the good sense and providence of individuals. Even that most intractable of enemies, disease, may be indefinitely reduced in dimensions by good physical and moral education, and proper control of noxious influences; while the progress of science holds out a promise for the future of still more direct conquests over this detestable foe. And every advance in that direction relieves us from some, not only of the chances which cut short our own lives, but, what concerns us still more, which deprive us of those in whom our happiness is wrapt up. As for vicissitudes of fortune, and other disappointments connected with worldly circumstances, these are principally the effect either of gross imprudence, of ill-regulated desires, or of bad or imperfect social institutions. All the grand sources, in short, of human suffering are in a great degree, many of them almost entirely, conquerable by human care and effort; and though their removal is grievously slow—though a long succession of generations will perish in the breach before the conquest is completed, and this world becomes all that, if will and knowledge were not wanting, it might easily be made—yet every mind sufficiently intelligent and generous to bear a part, however small and unconspicuous, in the endeavour, will draw a noble enjoyment from the contest itself, which he would not for any bribe in the form of selfish indulgence consent to be without.

2.15 And this leads to the true estimation of what is said by the objectors concerning the possibility, and the obligation, of learning to do without happiness. Unquestionably it is possible to do without happiness; it is done involuntarily by nineteen-twentieths of mankind, even in those parts of our present world which are least deep in barbarism; and it often has to be done voluntarily by the hero or the martyr, for the sake of something which he prizes more than his individual happiness. But this something, what is it, unless the happiness of others, or some of the requisites of happiness? It is noble to be capable of resigning entirely one's own portion of happiness, or chances of it: but, after all, this self-sacrifice must be for some end; it is not its own end; and if we are told that its end is not happiness, but virtue, which is better than happiness, I ask, would the sacrifice be made if the hero or martyr did not believe that it would earn for others immunity from similar sacrifices? Would it be made, if he thought that his renunciation of happiness for himself would produce no fruit for any of his fellow creatures, but to make their lot like his, and place them also in the condition of persons who have renounced happiness? All honour to those who can abnegate for themselves the personal enjoyment of life, when by such renunciation they contribute worthily to increase the amount of happiness in the world; but he who does it, or professes to do it, for any other purpose, is no more deserving of admiration than the ascetic mounted on his pillar. He may be an inspiriting proof of what men *can* do, but assuredly not an example of what they *should*.

2.16 Though it is only in a very imperfect state of the world's arrangements that any one can best serve the happiness of others by the absolute sacrifice of his own, yet so long as the world is in that imperfect state, I fully acknowledge that the readiness to make such a sacrifice is the highest virtue which can be found in man. I will add, that in this condition of the world, paradoxical as the assertion may be, the conscious ability to do without happiness gives the best prospect of realizing such happiness as is attainable. For nothing except that consciousness can raise a person above the chances of life, by making him feel that, let fate and fortune do their worst, they have not power to subdue him: which, once felt, frees him from excess of anxiety concerning the evils of life, and enables him, like many a Stoic in the worst times of the Roman Empire, to cultivate in tranquillity the sources of satisfaction accessible to him, without concerning himself about the uncertainty of their duration, any more than about their inevitable end.

2.17 Meanwhile, let utilitarians never cease to claim the morality of self-devotion as a possession which belongs by as good a right to them, as either to the Stoic or to the Transcendentalist. The utilitarian morality does recognise in human beings the power of sacrificing their own greatest good for the good of others. It only refuses to admit that the sacrifice is itself a good. A sacrifice which does not increase, or tend to increase, the sum total of happiness, it considers as wasted. The only self-renunciation which it applauds, is devotion to the happiness, or to some of the means of happiness, of others; either of mankind collectively, or of individuals within the limits imposed by the collective interests of mankind.

2.18 I must again repeat, what the assailants of utilitarianism seldom have the justice to acknowledge, that the happiness which forms the utilitarian standard of what is right in conduct, is not the agent's own happiness, but that of all concerned. As between his own happiness and that of others, utilitarianism requires him to be as strictly impartial as a disinterested and benevolent spectator. In the golden rule of Jesus of Nazareth, we read the complete spirit of the ethics of utility. To do as one would be done by, and to love one's neighbour as oneself, constitute the ideal perfection of utilitarian morality. As the means of making the nearest approach to this ideal, utility would enjoin, first, that laws and social arrangements should place the happiness, or (as speaking practically it may be called) the interest, of every individual, as nearly as possible in harmony with the interest of the whole; and secondly, that education and opinion, which have so vast a power over human character, should so use that power as to establish in the mind of every individual an indissoluble association between his own happiness and the good of the whole; especially between his own happiness and the practice of such modes of conduct, negative and positive, as regard for the universal happiness prescribes: so that not only he may be unable to conceive the possibility of happiness to himself, consistently with conduct opposed to the general good, but also that a direct impulse to promote the general good may be in every individual one of the habitual motives of action, and the sentiments connected therewith may fill a large and prominent place in every human being's sentient existence. If the impugners of the utilitarian morality represented it to their own minds in this its true character, I know not what recommendation possessed by any other morality they could possibly affirm to be wanting to it: what more beautiful or more exalted developments of human nature any other ethical system can be supposed to foster, or what springs of action, not accessible to the utilitarian, such systems rely on for giving effect to their mandates.

2.19 The objectors to utilitarianism cannot always be charged with representing it in a discreditable light. On the contrary, those among them who entertain anything like a just idea of its disinterested character, sometimes find fault with its standard as being too high for humanity. They say it is exacting too much to require that people shall always act from the inducement of promoting the general interests of society. But this is to mistake the very meaning of a standard of morals, and to confound the rule of action with the motive of it. It is the business of ethics to tell us what are our duties, or by what test we may know them; but no system of ethics requires that the sole motive of all we do shall be a feeling of duty; on the contrary, ninety-nine hundredths of all our actions are done from other motives, and rightly so done, if the rule of duty does not condemn them. It is the more unjust to utilitarianism that this particular misapprehension should be made a ground of objection to it, inasmuch as utilitarian moralists have gone beyond almost all others in affirming that the motive has nothing to do with the morality of the action, though much with the worth of the agent. He who saves a fellow creature from drowning does what is morally right, whether his motive be duty, or the hope of being paid for his trouble: he who betrays the friend that trusts him, is guilty of a crime, even if his object be to serve another friend to whom he is under greater obligations.[2] But to speak only of actions done

2. An opponent, whose intellectual and moral fairness it is a pleasure to acknowledge (the Rev. J. Llewellyn Davies), has objected to this passage, saying, "Surely the rightness or wrongness of saving a man from drowning does depend very much upon the motive with which it is done. Suppose that a tyrant, when his enemy jumped into the sea to escape from him, saved him from drowning simply in order that he might inflict upon him more exquisite tortures, would it tend to clearness to speak of that rescue as 'a morally right action?' Or suppose again, according to one of the stock illustrations of ethical inquiries, that a man betrayed a trust received from a friend, because the discharge of it would fatally injure that friend himself or some one belonging to him, would utilitarianism compel one to call the betrayal 'a crime' as much as if it had been done from the meanest motive?"

I submit, that he who saves another from drowning in order to kill him by torture afterwards, does not differ only in motive from him who does the same thing from duty or benevolence; the act itself is different. The rescue of the man is, in the case supposed, only the necessary first step of an act far more atrocious than leaving him to drown would have been. Had Mr. Davies said, "The rightness or wrongness of saving a man from drowning does depend very much" —not upon the motive, but—"upon the *intention*," no utilitarian would have differed from him. Mr. Davies, by an oversight too common not to be quite venial, has in this case confounded the very different ideas of Motive and Intention. There is no point which utilitarian thinkers (and Bentham pre-eminently) have taken more pains to illustrate than this. The morality of the action depends entirely upon the intention from the motive of duty, and in direct obedience to principle: it is a misapprehension of the utilitarian mode of thought, to conceive it as implying that people should fix their minds upon so wide a generality as the world, or society at large. The great majority of good actions are intended, not for the benefit of the world, but for that of individuals, of which the good of the world is made up; and the thoughts of the most virtuous man need not on these occasions travel beyond the particular persons concerned, except so far as is necessary to assure himself that in benefiting them he is not violating the rights—that is, the legitimate and authorized expectations—of any one else. The multiplication of happiness is, according to the utilitarian ethics, the object of virtue: the occasions on which any person (except one in a thousand) has it in his power to do this on an extended scale, in other words, to be a public benefactor, are but exceptional; and on these occasions alone is he called on to consider public utility; in every other case, private utility, the interest or happiness of some few persons, is all he has to attend to. Those alone the influence of whose actions extends to society in general, need concern themselves habitually about so large an object. In the case of abstinences indeed—of things which people forbear to do, from moral considerations,

---

—that is, upon what the agent *wills to do*. But the motive, that is, the feeling which makes him will so to do, when it makes no difference in the act, makes none in the morality: though it makes a great difference in our moral estimation of the agent, especially if it indicates a good or a bad habitual *disposition*—a bent of character from which useful, or from which hurtful actions are likely to arise.

though the consequences in the particular case might be beneficial—it would be unworthy of an intelligent agent not to be consciously aware that the action is of a class which, if practised generally, would be generally injurious, and that this is the ground of the obligation to abstain from it. The amount of regard for the public interest implied in this recognition, is no greater than is demanded by every system of morals; for they all enjoin to abstain from whatever is manifestly pernicious to society.

2.20 The same considerations dispose of another reproach against the doctrine of utility, founded on a still grosser misconception of the purpose of a standard of morality, and of the very meaning of the words right and wrong. It is often affirmed that utilitarianism renders men cold and unsympathizing; that it chills their moral feelings towards individuals; that it makes them regard only the dry and hard consideration of the consequences of actions, not taking into their moral estimate the qualities from which those actions emanate. If the assertion means that they do not allow their judgment respecting the rightness or wrongness of an action to be influenced by their opinion of the qualities of the person who does it, this is a complaint not against utilitarianism, but against having any standard of morality at all; for certainly no known ethical standard decides an action to be good or bad because it is done by a good or a bad man, still less because done by an amiable, a brave, or a benevolent man or the contrary. These considerations are relevant, not to the estimation of actions, but of persons; and there is nothing in the utilitarian theory inconsistent with the fact that there are other things which interest us in persons besides the rightness and wrongness of their actions. The Stoics, indeed, with the paradoxical misuse of language which was part of their system, and by which they strove to raise themselves above all concern about anything but virtue, were fond of saying that he who has that has everything; that he, and only he, is rich, is beautiful, is a king. But no claim of this description is made for the virtuous man by the utilitarian doctrine. Utilitarians are quite aware that there are other desirable possessions and qualities besides virtue, and are perfectly willing to allow to all of them their full worth. They are also aware that a right action does not necessarily indicate a virtuous character, and that actions which are blameable often proceed from qualities entitled to praise. When this is apparent in any particular case, it modifies their estimation, not certainly of the act, but of the agent. I grant that they are, notwithstanding, of opinion, that in the long run the best proof of a good character is good actions; and resolutely refuse to consider any mental disposition as good, of which the predominant tendency is to produce bad conduct. This makes them unpopular with many people; but it is an unpopularity which they must share with every one who regards the distinction between right and wrong in a serious light; and the reproach is not one which a conscientious utilitarian need be anxious to repel.

2.21 If no more be meant by the objection than that many utilitarians look on the morality of actions, as measured by the utilitarian standard, with too exclusive a regard, and do not lay sufficient stress upon the other beauties of character which go towards making a human being loveable or admirable, this may be admitted. Utilitarians who have cultivated their moral feelings, but not their sympathies nor their artistic perceptions, do fall into this mistake; and so do all other moralists under the same conditions. What can be said in excuse for other moralists is equally available for them, namely, that if there is to be any error, it is better that it should be on that side. As a matter of fact, we may affirm that among utilitarians as among adherents of other systems, there is every imaginable degree of rigidity and of laxity in the application of their standard: some are even puritanically rigorous, while others are as indulgent as can possibly be desired by sinner or by sentimentalist. But on the whole, a doctrine which brings prominently forward the interest that mankind have in the repression and prevention of conduct which violates the moral law, is likely to be inferior to no other in turning the sanctions of opinion against such violations. It is true, the question, What does violate the moral law? is one on which those who recognise different standards of morality are likely now and then to differ. But difference of opinion on moral questions was not first introduced into the world by utilitarianism, while that doctrine does supply, if not always an easy, at all events a tangible and intelligible mode of deciding such differences.

2.22 It may not be superfluous to notice a few more of the common misapprehensions of utilitarian ethics, even those which are so obvious and gross that it might appear impossible for any person of candour and intelligence to fall into them: since persons, even of considerable mental endowments, often give themselves so little trouble to understand the bearings of any opinion against which they entertain a prejudice, and men are in general so little conscious of this voluntary ignorance as a defect, that the vulgarest misunderstandings of ethical doctrines are continually met with in the deliberate writings of persons of the greatest pretensions both to high principle and to philosophy. We not uncommonly hear the doctrine of utility inveighed against as a *godless* doctrine. If it be necessary to say anything at all against so mere an assumption, we may say that the question depends upon what idea we have formed of the moral character of the Deity. If it be a true belief that God desires, above all things, the happiness of his creatures, and that this was his purpose in their creation, utility is not only not a godless doctrine, but more profoundly religious than any other. If it be meant that utilitarianism does not recognise the revealed will of God as the supreme law of morals, I answer, that an utilitarian who believes in the perfect goodness and wisdom of God, necessarily believes that whatever God has thought fit to reveal on the subject of morals, must fulfil the requirements of utility in a supreme degree. But others besides utilitarians have been of opinion that the Christian revelation was intended, and is fitted, to inform the hearts and minds of mankind with a spirit which should enable them to find for themselves what is right, and incline them to do it when found, rather than to tell them, except in a very general way, what it is: and that we need a doctrine of ethics, carefully followed out, to *interpret* to us the will of God. Whether this opinion is correct or not, it is superfluous here to discuss; since whatever aid religion, either natural or revealed, can afford to ethical investigation, is as open to the utilitarian moralist as to any other. He can use it as the testimony of God to the usefulness or hurtfulness of any given course of action, by as good a right as others can use it for the indication of a transcendental law, having no connexion with usefulness or with happiness.

2.23 Again, Utility is often summarily stigmatized as an immoral doctrine by giving it the name of Expediency, and taking advantage of the popular use of that term to contrast it with Principle. But the Expedient, in the sense in which it is opposed to the Right, generally means that which is expedient for the particular interest of the agent himself: as when a minister sacrifices the interest of his country to keep himself in place. When it means anything better than this, it means that which is expedient for some immediate object, some temporary purpose, but which violates a rule whose observance is expedient in a much higher degree. The Expedient, in this sense, instead of being the same thing with the useful, is a branch of the hurtful. Thus, it would often be expedient, for the purpose of getting over some momentary embarrassment, or attaining some object immediately useful to ourselves or others, to tell a lie. But inasmuch as the cultivation in ourselves of a sensitive feeling on the subject of veracity, is one of the most useful, and the enfeeblement of that feeling one of the most hurtful, things to which our conduct can be instrumental; and inasmuch as any, even unintentional, deviation from truth, does that much towards weakening the trust-worthiness of human assertion, which is not only the principal support of all present social well-being, but the insufficiency of which does more than any one thing that can be named to keep back civilisation, virtue, everything on which human happiness on the largest scale depends; we feel that the violation, for a present advantage, of a rule of such transcendent expediency, is not expedient, and that he who, for the sake of a convenience to himself or to some other individual, does what depends on him to deprive mankind of the good, and inflict upon them the evil, involved in the greater or less reliance which they can place in each other's word, acts the part of one of their worst enemies. Yet that even this rule, sacred as it is, admits of possible exceptions, is acknowledged by all moralists; the chief of which is when the withholding of some fact (as of information from a male-factor, or of bad news from a person dangerously ill) would preserve some one (especially a person other than oneself) from great and unmerited evil, and when the withholding can only be effected by denial. But in order that the exception may not extend itself beyond the need, and may have the least possible effect in weakening reliance on veracity, it ought to be recognized, and, if possible, its limits defined; and if the principle of utility is good for anything, it must be good for weighing these conflicting utilities against one another, and marking out the region within which one or the other preponderates.

2.24 Again, defenders of utility often find themselves called upon to reply to such objections as this—that there is not time, previous to action, for calculating and weighing the effects of any line of conduct on the general happiness. This is exactly as if any one were to say that it is impossible to guide our conduct by Christianity, because there is not time, on every occasion on which anything has to be done, to read through the Old and New Testaments. The answer to the objection is, that there has been ample time, namely, the whole past duration of the human species. During all that time mankind have been learning by experience the tendencies of actions; on which experience all the prudence, as well as all the morality of life, is dependent. People talk as if the commencement of this course of experience had hitherto been put off, and as if, at the moment when some man feels tempted to meddle with the property or life of another, he had to begin considering for the first time whether murder and theft are injurious to human happiness. Even then I do not think that he would find the question very puzzling; but, at all events, the matter is now done to his hand. It is truly a whimsical supposition, that if mankind were agreed in considering utility to be the test of morality, they would remain without any agreement as to what is useful, and would take no measures for having their notions on the subject taught to the young, and enforced by law and opinion. There is no difficulty in proving any ethical standard whatever to work ill, if we suppose universal idiocy to be conjoined with it, but on any hypothesis short of that, mankind must by this time have acquired positive beliefs as to the effects of some actions on their happiness; and the beliefs which have thus come down are the rule of morality for the multitude, and for the philosopher until he has succeeded in finding better. That philosophers might easily do this, even now, on many subjects; that the received code of ethics is by no means of divine right; and that mankind have still much to learn as to the effects of actions on the general happiness, I admit, or rather, earnestly maintain. The corollaries from the principle of utility, like the precepts of every practical art, admit of indefinite improvement, and, in a progressive state of the human mind, their improvement is perpetually going on. But to consider the rules of morality as improvable, is one thing; to pass over the intermediate generalizations entirely, and endeavour to test each individual action directly by the first principle, is another. It is a strange notion that the acknowledgment of a first principle is inconsistent with the admission of secondary ones. To inform a traveller respecting the place of his ultimate destination, is not to forbid the use of landmarks and direction-posts on the way. The proposition that happiness is the end and aim of morality, does not mean that no road ought to be laid down to that goal, or that persons going thither should not be advised to take one direction rather than another. Men really ought to leave off talking a kind of nonsense on this subject, which they would neither talk nor listen to on other matters of practical concernment. Nobody argues that the art of navigation is not founded on astronomy, because sailors cannot wait to calculate the Nautical Almanack. Being rational creatures, they go to sea with it ready calculated; and all rational creatures go out upon the sea of life with their minds made up on the common questions of right and wrong, as well as on many of the far more difficult questions of wise and foolish. And this, as long as foresight is a human quality, it is to be presumed they will continue to do. Whatever we adopt as the fundamental principle of morality, we require subordinate principles to apply it by: the impossibility of doing without them, being common to all systems, can afford no argument against any one in particular: but gravely to argue as if no such secondary principles could be had, and as if mankind had remained till now, and always must remain, without drawing any general conclusions from the experience of human life, is as high a pitch, I think, as absurdity has ever reached in philosophical controversy.

2.25 The remainder of the stock arguments against utilitarianism mostly consist in laying to its charge the common infirmities of human nature, and the general difficulties which embarrass conscientious persons in shaping their course through life. We are told that an utilitarian will be apt to make his own particular case an exception to moral rules, and, when under temptation, will see an utility in the breach of a rule, greater than he will see in its observance. But is utility the only creed which is able to furnish us with excuses for evil doing, and means of cheating our own conscience? They are afforded in abundance by all doctrines which recognise as a fact in morals the existence of conflicting considerations; which all doctrines do, that have been believed by sane persons. It is not the fault of any creed, but of the complicated nature of human affairs, that rules of conduct cannot be so framed as to require no exceptions, and that hardly any kind of action can safely be laid down as either always obligatory or always condemnable. There is no ethical creed which does not temper the rigidity of its laws, by giving a certain latitude, under the moral responsibility of the agent, for accommodation to peculiarities of circumstances; and under every creed, at the opening thus made, self-deception and dishonest casuistry get in. There exists no moral system under which there do not arise unequivocal cases of conflicting obligation. These are the real difficulties, the knotty points both in the theory of ethics, and in the conscientious guidance of personal conduct. They are overcome practically with greater or with less success according to the intellect and virtue of the individual; but it can hardly be pretended that any one will be the less qualified for dealing with them, from possessing an ultimate standard to which conflicting rights and duties can be referred. If utility is the ultimate source of moral obligations, utility may be invoked to decide between them when heir demands are incompatible. Though the application of the standard may be difficult, it is better than none at all: while in other systems, the moral laws all claiming independent authority, there is no common umpire entitled to interfere between them; their claims to precedence one over another rest on little better than sophistry, and unless determined, as they generally are, by the unacknowledged influence of considerations of utility, afford a free scope for the action of personal desires and partialities. We must remember that only in these cases of conflict between secondary principles is it requisite that first principles should be appealed to. There is no case of moral obligation in which some secondary principle is not involved; and if only one, there can seldom be any real doubt which one it is, in the mind of any person by whom the principle itself is recognized.

CHAPTER- III
OF THE ULTIMATE SANCTION OF THE PRINCIPLE OF UTILITY

3.1 The question is often asked, and properly so, in regard to any supposed moral standard—What is its sanction? what are the motives to obey it? or more specifically, what is the source of its obligation? whence does it derive its binding force? It is a necessary part of moral philosophy to provide the answer to this question; which, though frequently assuming the shape of an objection to the utilitarian morality, as if it had some special applicability to that above others, really arises in regard to all standards. It arises, in fact, whenever a person is called on to *adopt* a standard or refer morality to any basis on which he has not been accustomed to rest it. For the customary morality, that which education and opinion have consecrated, is the only one which presents itself to the mind with the feeling of being *in itself* obligatory; and when a person is asked to believe that this morality *derives* its obligation from some general principle round which custom has not thrown the same halo, the assertion is to him a paradox; the supposed corollaries seem to have a more binding force than the original theorem; the superstructure seems to stand better without, than with, what is represented as its foundation. He says to himself, I feel that I am bound not to rob or murder, betray or deceive; but why am I bound to promote the general happiness? If my own happiness lies in something else, why may I not give that the preference?

3.2 If the view adopted by the utilitarian philosophy of the nature of the moral sense be correct, this difficulty will always present itself, until the influences which form moral character have taken the same hold of the principle which they have taken of some of the consequences—until, by the improvement of education, the feeling of unity with our fellow creatures shall be (what it cannot be doubted that Christ intended it to be) as deeply rooted in our character, and to our own consciousness as completely a part of our nature, as the horror of crime is in an ordinarily well-brought-up young person. In the mean time, however, the difficulty has no peculiar application to the doctrine of utility, but is inherent in every attempt to analyse morality and reduce it to principles; which, unless the principle is already in men's minds invested with as much sacredness as any of its applications, always seems to divest them of a part of their sanctity.

3.3 The principle of utility either has, or there is no reason why it might not have, all the sanctions which belong to any other system of morals. Those sanctions are either external or internal. Of the external sanctions it is not necessary to speak at any length. They are, the hope of favour and the fear of displeasure from our fellow creatures or from the Ruler of the Universe, along with whatever we may have of sympathy or affection for them or of love and awe of Him, inclining us to do His will independently of selfish consequences. There is evidently no reason why all these motives for observance should not attach themselves to the utilitarian morality, as completely and as powerfully as to any other. Indeed, those of them which refer to our fellow creatures are sure to do so, in proportion to the amount of general intelligence; for whether there be any other ground of moral obligation than the general happiness or not, men do desire happiness; and however imperfect may be their own practice, they desire and commend all conduct in others towards themselves, by which they think their happiness is promoted. With regard to the religious motive, if men believe, as most profess to do, in the goodness of God, those who think that conduciveness to the general happiness is the essence, or even only the criterion, of good, must necessarily believe that it is also that which God approves. The whole force therefore of external reward and punishment, whether physical or moral, and whether proceeding from God or from our fellow men, together with all that the capacities of human nature admit, of disinterested devotion to either, become available to enforce the utilitarian morality, in proportion as that morality is recognized; and the more powerfully, the more the appliances of education and general cultivation are bent to the purpose.

3.4 So far as to external sanctions. The internal sanction of duty, whatever our standard of duty may be, is one and the same—a feeling in our own mind; a pain, more or less intense, attendant on violation of duty, which in properly cultivated moral natures rises, in the more serious cases, into shrinking from it as an impossibility. This feeling, when disinterested, and connecting itself with the pure idea of duty, and not with some particular form of it, or with any of the merely accessory circumstances, is the essence of

Conscience; though in that complex phenomenon as it actually exists, the simple fact is in general all encrusted over with collateral associations, derived from sympathy, from love, and still more from fear; from all the forms of religious feeling; from the recollections of childhood and of all our past life; from self-esteem, desire of the esteem of others, and occasionally even self-abasement. This extreme complication is, I apprehend, the origin of the sort of mystical character which, by a tendency of the human mind of which there are many other examples, is apt to be attributed to the idea of moral obligation, and which leads people to believe that the idea cannot possibly attach itself to any other objects than those which, by a supposed mysterious law, are found in our present experience to excite it. Its binding force, however, consists in the existence of a mass of feeling which must be broken through in order to do what violates our standard of right, and which, if we do nevertheless violate that standard, will probably have to be encountered afterwards in the form of remorse. Whatever theory we have of the nature or origin of conscience, this is what essentially constitutes it.

3.5 The ultimate sanction, therefore, of all morality (external motives apart) being a subjective feeling in our own minds, I see nothing embarrassing to those whose standard is utility, in the question, what is the sanction of that particular standard? We may answer, the same as of all other moral standards—the conscientious feelings of mankind. Undoubtedly this sanction has no binding efficacy on those who do not possess the feelings it appeals to; but neither will these persons be more obedient to any other moral principle than to the utilitarian one. On them morality of any kind has no hold but through the external sanctions. Meanwhile the feelings exist, a feet in human nature, the reality of which, and the great power with which they are capable of acting on those in whom they have been duly cultivated, are proved by experience. No reason has ever been shown why they may not be cultivated to as great intensity in connection with the utilitarian, as with any other rule of morals.

3.6 There is, I am aware, a disposition to believe that a person who sees in moral obligation a transcendental fact, an objective reality belonging to the province of "Things in themselves," is likely to be more obedient to it than one who believes it to be entirely subjective, having its seat in human consciousness only. But whatever a person's opinion may be on this point of Ontology, the force he is really urged by is his own subjective feeling, and is exactly measured by its strength. No one's belief that Duty is an objective reality is stronger than the belief that God is so; yet the belief in God, apart from the expectation of actual reward and punishment, only operates on conduct through, and in proportion to, the subjective religious feeling. The sanction, so far as it is disinterested, is always in the mind itself; and the notion, therefore, of the transcendental moralists must be, that this sanction will not exist *in* the mind unless it is believed to have its root out of the mind; and that if a person is able to say to himself, That which is restraining me, and which is called my conscience, is only a feeling in my own mind, he may possibly draw the conclusion that when the feeling ceases the obligation ceases, and that if he find the feeling inconvenient, he may disregard it, and endeavour to get rid of it. But is this danger confined to the utilitarian morality? Does the belief that moral obligation has its seat outside the mind make the feeling of it too strong to be got rid of? The fact is so far otherwise, that all moralists admit and lament the ease with which, in the generality of minds, conscience can be silenced or stifled. The question, Need I obey my conscience? is quite as often put to themselves by persons who never heard of the principle of utility, as by its adherents. Those whose conscientious feelings are so weak as to allow of their asking this question, if they answer it affirmatively, will not do so because they believe in the transcendental theory, but because of the external sanctions.

3.7 It is not necessary, for the present purpose, to decide whether the feeling of duty is innate or implanted. Assuming it to be innate, it is an open question to what objects it naturally attaches itself; for the philosophic supporters of that theory are now agreed that the intuitive perception is of principles of morality, and not of the details. If there be anything innate in the matter, I see no reason why the feeling which is innate should not be that of regard to the pleasures and pains of others. If there is any principle of morals which is intuitively obligatory, I should say it must be that. If so, the intuitive ethics would coincide with the utilitarian, and there would be no further quarrel between them. Even as it is, the intuitive moralists, though they believe that there are other intuitive moral obligations, do already believe this to be one; for they unanimously hold that a large *portion* of morality turns upon the consideration due to the interests of our fellow creatures. Therefore, if the belief in the transcendental origin of moral obligation gives any additional efficacy to the internal sanction, it appears to me that the utilitarian principle has already the benefit of it.

3.8 On the other hand, if, as is my own belief, the moral feelings are not innate, but acquired, they are not for that reason the less natural. It is natural to man to speak, to reason, to build cities, to cultivate the ground, though these are acquired faculties. The moral feelings are not indeed a part of our nature, in the sense of being in any perceptible degree present in all of us; but this, unhappily, is a fact admitted by those who believe the most strenuously in their transcendental origin. Like the other acquired capacities above referred to, the moral faculty, if not a part of our nature, is a natural outgrowth from it; capable, like them, in a certain small degree, of springing up spontaneously; and susceptible of being brought by cultivation to a high degree of development. Unhappily it is also susceptible, by a sufficient use of the external sanctions and of the force of early impressions, of being cultivated in almost any direction: so that there is hardly anything so absurd or so mischievous that it may not, by means of these influences, be made to act on the human mind with all the authority of conscience. To doubt that the same potency might be given by the same means to the principle of utility, even if it had no foundation in human nature, would be flying in the face of all experience.

3.9 But moral associations which are wholly of artificial creation, when intellectual culture goes on, yield by degrees to the dissolving force of analysis: and if the feeling of duty, when associated with utility, would appear equally arbitrary; if there were no leading department of our nature, no powerful class of sentiments, with which that association would harmonize, which would make us feel it congenial, and incline us not only to foster it in others (for which we have abundant interested motives), but also to cherish it in ourselves; if there were not, in short, a natural basis of sentiment for utilitarian morality, it might well happen that this association also, even after it had been implanted by education, might be analysed away.

3.10 But there *is* this basis of powerful natural sentiment; and this it is which, when once the general happiness is recognized as the ethical standard, will constitute the strength of the utilitarian morality. This firm foundation is that of the social feelings of mankind; the desire to be in unity with our fellow creatures, which is already a powerful principle in human nature, and happily one of those which tend to become stronger, even without express inculcation, from the influences of advancing civilization. The social state is at once so natural, so necessary, and so habitual to man, that, except in some unusual circumstances or by an effort of voluntary abstraction, he never conceives himself otherwise than as a member of a body; and this association is riveted more and more, as mankind are further removed from the state of savage independence. Any condition, therefore, which is essential to a state of society, becomes more and more an inseparable part of every person's conception of the state of things which he is born into, and which is the destiny of a human being. Now, society between human beings, except in the relation of master and slave, is manifestly impossible on any other footing than that the interests of all are to be consulted. Society between equals can only exist on the understanding that the interests of all are to be regarded equally. And since in all states of civilization, every person, except an absolute monarch, has equals, every one is obliged to live on these terms with somebody; and in every age some advance is made towards a state in which it will be impossible to live permanently on other terms with anybody. In this way people grow up unable to conceive as possible to them a state of total disregard of other people's interests. They are under a necessity of conceiving themselves as at least abstaining from all the grosser injuries, and (if only for their own protection.) living in a state of constant protest against them. They are also familiar with the fact of co-operating with others, and proposing to themselves a collective, not an individual, interest, as the aim (at least for the time being) of their actions. So long as they are co-operating, their ends are identified with those of others; there is at least a temporary feeling that the interests of others are their own interests. Not only does all strengthening of social ties, and all healthy growth of society, give to each individual a stronger personal interest in practically consulting the welfare of others; it also leads him to identify his *feelings* more and more with their good, or at least with an ever greater degree of practical consideration for it. He comes, as though instinctively, to be conscious of himself as a being who *of course* pays regard to others. The good of others becomes to him a thing naturally and necessarily to be attended to, like any of the physical conditions of our existence. Now, whatever amount of this feeling a person has, he is urged by the strongest motives both of interest and of sympathy to demonstrate it, and to the utmost of his power encourage it in others; and even if he has none of it himself, he is as greatly interested as any one else that others should have it. Consequently, the smallest germs of the feeling are laid hold of and nourished by the contagion of sympathy and the influences of education; and a complete web of corroborative association is woven round it, by the powerful agency of the external sanctions. This mode of conceiving ourselves and human life, as civilization goes on, is felt to be more and more natural. Every step in political improvement renders it more so, by removing the sources of opposition of interest, and levelling those inequalities of legal privilege between individuals or classes, owing to which there are large portions of mankind whose happiness it is still practicable to disregard. In an improving state of the human mind, the influences are constantly on the increase, which tend to generate in each individual a feeling of unity with all the rest; which feeling, if perfect, would make him never think of, or desire, any beneficial condition for himself, in the benefits of which they are not included. If we now suppose this feeling of unity to be taught as a religion, and the whole force of education, of institutions, and of opinion, directed, as it once was in the case of religion, to make every person grow up from infancy surrounded on all sides both by the profession and by the practice of it, I think that no one, who can realize this conception, will feel any misgiving about the sufficiency of the ultimate sanction for the Happiness morality. To any ethical student who finds the realization difficult, I recommend, as a means of facilitating it, the second of M. Comte's two principal works, the *Système de Politique Positive*. I entertain the strongest objections to the system of politics and morals set forth in that treatise; but I think it has superabundantly shown the possibility of giving to the service of humanity, even without the aid of belief in a Providence, both the physical power and the social efficacy of a religion; making it take hold of human life, and colour all thought, feeling, and action, in a manner of which the greatest ascendency ever exercised by any religion may be but a type and foretaste; and of which the danger is, not that it should be insufficient, but that it should be so excessive as to interfere unduly with human freedom and individuality.

3.11 Neither is it necessary to the feeling which constitutes the binding force of the utilitarian morality on those who recognize it, to wait for those social influences which would make its obligation felt by mankind at large. In the comparatively early state of human advancement in which we now live, a person cannot indeed feel that entireness of sympathy with all others, which would make any real discordance in the general direction of their conduct in life impossible; but already a person in whom the social feeling is at all developed, cannot bring himself to think of the rest of his fellow creatures as struggling rivals with him for the means of happiness, whom he must desire to see defeated in their object in order that he may succeed in his. The deeply-rooted conception which every individual even now has of himself as a social being, tends to make him feel it one of his natural wants that there should be harmony between his feelings and aims and those of his fellow creatures. If differences of opinion and of mental culture make it impossible for him to share many of their actual feelings-perhaps make him denounce and defy those feelings-he still needs to be conscious that his real aim and theirs do not conflict; that he is not opposing himself to what they really wish for, namely, their own good, but is, on the contrary, promoting it. This feeling in most individuals is much inferior in strength to their selfish feelings, and is often wanting altogether. But to those who have it, it possesses all the characters of a natural feeling. It does not present itself to their minds as a superstition of education, or a law despotically imposed by the power of society, but as an attribute which it would not be well for them to be without. This conviction is the ultimate sanction of the greatest-happiness morality. This it is which makes any mind, of well-developed feelings, work with, and not against, the outward motives to care for others, afforded by what I have called the external sanctions; and when those sanctions are wanting, or act in an opposite direction, constitutes in itself a powerful internal binding force, in proportion to the sensitiveness and thoughtfulness of the character; since few but those whose mind is a moral blank, could bear to lay out their course of life on the plan of paying no regard to others except so far as their own private interest compels.

OF WHAT SORT OF PROOF THE PRINCIPLE OF UTILITY IS SUSCEPTIBLE

4.1 It has already been remarked, that questions of ultimate ends do not admit of proof, in the ordinary acceptation of the term. To be incapable of proof by reasoning is common to all first principles; to the first premises of our knowledge, as well as to those of our conduct. But the former, being matters of fact, may be the subject of a direct appeal to the faculties which judge of fact—namely, our senses, and our internal consciousness. Can an appeal be made to the same faculties on questions of practical ends? Or by what other faculty is cognizance taken of them?

4.2 Questions about ends are, in other words, questions what things are desirable. The utilitarian doctrine is, that happiness is desirable, and the only thing desirable, as an end; all other things being only desirable as means to that end. What ought to be required of this doctrine—what conditions is it requisite that the doctrine should fulfil—to make good its claim to be believed?

4.3 The only proof capable of being given that an object is visible, is that people actually see it. The only proof that a sound is audible, is that people hear it: and so of the other sources of our experience. In like manner, I apprehend, the sole evidence it is possible to produce that anything is desirable, is that people do actually desire it.

If the end which the utilitarian doctrine proposes to itself were not, in theory and in practice, acknowledged to be an end, nothing could ever convince any person that it was so. No reason can be given why the general happiness is desirable, except that each person, so far as he believes it to be attainable, desires his own happiness. This, however, being a fact, we have not only all the proof which the case admits of, but all which it is possible to require, that happiness is a good: that each person's happiness is a good to that person, and the general happiness, therefore, a good to the aggregate of all persons. Happiness has made out its title as *one* of the ends of conduct, and consequently one of the criteria of morality.

4.4 But it has not, by this alone, proved itself to be the sole criterion. To do that, it would seem, by the same rule, necessary to show, not only that people desire happiness, but that they never desire anything else. Now it is palpable that they do desire things which, in common language, are decidedly distinguished from happiness. They desire, for example, virtue, and the absence of vice, no less really than pleasure and the absence of pain. The desire of virtue is not as universal, but it is as authentic a fact, as the desire of happiness. And hence the opponents of the utilitarian standard deem that they have a right to infer that there are other ends of human action besides happiness, and that happiness is not the standard of approbation and disapprobation.

4.5 But does the utilitarian doctrine deny that people desire virtue, or maintain that virtue is not a thing to be desired? The very reverse. It maintains not only that virtue is to be desired, but that it is to be desired disinterestedly, for itself. Whatever may be the opinion of utilitarian moralists as to the original conditions by which virtue is made virtue; however they may believe (as they do) that actions and dispositions are only virtuous because they promote another end than virtue; yet this being granted, and it having been decided, from considerations of this description, what *is* virtuous, they not only place virtue at the very head of the things which are good as means to the ultimate end, but they also recognise as a psychological fact the possibility of its being, to the individual, a good in itself, without looking to any end beyond it; and hold, that the mind is not in a right state, not in a state conformable to Utility, not in the state most conducive to the general happiness, unless it does love virtue in this manner—as a thing desirable in itself, even although, in the individual instance, it should not produce those other desirable consequences which it tends to produce, and on account of which it is held to be virtue. This opinion is not, in the smallest degree, a departure from the Happiness principle. The ingredients of happiness are very various, and each of them is desirable in itself, and not merely when considered as swelling an aggregate. The principle of utility does not mean that any given pleasure, as music, for instance, or any given exemption from pain, as for example health, are to be looked upon as means to a collective something termed happiness, and to be desired on that account. They are desired and desirable in and for themselves; besides being means, they are a part of the end. Virtue, according to the utilitarian doctrine, is not naturally and originally part of the end, but it is capable of becoming so; and in those who love it disinterestedly it has become so, and is desired and cherished, not as a means to happiness, but as a part of their happiness.

4.6 To illustrate this farther, we may remember that virtue is not the only thing, originally a means, and which if it were not a means to anything else, would be and remain indifferent, but which by association with what it is a means to, comes to be desired for itself, and that too with the utmost intensity. What, for example, shall we say of the love of money? There is nothing originally more desirable about money than about any heap of glittering pebbles. Its worth is solely that of the things which it will buy; the desires for other things than itself, which it is a means of gratifying. Yet the love of money is not only one of the strongest moving forces of human life, but money is, in many cases, desired in and for itself; the desire to possess it is often stronger than the desire to use it, and goes on increasing when all the desires which point to ends beyond it, to be compassed by it, are falling off. It may be then said truly, that money is desired not for the sake of an end, but as part of the end. From being a means to happiness, it has come to be itself a principal ingredient of the individual's conception of happiness. The same may be said of the majority of the great objects of human life—power, for example, or fame; except that to each of these there is a certain amount of immediate pleasure annexed, which has at least the semblance of being naturally inherent in them; a thing which cannot be said of money. Still, however, the strongest natural attraction, both of power and of fame, is the immense aid they give to the attainment of our other wishes; and it is the strong association thus generated between them and all our objects of desire, which gives to the direct desire of them the intensity it often assumes, so as in some characters to surpass in strength all other desires. In these cases the means have become a part of the end, and a more important part of it than any of the things which they are means to. What was once desired as an instrument for the attainment of happiness, has come to be desired for its own sake. In being desired for its own sake it is, however, desired as *part* of happiness. The person is made, or thinks he would be made, happy by its mere possession; and is made unhappy by failure to obtain it. The desire of it is not a different thing from the desire of happiness, any more than the love of music, or the desire of health. They are included in happiness. They are some of the elements of which the desire of happiness is made up. Happiness is not an abstract idea, but a concrete whole; and these are some of its parts. And the utilitarian standard sanctions and approves their being so. Life would be a poor thing, very ill provided with sources of happiness, if there were not this provision of nature, by which things originally indifferent, but conducive to, or otherwise associated with, the satisfaction of our primitive desires, become in themselves sources of pleasure more valuable than the primitive pleasures, both in permanency, in the space of human existence that they are capable of covering, and even in intensity.

4.7 Virtue, according to the utilitarian conception, is a good of this description. There was no original desire of it, or motive to it, save its conduciveness to pleasure, and especially to protection from pain. But through the association thus formed, it may be felt a good in itself, and desired as such with as great intensity as any other good; and with this difference between it and the love of money, of power, or of fame, that all of these may, and often do, render the individual noxious to the other members of the society to which he belongs, whereas there is nothing which makes him so much a blessing to them as the cultivation of the disinterested, love of virtue. And consequently, the utilitarian standard, while it tolerates and approves those other acquired desires, up to the point beyond which they would be more injurious to the general happiness than promotive of it, enjoins and requires the cultivation of the love of virtue up to the greatest strength possible, as being above all things important to the general happiness.

4.8 It results from the preceding considerations, that there is in reality nothing desired except happiness. Whatever is desired otherwise than as a means to some end beyond itself, and ultimately to happiness, is desired as itself a part of happiness, and is not desired for itself until it has become so. Those who desire virtue for its own sake, desire it either because the consciousness of it is a pleasure, or because the consciousness of being without it is a pain, or for both reasons united; as in truth the pleasure and pain seldom exist separately, but almost always together, the same person feeling pleasure in the degree of virtue attained, and pain in not having attained more. If one of these gave him no pleasure, and the other no pain, he would not love or desire virtue, or would desire it only for the other benefits which it might produce to himself or to persons whom he cared for.

4.9 We have now, then, an answer to the question, of what sort of proof the principle of utility is susceptible. If the opinion which I have now stated is psychologically true—if human nature is so constituted as to desire nothing which is not either a part of happiness or a means of happiness, we can have no other proof, and we require no other, that these are the only things desirable. If so, happiness is the sole end of human action, and the promotion of it the test by which to judge of all human conduct; from whence it necessarily follows that it must be the criterion of morality, since a part is included in the whole.

4.10 And now to decide whether this is really so; whether mankind do desire nothing for itself but that which is a pleasure to them, or of which the absence is a pain; we have evidently arrived at a question of fact and experience, dependent, like all similar questions, upon evidence. It can only be determined by practised self-consciousness and self-observation, assisted by observation of others. I believe that these sources of evidence, impartially consulted, will declare that desiring a thing and finding it pleasant, aversion to it and thinking of it as painful, are phenomena entirely inseparable, or rather two parts of the same phenomenon; in strictness of language, two different modes of naming the same psychological fact: that to think of an object as desirable (unless for the sake of its consequences), and to think of it as pleasant, are one and the same thing; and that to desire anything, except in proportion as the idea of it is pleasant, is a physical and metaphysical impossibility.

4.11 So obvious does this appear to me, that I expect it will hardly be disputed: and the objection made will be, not that desire can possibly be directed to anything ultimately except pleasure and exemption from pain, but that the will is a different thing from desire; that a person of confirmed virtue, or any other person whose purposes are fixed, carries out his purposes without any thought of the pleasure he has in contemplating them, or expects to derive from their fulfilment; and persists in acting on them, even though these pleasures are much diminished, by changes in his character or decay of his passive sensibilities, or are outweighed by the pains which the pursuit of the purposes may bring upon him. All this I fully admit, and have stated it elsewhere, as positively and emphatically as any one. Will, the active phenomenon, is a different thing from desire, the state of passive sensibility, and though originally an offshoot from it, may in time take root and detach itself from the parent stock; so much so, that in the case of an habitual purpose, instead of willing the thing because we desire it, we often desire it only because we will it. This, however, is but an instance of that familiar fact, the power of habit, and is nowise confined to the case of virtuous actions. Many indifferent things, which men originally did from a motive of some sort, they continue to do from habit. Sometimes this is done unconsciously, the consciousness coming only after the action; at other times with conscious volition, but volition which has become habitual, and is put into operation by the force of habit, in opposition perhaps to the deliberate preference, as often happens with those who have contracted habits of vicious or hurtful indulgence. Third and last comes the case in which the habitual act of will in the individual instance is not in contradiction to the general intention prevailing at other times, but in fulfilment of it; as in the case of the person of confirmed virtue, and of all who pursue deliberately and consistently any determinate end. The distinction between will and desire thus understood, is an authentic and highly important psychological fact; but the fact consists solely in this—that will, like all other parts of our constitution, is amenable to habit, and that we may will from habit what we no longer desire for itself, or desire only because we will it. It is not the less true that will, in the beginning, is entirely produced by desire; including in that term the repelling influence of pain as well as the attractive one of pleasure. Let us take into consideration, no longer the person who has a confirmed will to do right, but him in whom that virtuous will is still feeble, conquerable by temptation, and not to be fully relied on; by what means can it be strengthened? How can the will to be virtuous, where it does not exist in sufficient force, be implanted or awakened? Only by making the person *desire* virtue—by making him think of it in a pleasurable light, or of its absence in a painful one. It is by associating the doing right with pleasure, or the doing wrong with pain, or by eliciting and impressing and bringing home to the person's experience the pleasure naturally involved in the one or the pain in the other, that it is possible to call forth that will to be virtuous, which, when confirmed, acts without any thought of either pleasure or pain. Will is the child of desire, and passes out of the dominion of its parent only to come under that of habit. That which is the result of habit affords no presumption of being intrinsically good; and there would be no reason for wishing that the purpose of virtue should become independent of pleasure and pain, were it not that the influence of the pleasurable and painful associations which prompt to virtue is not sufficiently to be depended on for unerring constancy of action until it has acquired the support of habit. Both in feeling and in conduct, habit is the only thing which imparts certainty; and it is because of the importance to others of being able to rely absolutely on one's feelings and conduct, and to oneself of being able to rely on one's own, that the will to do right ought to be cultivated into this habitual independence. In other words, this state of the will is a means to good, not intrinsically a good; and does not contradict the doctrine that nothing is a good to human beings but in so far as it is either itself pleasurable, or a means of attaining pleasure or averting pain.

4.12 But if this doctrine be true, the principle of utility is proved. Whether it is so or not, must now be left to the consideration of the thoughtful reader.

CHAPTER- V
ON THE CONNEXION BETWEEN JUSTICE AND UTILITY

5.1 In all ages of speculation, one of the strongest obstacles to the reception of the doctrine that Utility or Happiness is the criterion of right and wrong, has been drawn from the idea of Justice, The powerful sentiment, and apparently clear perception, which that word recalls with a rapidity and certainty resembling an instinct, have seemed to the majority of thinkers to point to an inherent quality in things; to show that the Just must have an existence in Nature as something absolute-generically distinct from every variety of the Expedient, and, in idea, opposed to it, though (as is commonly acknowledged) never, in the long run, disjoined from it in fact.

5.2 In the case of this, as of our other moral sentiments, there is no necessary connexion between the question of its origin, and that of its binding force. That a feeling is bestowed on us by Nature, does not necessarily legitimate all its promptings. The feeling of justice might be a peculiar instinct, and might yet require, like our other instincts, to be controlled and enlightened by a higher reason. If we have intellectual instincts, leading us to judge in a particular way, as well as animal instincts that prompt us to act in a particular way, there is no necessity that the former should be more infallible in their sphere than the latter in theirs: it may as well happen that wrong judgments are occasionally suggested by those, as wrong actions by these. But though it is one thing to believe that we have natural feelings of justice, and another to acknowledge them as an ultimate criterion of conduct, these two opinions are very closely connected in point of fact. Mankind are always predisposed to believe that any subjective feeling, not otherwise accounted for, is a revelation of some objective reality. Our present object is to determine whether the reality, to which the feeling of justice corresponds, is one which needs any such special revelation; whether the justice or injustice of an action is a thing intrinsically peculiar, and distinct from all its other qualities, or only a combination of certain of those qualities, presented under a peculiar aspect. For the purpose of this inquiry, it is practically important to consider whether the feeling itself, of justice and injustice, is *sui generis* like our sensations of colour and taste, or a derivative feeling, formed by a combination of others. And this it is the more essential to examine, as people are in general willing enough to allow, that objectively the dictates of justice coincide with a part of the field of General Expediency; but inasmuch as the subjective mental feeling of Justice is different from that which commonly attaches to simple expediency, and, except in extreme cases of the latter, is far more imperative in its demands, people find it difficult to see, in Justice, only a particular kind or branch of general utility, and think that its superior binding force requires a totally different origin.

5.3 To throw light upon this question, it is necessary to attempt to ascertain what is the distinguishing character of justice, or of injustice: what is the quality, or whether there is any quality, attributed in common to all modes of conduct designated as unjust (for justice, like many other moral attributes, is best defined by its opposite), and distinguishing them from such modes of conduct as are disapproved, but without having that particular epithet of disapprobation applied to them. If, in everything which men are accustomed to characterize as just or unjust, some one common attribute or collection of attributes is always present, we may judge whether this particular attribute or combination of attributes would be capable of gathering round it a sentiment of that peculiar character and intensity by virtue of the general laws of our emotional constitution, or whether the sentiment is inexplicable, and requires to be regarded as a special provision of Nature. If we find the former to be the case, we shall, in resolving this question, have resolved also the main problem: if the latter, we shall have to seek for some other mode of investigating it.

5.4 To find the common attributes of a variety of objects, it is necessary to begin, by surveying the objects themselves in the concrete. Let us therefore advert successively to the various modes of action, and arrangements of human affairs, which are classed, by universal or widely spread opinion, as Just or as Unjust. The things well known to excite the sentiments associated with those names, are of a very multifarious character. I shall pass them rapidly in review, without studying any particular arrangement.

5.5 In the first place, it is mostly considered unjust to deprive any one of his personal liberty, his property, or any other thing which belongs to him by law. Here, therefore, is one instance of the application of the terms just and unjust in a perfectly definite sense, namely, that it is just to respect, unjust to violate, the *legal rights* of any one. But this judgment admits of several exceptions, arising from the other forms in which the notions of justice and injustice present themselves. For example, the person who suffers the deprivation may (as the phrase is) have *forfeited* the rights which he is so deprived of: a case to which we shall return presently. But also,

5.6 Secondly; the legal rights of which he is deprived, may be rights which *ought* not to have belonged to him; in other words, the law which confers on him these rights, may be a bad law. When it is so, or when (which is the same thing for our purpose) it is supposed to be so, opinions will differ as to the justice or injustice of infringing it. Some maintain that no law, however bad, ought to be disobeyed by an individual citizen; that his opposition to it, if shown at all, should only be shown in endeavouring to get it altered by competent authority. This opinion (which condemns many of the most illustrious benefactors of mankind, and would often protect pernicious institutions against the only weapons which, in the state of things existing at the time, have any chance of succeeding against them) is defended, by those who hold it, on grounds of expediency; principally on that of the importance, to the common interest of mankind, of maintaining inviolate the sentiment of submission to law. Other persons, again, hold the directly contrary opinion, that any law, judged to be bad, may blamelessly be disobeyed, even though it be not judged to be unjust, but only inexpedient; while others would confine the licence of disobedience to the case of unjust laws: but again, some say, that all laws which are inexpedient are unjust; since every law imposes some restriction on the natural liberty of mankind, which restriction is an injustice, unless legitimated by tending to their good. Among these diversities of opinion, it seems to be universally admitted that there may be unjust laws, and that law, consequently, is not the ultimate criterion of justice, but may give to one person a benefit, or impose on another an evil, which justice condemns. When, however, a law is thought to be unjust, it seems always to be regarded as being so in the same way in which a breach of law is unjust, namely, by infringing somebody's right; which, as it cannot in this case be a legal right, receives a different appellation, and is called a moral right. We may say, therefore, that a second case of injustice consists in taking or withholding from any person that to which he has a *moral right*.

5.7 Thirdly, it is universally considered just that each person should obtain that (whether good or evil) which he *deserves*; and unjust that he should obtain a good, or be made to undergo an evil, which he does not deserve. This is, perhaps, the clearest and most emphatic form in which the idea of justice is conceived by the general mind. As it involves the notion of desert, the question arises, what constitutes desert? Speaking in a general way, a person is understood to deserve good if he does right, evil if he does wrong; and in a more particular sense, to deserve good from those to whom he does or has done good, and evil from those to whom he does or has done evil. The precept of returning good for evil has never been regarded as a case of the fulfilment of justice, but as one in which the claims of justice are waived, in obedience to other considerations.

5.8 Fourthly, it is confessedly unjust to *break faith* with any one: to violate an engagement, either express or implied, or disappoint expectations raised by our own conduct, at least if we have raised those expectations knowingly and voluntarily. Like the other obligations of justice already spoken of, this one is not regarded as absolute, but as capable of being overruled by a stronger obligation of justice on the other side; or by such conduct on the part of the person concerned as is deemed to absolve us from our obligation to him, and to constitute a *forfeiture* of the benefit which he has been led to expect.

5.9 Fifthly, it is, by universal admission, inconsistent with justice to be *partial*; to show favour or preference to one person over another, in matters to which favour and preference do not properly apply. Impartiality, however, does not seem to be regarded as a duty in itself, but rather as instrumental to some other duty; for it is admitted that favour and preference are not always censurable, and indeed the cases in which they are condemned are rather the exception than the rule. A person would be more likely to be blamed than applauded for giving his family or friends no superiority in good offices over strangers, when he could do so without violating any other duty; and no one thinks it unjust to seek one person in preference to another as a friend, connexion, or companion. Impartiality where rights are concerned is of course obligatory, but this is involved in the more general obligation of giving to every one his right. A tribunal, for example, must be impartial, because it is bound to award, without regard to any other consideration, a disputed object to the one of two parties who has the right to it. There are other cases in which impartiality means, being solely influenced by desert; as with those who, in the capacity of judges, preceptors, or parents, administer reward and punishment as such. There are cases, again, in which it means, being solely influenced by consideration for the public interest; as in making a selection among candidates for a Government employment. Impartiality, in short, as an obligation of justice, may be said to mean, being exclusively influenced by the considerations which it is supposed ought to influence the particular case in hand; and resisting the solicitation of any motives which prompt to conduct different from what those considerations would dictate.

5.10 Nearly allied to the idea of impartiality, is that of *equality*; which often enters as a component part both into the conception of justice and into the practice of it, and, in the eyes of many persons, constitutes its essence. But in this, still more than in any other case, the notion of justice varies in different persons, and always conforms in its variations to their notion of utility. Each person maintains that equality is the dictate of justice, except where he thinks that expediency requires inequality. The justice of giving equal protection to the rights of all, is maintained by those who support the most outrageous inequality in the rights themselves. Even in slave countries it is theoretically admitted that the rights of the slave, such as they are, ought to be as sacred as those of the master; and that a tribunal which fails to enforce them with equal strictness is wanting in justice; while, at the same time, institutions which leave to the slave scarcely any rights to enforce, are not deemed unjust, because they are not deemed inexpedient. Those who think that utility requires distinctions of rank, do not consider it unjust that riches and social privileges should be unequally dispensed; but those who think this inequality inexpedient, think it unjust also. Whoever thinks that government is necessary, sees no injustice in as much inequality as is constituted by giving to the magistrate powers not granted to other people. Even among those who hold levelling doctrines, there are as many questions of justice as there are differences of opinion about expediency. Some Communists consider it unjust that the produce of the labour of the community should be shared on any other principle than that of exact equality; others think it just that those should receive most whose needs are greatest; while others hold that those who work harder, or who produce more, or whose services are more valuable to the community, may justly claim a larger quota in the division of the produce. And the sense of natural justice may be plausibly appealed to in behalf of every one of these opinions.

5.11 Among so many diverse applications of the term Justice, which yet is not regarded as ambiguous, it is a matter of some difficulty to seize the mental link which holds them together, and on which the moral sentiment adhering to the term essentially depends. Perhaps, in this embarrassment, some help may be derived from the history of the word, as indicated by its etymology.

5.12 In most, if not in all languages, the etymology of the word which corresponds to Just, points to an origin connected either with positive law, or with that which was in most cases the primitive form of law-authoritative custom. *Justum* is a form of *jussum*, that which has been ordered. *Jus* is of the same origin. Δίκαιον comes from δίκη, of which the principal meaning, at least in the historical ages of Greece, was a suit at law. Originally, indeed, it meant only the mode or *manner* of doing things, but it early came to mean the *prescribed* manner; that which the recognized authorities, patriarchal, judicial, or political, would enforce. *Recht*, from which came *right* and *righteous*, is synonymous with law. The original meaning, indeed, of *recht* did not point to law, but to physical straightness; as *wrong* and its Latin equivalents meant twisted or tortuous; and from this it is argued that right did not originally mean law, but on the contrary law meant right. But however this may be, the fact that *recht* and *droit* became restricted in their meaning to positive law, although much which is not required by law is equally necessary to moral straightness or rectitude, is as significant of the original character of moral ideas as if the derivation had been the reverse way. The courts of justice, the administration of justice, are the courts and the administration of law. *La justice*, in French, is the established term for judicature. There can, I think, be no doubt that the *idée mère*, the primitive element, in the formation of the notion of justice, was conformity to law. It constituted the entire idea among the Hebrews, up to the birth of Christianity; as might be expected in the case of a people whose laws attempted to embrace all subjects on which precepts were required, and who believed those laws to be a direct emanation from the Supreme Being. But other nations, and in particular the Greeks and Romans, who knew that their laws had been made originally, and still continued to be made, by men, were not afraid to admit that those men might make bad laws; might do, by law, the same things, and from the same motives, which, if done by individuals without the sanction of law, would be called unjust. And hence the sentiment of injustice came to be attached, not to all violations of law, but only to violations of such laws as *ought* to exist, including such as ought to exist but do not; and to laws themselves, if supposed to be contrary to what ought to be law. In this manner the idea of law and of its injunctions was still predominant in the notion of justice, even when the laws actually in force ceased to be accepted as the standard of it.

5.13 It is true that mankind consider the idea of justice and its obligations as applicable to many things which neither are, nor is it desired that they should be, regulated by law. Nobody desires that laws should interfere with the whole detail of private life; yet every one allows that in all daily conduct a person may and does show himself to be either just or unjust. But even here, the idea of the breach of what ought to be law, still lingers in a modified shape. It would always give us pleasure, and chime in with our feelings of fitness, that acts which we deem unjust should be punished, though we do not always think it expedient that this should be done by the tribunals. We forego that gratification on account of incidental inconveniences. We should be glad to see just conduct enforced and injustice repressed, even in the minutest details, if we were not, with reason, afraid of trusting the magistrate with so unlimited an amount of power over individuals. When we think that a person is bound in justice to do a thing, it is an ordinary form of language to say, that he ought to be compelled to do it. We should be gratified to see the obligation enforced by anybody who had the power. If we see that its enforcement by law would be inexpedient, we lament the impossibility, we consider the impunity given to injustice as an evil, and strive to make amends for it by bringing a strong expression of our own and the public disapprobation to bear upon the offender. Thus the idea of legal constraint is still the generating idea of the notion of justice, though undergoing several transformations before that notion, as it exists in an advanced state of society, becomes complete.

5.14 The above is, I think, a true account, as far as it goes, of the origin and progressive growth of the idea of justice. But we must observe, that it contains, as yet, nothing to distinguish that obligation from moral obligation in general. For the truth is, that the idea of penal sanction, which is the essence of law, enters not only into the conception of injustice, but into that of any kind of wrong. We do not call anything wrong, unless we mean to imply that a person ought to be punished in some way or other for doing it; if not by law, by the opinion of his fellow creatures; if not by opinion, by the reproaches of his own conscience. This seems the real turning point of the distinction between morality and simple expediency. It is a part of the notion of Duty in every one of its forms, that a person may rightfully be compelled to fulfil it. Duty is a thing which may be *exacted* from a person, as one exacts a debt. Unless we think that it might be exacted from him, we do not call it his duty. Reasons of prudence, or the interest of other people, may militate against actually exacting it; but the person himself, it is clearly understood, would not be entitled to complain. There are other things, on the contrary, which we wish that people should do, which we like or admire them for doing, perhaps dislike or despise them for not doing, but yet admit that they are not bound to do; it is not a case of moral obligation; we do not blame them, that is, we do not think that they are proper objects of punishment. How we come by these ideas of deserving and not deserving punishment, will appear, perhaps, in the sequel; but I think there is no doubt that this distinction lies at the bottom of the notions of right and wrong; that we call any conduct wrong, or employ instead, some other term of dislike or disparagement, according as we think that the person ought, or ought not, to be punished for it; and we say that it would be right to do so and so, or merely that it would be desirable or laudable, according as we would wish to see the person whom it concerns, compelled or only persuaded and exhorted, to act in that manner.[3]

---

3. See this point enforced and illustrated by Professor Bain, in an

5.15 This, therefore, being the characteristic difference which marks off, not justice, but morality in general, from the remaining provinces of Expediency and Worthiness; the character is still to be sought which distinguishes justice from other branches of morality. Now it is known that ethical writers divide moral duties into two classes, denoted by the ill-chosen expressions, duties of perfect and of imperfect obligation; the latter being those in which, though the act is obligatory, the particular occasions of performing it are left to our choice; as in the case of charity or beneficence, which we are indeed bound to practise, but not towards any definite person, nor at any prescribed time. In the more precise language of philosophic jurists, duties of perfect obligation are those duties in virtue of which a correlative *right* resides in some person or persons; duties of imperfect obligation are those moral obligations which do not give birth to any right. I think it will be found that this distinction exactly coincides with that which exists between justice and the other obligations of morality. In our survey of the various popular acceptations of justice, the term appeared generally to involve the idea of a personal right—a claim on the part of one or more individuals, like that which the law gives when it confers a proprietary or other legal right. Whether the injustice consists in depriving a person of a possession, or in breaking faith with him, or in treating him worse than he deserves, or worse than other people who have

admirable chapter (entitled "The Ethical Emotions, or the Moral Sense") of the second of the two treatises composing his elaborate and profound work on the Mind.

no greater claims, in each case the supposition implies two things—a wrong done, and some assignable person who is wronged. Injustice may also be done by treating a person better than others; but the wrong in this case is to his competitors, who are also assignable persons. It seems to me that this feature in the case—a right in some person, correlative to the moral obligation—constitutes the specific difference between justice, and generosity or beneficence. Justice implies something which it is not only right to do, and wrong not to do, but which some individual person can claim from us as his moral right. No one has a moral right to our generosity or beneficence, because we are not morally bound to practise those virtues towards any given individual. And it will be found, with respect to this as with respect to every correct definition, that the instances which seem to conflict with it are those which most confirm it. For if a moralist attempts, as some have done, to make out that mankind generally, though not any given individual, have a right to all the good we can do them, he at once, by that thesis, includes generosity and beneficence within the category of justice. He is obliged to say, that our utmost exertions are *due* to our fellow creatures, thus assimilating them to a debt; or that nothing less can be a sufficient *return* for what society does for us, thus classing the case as one of gratitude; both of which are acknowledged cases of justice. Wherever there is a right, the case is one of justice, and not of the virtue of beneficence: and whoever does not place the distinction between justice and morality in general where we have now placed it, will be found to make no distinction between them at all, but to merge all morality in justice.

5.16 Having thus endeavoured to determine the distinctive elements which enter into the composition of the idea of justice, we are ready to enter on the inquiry, whether the feeling, which accompanies the idea, is attached to it by a special dispensation of nature, or whether it could have grown up, by any known laws, out of the idea itself; and in particular, whether it can have originated in considerations of general expediency.

5.17 I conceive that the sentiment itself does not arise from anything which would commonly, or correctly, be termed an idea of expediency; but that, though the sentiment does not, whatever is moral in it does.

5.18 We have seen that the two essential ingredients in the sentiment of justice are, the desire to punish a person who has done harm, and the knowledge or belief that there is some definite individual or individuals to whom harm has been done.

5.19 Now it appears to me, that the desire to punish a person who has done harm to some individual, is a spontaneous outgrowth from two sentiments, both in the highest degree natural, and which either are or resemble instincts; the impulse of self-defence, and the feeling of sympathy.

5.20 It is natural to resent, and to repel or retaliate, any harm done or attempted against ourselves, or against those with whom we sympathize. The origin of this sentiment it is not necessary here to discuss. Whether it be an instinct or a result of intelligence, it is, we know, common to all animal nature; for every animal tries to hurt those who have hurt, or who it thinks are about to hurt, itself or its young. Human beings, on this point, only differ from other animals in two particulars. First, in being capable of sympathizing, not solely with their offspring, or, like some of the more noble animals, with some superior animal who is kind to them, but with all human, and even with all sentient beings. Secondly, in having a more developed intelligence, which gives a wider range to the whole of their sentiments, whether self-regarding or sympathetic. By virtue of his superior intelligence, even apart from his superior range of sympathy, a human being is capable of apprehending a community of interest between himself and the human society of which he forms a part, such that any conduct which threatens the security of the society generally, is threatening to his own, and calls forth his instinct (if instinct it be) of self-defence. The same superiority of intelligence, joined to the power of sympathizing with human beings generally, enables him to attach himself to the collective idea of his tribe, his country, or mankind, in such a manner that any act hurtful to them rouses his instinct of sympathy, and urges him to resistance.

5.21 The sentiment of justice, in that one of its elements which consists of the desire to punish, is thus, I conceive, the natural feeling of retaliation or vengeance, rendered by intellect and sympathy applicable to those injuries, that is, to those hurts, which wound us through, or in common with, society at large. This sentiment, in itself, has nothing moral in it; what is moral is, the exclusive subordination of it to the social sympathies, so as to wait on and obey their call. For the natural feeling tends to make us resent indiscriminately whatever any one does that is disagreeable to us; but when moralized by the social feeling, it only acts in the directions conformable to the general good; just persons resenting a hurt to society, though not otherwise a hurt to themselves, and not resenting a hurt to themselves, however painful, unless it be of the kind which society has a common interest with them in the repression of.

5.22 It is no objection against this doctrine to say, that when we feel our sentiment of justice outraged, we are not thinking of society at large, or of any collective interest, but only of the individual case. It is common enough certainly, though the reverse of commendable, to feel resentment merely because we have suffered pain; but a person whose resentment is really a moral feeling, that is, who considers whether an act is blameable before he allows himself to resent it—such a person, though he may not say expressly to himself that he is standing up for the interest of society, certainly does feel that he is asserting a rule which is for the benefit of others as well as for his own. If he is not feeling this—if he is regarding the act solely as it affects him individually—he is not consciously just; he is not concerning himself about the justice of his actions. This is admitted even by anti-utilitarian moralists. When Kant (as before remarked) propounds as the fundamental principle of morals, 'So act, that thy rule of conduct might be adopted as a law by all rational beings,' he virtually acknowledges that the interest of mankind collectively, or at least of mankind indiscriminately, must be in the mind of the agent when conscientiously deciding on the morality of the act. Otherwise he uses words without a meaning: for, that a rule even of utter selfishness could not *possibly* be adopted by all rational beings—that there is any insuperable obstacle in the nature of things to its adoption—cannot be even plausibly maintained. To give any meaning to Kant's principle, the sense put upon it must be, that we ought to shape our conduct by a rule which all rational beings might adopt *with benefit to their collective interest.*

5.23 To recapitulate: the idea of justice supposes two things; a rule of conduct, and a sentiment which sanctions the rule. The first must be supposed common to all mankind, and intended for their good. The other (the sentiment) is a desire that punishment may be suffered by those who infringe the rule. There is involved, in addition, the conception of some definite person who suffers by the infringement; whose rights (to use the expression appropriated to the case) are violated by it. And the sentiment of justice appears to me to be, the animal desire to repel or retaliate a hurt or damage to oneself, or to those with whom one sympathizes, widened so as to include all persons, by the human capacity of enlarged sympathy, and the human conception of intelligent self-interest. From the latter elements, the feeling derives its morality; from the former, its peculiar impressiveness, and energy of self-assertion.

5.24 I have, throughout, treated the idea of a *right* residing in the injured person, and violated by the injury, not as a separate element in the composition of the idea and sentiment, but as one of the forms in which the other two elements clothe themselves. These elements are, a hurt to some assignable person or persons on the one hand, and a demand for punishment on the other. An examination of our own minds, I think, will show, that these two things include all that we mean when we speak of violation of a right. When we call anything a person's right, we mean that he has a valid claim on society to protect him in the possession of it, either by the force of law, or by that of education and opinion. If he has what we consider a sufficient claim, on whatever account, to have something guaranteed to him by society, we say that he has a right to it. If we desire to prove that anything does not belong to him by right, we think this done as soon as it is admitted that society ought not to take measures for securing it to him, but should leave it to chance, or to his own exertions. Thus, a person is said to have a right to what he can earn in fair professional competition; because society ought not to allow any other person to hinder him from endeavouring to earn in that manner as much as he can. But he has not a right to three hundred a-year, though he may happen to be earning it; because society is not called on to provide that he shall earn that sum. On the contrary, if he owns ten thousand pounds three per cent. stock, he *has* a right to three hundred a-year; because society has come under an obligation to provide him with an income of that amount.

5.25 To have a right, then, is, I conceive, to have something which society ought to defend me in the possession of. If the objector goes on to ask why it ought, I can give him no other reason than general utility. If that expression does not seem to convey a sufficient feeling of the strength of the obligation, nor to account for the peculiar energy of the feeling, it is because there goes to the composition of the sentiment, not a rational only but also an animal element, the thirst for retaliation; and this thirst derives its intensity, as well as its moral justification, from the extraordinarily important and impressive kind of utility which is concerned. The interest involved is that of security, to every one's feelings the most vital of all interests. Nearly all other earthly benefits are needed by one person, not needed by another; and many of them can, if necessary, be cheerfully foregone, or replaced by something else; but security no human being can possibly do without; on it we depend for all our immunity from evil, and for the whole value of all and every good, beyond the passing moment; since nothing but the gratification of the instant could be of any worth to us, if we could be deprived of everything the next instant by whoever was momentarily stronger than ourselves. Now this most indispensable of all necessaries, after physical nutriment, cannot be had, unless the machinery for providing it is kept unintermittedly in active play. Our notion, therefore, of the claim we have on our fellow creatures to join in making safe for us the very groundwork of our existence, gathers feelings round it so much more intense than those concerned in any of the more common cases of utility, that the difference in degree (as is often the case in psychology) becomes a real difference in kind. The claim assumes that character of absoluteness, that apparent infinity, and incommensurability with all other considerations, which constitute the distinction between the feeling of right and wrong and that of ordinary expediency and inexpediency. The feelings concerned are so powerful, and we count so positively on finding a responsive feeling in others (all being alike interested), that *ought* and *should* grow into *must*, and recognized indispensability becomes a moral necessity, analogous to physical, and often not inferior to it in binding force.

5.26 If the preceding analysis, or something resembling it, be not the correct account of the notion of justice; if justice be totally independent of utility, and be a standard *per se*, which the mind can recognize by simple introspection of itself; it is hard to understand why that internal oracle is so ambiguous, and why so many things appear either just or unjust, according to the light in which they are regarded.

5.27 We are continually informed that Utility is an uncertain standard, which every different person interprets differently, and that there is no safety but in the immutable, ineffaceable, and unmistakeable dictates of Justice, which carry their evidence in themselves, and are independent of the fluctuations of opinion. One would suppose from this that on questions of justice there could be no controversy; that if we take that for our rule, its application to any given case could leave us in as little doubt as a mathematical demonstration. So far is this from being the fact, that there is as much difference of opinion, and as fierce discussion, about what is just, as about what is useful to society. Not only have different nations and individuals different notions of justice, but, in the mind of one and the same individual, justice is not some one rule, principle, or maxim, but many, which do not always coincide in their dictates, and in choosing between which, he is guided either by some extraneous standard, or by his own personal predilections.

5.28 For instance, there are some who say, that it is unjust to punish any one for the sake of example to others; that punishment is just, only when intended for the good of the sufferer himself. Others maintain the extreme reverse, contending that to punish persons who have attained years of discretion, for their own benefit, is despotism and injustice, since if the matter at issue is solely their own good, no one has a right to control their own judgment of it; but that they may justly be punished to prevent evil to others, this being an exercise of the legitimate right of self-defence. Mr. Owen, again, affirms that it is unjust to punish at all; for the criminal did not make his own character; his education, and the circumstances which surround him, have made him a criminal, and for these he is not responsible. All these opinions are extremely plausible; and so long as the question is argued as one of justice simply, without going down to the principles which lie under justice and are the source of its authority, I am unable to see how any of these reasoners can be refuted. For, in truth, every one of the three builds upon rules of justice confessedly true. The first appeals to the acknowledged injustice of singling out an individual, and making him a sacrifice, without his consent, for other people's benefit. The second relies on the acknowledged justice of self-defence, and the admitted injustice of forcing one person to conform to another's notions of what constitutes his good. The Owenite invokes the admitted principle, that it is unjust to punish any one for what he cannot help. Each is triumphant so long as he is not compelled to take into consideration any other maxims of justice than the one he has selected; but as soon as their several maxims are brought face to face, each disputant seems to have exactly as much to say for himself as the others. No one of them can carry out his own notion of justice without trampling upon another equally binding. These are difficulties; they have always been felt to be such; and many devices have been invented to turn rather than to overcome them. As a refuge from the last of the three, men imagined what they called the freedom of the will; fancying that they could not justify punishing a man whose will is in a thoroughly hateful state, unless it be supposed to have come into that state through no influence of anterior circumstances. To escape from the other difficulties, a favourite contrivance has been the fiction of a contract, whereby at some unknown period all the members of society engaged to obey the laws, and consented to be punished for any disobedience to them; thereby giving to their legislators the right, which it is assumed they would not otherwise have had, of punishing them, either for their own good or for that of society. This happy thought was considered to get rid of the whole difficulty, and to legitimate the infliction of punishment, in virtue of another received maxim of justice, *volenti non fit injuria*; that is not unjust which is done with the consent of the person who is supposed to be hurt by it. I need hardly remark, that even if the consent were not a mere fiction, this maxim is not superior in authority to the others which it is rought in to supersede. It is, on the contrary, an instructive specimen of the loose and irregular manner in which supposed principles of justice grow up. This particular one evidently came into use as a help to the coarse exigencies of courts of law, which are sometimes obliged to be content with very uncertain presumptions, on account of the greater evils which would often arise from any attempt on their part to cut finer. But even courts of law are not able to adhere consistently to the maxim, for they allow voluntary engagements to be set aside on the ground of fraud, and sometimes on that of mere mistake or misinformation.

5.29 Again, when the legitimacy of inflicting punishment is admitted, how many conflicting conceptions of justice come to light in discussing the proper apportionment of punishment to offences. No rule on this subject recommends itself so strongly to the primitive and spon-taneous sentiment of justice, as the *lex talionis*, an eye for an eye and a tooth for a tooth. Though this principle of the Jewish and of the Mahomedan law has been generally abandoned in Europe as a practical maxim, there is, I suspect, in most minds, a secret hankering after it; and when retribution accidentally falls on an offender in that precise shape, the general feeling of satisfaction evinced, bears witness how natural is the sentiment to which this repayment in kind is acceptable. With many the test of justice in penal infliction is that the punishment should be proportioned to the offence; meaning that it should be exactly measured by the moral guilt of the culprit (whatever be their standard for measuring moral guilt): the consideration, what amount of punishment is necessary to deter from the offence, having nothing to do with the question of justice, in their estimation: while there are others to whom that consideration is all in all: who maintain that it is not just, at least for man, to inflict on a fellow creature, whatever may be his offences, any amount of suffering beyond the least that will suffice to prevent him from repeating, and others from imitating, his misconduct.

5.30 To take another example from a subject already once referred to. In a co-operative industrial association, is it just or not that talent or skill should give a title to superior remuneration? On the negative side of the question it is argued, that whoever does the best he can, deserves equally well, and ought not in justice to be put in a position of inferiority for no fault of his own: that superior abilities have already advantages more than enough, in the admiration they excite, the personal influence they command, and the internal sources of satisfaction attending them, without adding to these a superior share of the world's goods: and that society is bound in justice rather to make compensation to the less favoured, for this unmerited inequality of advantages, than to aggravate it. On the contrary side it is contended, that society receives more from the more efficient labourer: that his services being more useful, society owes him a larger return for them: that a greater share of the joint result is actually his work, and not to allow his claim to it is a kind of robbery: that if he is only to receive as much as others, he can only be justly required to produce as much, and to give a smaller amount of time and exertion, proportioned to his superior efficiency. Who shall decide between these appeals to conflicting principles of justice? Justice has in this case two sides to it, which it is impossible to bring into harmony, and the two disputants have chosen opposite sides; the one looks to what it is just that the individual should receive, the other to what it is just that the community should give. Each, from his own point of view, is unanswerable; and any choice between them, on grounds of justice, must be perfectly arbitrary. Social utility alone can decide the preference.

5.31 How many, again, and how irreconcileable, are the standards of justice to which reference is made in discussing the repartition of taxation. One opinion is, that payment to the State should be in numerical proportion to pecuniary means. Others think that justice dictates what they term graduated taxation; taking a higher percentage from those who have more to spare. In point of natural justice a strong case might be made for disregarding means altogether, and taking the same absolute sum (whenever it could be got) from every one: as the subscribers to a mess, or to a club, all pay the same sum for the same privileges, whether they can all equally afford it or not. Since the protection (it might be said) of law and government is afforded to, and is equally required by, all, there is no injustice in making all buy it at the same price. It is reckoned justice, not injustice, that a dealer should charge to all customers the same price for the same article, not a price varying according to their means of payment. This doctrine, as applied to taxation, finds no advocates, because it conflicts strongly with men's feelings of humanity and perceptions of social expediency; but the principle of justice which it invokes is as true and as binding as those which can be appealed to against it. Accordingly, it exerts a tacit influence on the line of defence employed for other modes of assessing taxation. People feel obliged to argue that the State does more for the rich than for the poor, as a justification for its taking more from them: though this is in reality not true, for the rich would be far better able to protect themselves, in the absence of law or government, than the poor, and indeed would probably be successful in converting the poor into their slaves. Others, again, so far defer to the same conception of justice, as to maintain that all should pay an equal capitation tax for the protection of their persons (these being of equal value to all), and an unequal tax for the protection of their property, which is unequal. To this others reply, that the all of one man is as valuable to him as the all of another. From these confusions there is no other mode of extrication than the utilitarian.

5.32 Is, then, the difference between the Just and the Expedient a merely imaginary distinction? Have mankind been under a delusion in thinking that justice is a more sacred thing than policy, and that the latter ought only to be listened to after the former has been satisfied? By no means. The exposition we have given of the nature and origin of the sentiment, recognises a real distinction; and no one of those who profess the most sublime contempt for the consequences of actions as an element in their morality, attaches more importance to the distinction than I do. While I dispute the pretensions of any theory which sets up an imaginary standard of justice not grounded on utility, I account the justice which is grounded on utility to be the chief part, and incomparably the most sacred and binding part, of all morality. Justice is a name for certain classes of moral rules, which concern the essentials of human well-being more nearly, and are therefore of more absolute obligation, than any other rules for the guidance of life; and the notion which we have found to be of the essence of the idea of justice, that of a right residing in an individual, implies and testifies to this more binding obligation.

5.33 The moral rules which forbid mankind to hurt one another (in which we must never forget to include wrongful interference with each other's freedom) are more vital to human well-being than any maxims, however important, which only point out the best mode of managing some department of human affairs. They have also the peculiarity, that they are the main element in determining the whole of the social feelings of mankind. It is their observance which alone preserves peace among human beings: if obedience to them were not the rule, and disobedience the exception, every one would see in every one else a probable enemy, against whom he must be perpetually guarding himself. What is hardly less important, these are the precepts which mankind have the strongest and the most direct inducements for impressing upon one another. By merely giving to each other prudential instruction or exhortation, they may gain, or think they gain, nothing: in inculcating on each other the duty of positive beneficence they have an unmistakeable interest, but far less in degree: a person may possibly not need the benefits of others; but he always needs that they should not do him hurt. Thus the moralities which protect every individual from being harmed by others, either directly or by being hindered in his freedom of pursuing his own good, are at once those which he himself has most at heart, and those which he has the strongest interest in publishing and enforcing by word and deed. It is by a person's observance of these, that his fitness to exist as one of the fellowship of human beings, is tested and decided; for on that depends his being a nuisance or not to those with whom he is in contact. Now it is these moralities primarily, which compose the obligations of justice. The most marked cases of injustice, and those which give the tone to the feeling of repugnance which characterizes the sentiment, are acts of wrongful aggression, or wrongful exercise of power over some one; the next are those which consist in wrongfully withholding from him something which is his due; in both cases, inflicting on him a positive hurt, either in the form of direct suffering, or of the privation of some good which he had reasonable ground, either of a physical or of a social kind, for counting upon.

5.34 The same powerful motives which command the observance of these primary moralities, enjoin the punishment of those who violate them; and as the impulses of self-defence, of defence of others, and of vengeance, are all called forth against such persons, retribution, or evil for evil, becomes closely connected with the sentiment of justice, and is universally included in the idea. Good for good is also one of the dictates of justice; and this, though its social utility is evident, and though it carries with it a natural human feeling, has not at first sight that obvious connexion with hurt or injury, which, existing in the most elementary cases of just and unjust, is the source of the characteristic intensity of the sentiment. But the connexion, though less obvious, is not less real. He who accepts benefits, and denies a return of them when needed, inflicts a real hurt, by disappointing one of the most natural and reasonable of expectations, and one which he must at least tacitly have encouraged, otherwise the benefits would seldom have been conferred. The important rank, among human evils and wrongs, of the disappointment of expectation, is shown in the fact that it constitutes the principal criminality of two such highly immoral acts as a breach of friendship and a breach of promise. Few hurts which human beings can sustain are greater, and none wound more, than when that on which they habitually and with full assurance relied, fails them in the hour of need; and few wrongs are greater than this mere withholding of good; none excite more resentment, either in the person suffering, or in a sympathizing spectator. The principle, therefore, of giving to each what they deserve, that is, good for good as well as evil for evil, is not only included within the idea of Justice as we have defined it, but is a proper object of that intensity of sentiment, which places the Just, in human estimation, above the simply Expedient.

5.35 Most of the maxims of justice current in the world, and commonly appealed to in its transactions, are simply instrumental to carrying into effect the principles of justice which we have now spoken of. That a person is only responsible for what he has done voluntarily, or could voluntarily have avoided; that it is unjust to condemn any person unheard; that the punishment ought to be proportioned to the offence, and the like, are maxims intended to prevent the just principle of evil for evil from being perverted to the infliction of evil without that justification. The greater part of these common maxims have come into use from the practice of courts of justice, which have been naturally led to a more complete recognition and elaboration than was likely to suggest itself to others, of the rules necessary to enable them to fulfil their double function, of inflicting punishment when due, and of awarding to each person his right.

5.36 That first of judicial virtues, impartiality, is an obligation of justice, partly for the reason last mentioned; as being a necessary condition of the fulfilment of the other obligations of justice. But this is not the only source of the exalted rank, among human obligations, of those maxims of equality and impartiality, which, both in popular estimation and in that of the most enlightened, are included among the precepts of justice. In one point of view, they may be considered as corollaries from the principles already laid down. If it is a duty to do to each according to his deserts, returning good for good as well as repressing evil by evil, it necessarily follows that we should treat all equally well (when no higher duty forbids) who have deserved equally well of us, and that society should treat all equally well who have deserved equally well of it, that is, who have deserved equally well absolutely. This is the highest abstract standard of social and distributive justice; towards which all institutions, and the efforts of all virtuous citizens, should be made in the utmost possible degree to converge. But this great moral duty rests upon a still deeper foundation, being a direct emanation from the first principle of morals, and not a mere logical corollary from secondary or derivative doctrines. It is involved in the very meaning of Utility, or the Greatest-Happiness Principle. That principle is a mere form of words without rational signification, unless one person's happiness, supposed equal in degree (with the proper allowance made for kind), is counted for exactly as much as another's. Those conditions being supplied, Bentham's dictum, 'everybody to count for one, nobody for more than one,' might be written under the principle of utility as an explanatory commentary.[4] The equal claim of everybody to happiness

---

4. This implication, in the first principle of the utilitarian scheme, of perfect impartiality between persons, is regarded by Mr. Herbert Spencer (in his *Social Statics*) as a disproof of the pretentions of utility to be a sufficient guide to right; since (he says) the principle of utility presupposes the anterior principle, that everybody has an equal right to happiness. It may be more correctly described as supposing that equal amounts of happiness are equally desirable, whether felt by the same or by different persons. This, however, is not a pre-supposition; not a premise needful to support the principle of utility, but the very principle itself; for what is the principle of utility, if it be not that 'happiness' and 'desirable' are synonymous terms? If there is any anterior principle implied, it can be no other than this, that the

in the estimation of the moralist and the legislator, involves an equal claim to all the means of happiness, except in so far as the inevitable conditions of human life, and the general interest, in which that of every individual is included, set limits to the maxim; and those limits ought to be strictly construed. As every other maxim of justice, so this, is by no means applied or held applicable universally; on the contrary, as I have already remarked, it bends to

---

truths of arithmetic are applicable to the valuation of happiness, as of all other measurable quantities.

[Mr. Herbert Spencer, in a private communication on the subject of the preceding Note, objects to being considered an opponent of Utilitarianism; and states that he regards happiness as the ultimate end of morality; but deems that end only partially attainable by empirical generalizations from the observed results of conduct, and completely attainable only by deducing, from the laws of life and the conditions of existence, what kinds of action necessarily tend to produce happiness, and what kinds to produce unhappiness. With the exception of the word "necessarily," I have no dissent to express from this doctrine; and (omitting that word) I am not aware that any modern advocate of utilitarianism is of a different opinion. Bentham, certainly, to whom in the *Social Statics* Mr. Spencer particularly referred, is, least of all writers, chargeable with unwillingness to deduce the effect of actions on happiness from the laws of human nature and the universal conditions of human life. The common charge against him is of relying too exclusively upon such deductions, and declining altogether to be bound by the generalizations from specific experience which Mr. Spencer thinks that utilitarians generally confine themselves to. My own opinion (and, as I collect, Mr. Spencer' s) is, that in ethics, as in all other branches of scientific study, the consilience of the results of both these processes, each corroborating and verifying the other, is requisite to give to any general proposition the kind and degree of evidence which constitutes scientific proof.]

every person's ideas of social expediency. But in whatever case it is deemed applicable at all, it is held to be the dictate of justice. All persons are deemed to have a *right* to equality of treatment, except when some recognised social expediency requires the reverse. And hence all social inequalities which have ceased to be considered expedient, assume the character not of simple inexpediency, but of injustice, and appear so tyrannical, that people are apt to wonder how they ever could have been tolerated; forgetful that they themselves perhaps tolerate other inequalities under an equally mistaken notion of expediency, the correction of which would make that which they approve seem quite as monstrous as what they have at last learnt to condemn. The entire history of social improvement has been a series of transitions, by which one custom or institution after another, from being a supposed primary necessity of social existence, has passed into the rank of an universally stigmatized injustice and tyranny. So it has been with the distinctions of slaves and freemen, nobles and serfs, patricians and plebeians; and so it will be, and in part already is, with the aristocracies of colour, race, and sex.

5.37 It appears from what has been said, that justice is a name for certain moral requirements, which, regarded collectively, stand higher in the scale of social utility, and are therefore of more paramount obligation, than any others; though particular cases may occur in which some other social duty is so important, as to overrule any one of the general maxims of justice. Thus, to save a life, it may not only be allowable, but a duty, to steal, or take by force, the necessary food or medicine, or to kidnap, and compel to officiate, the only qualified medical practitioner. In such cases, as we do not call anything justice which is not a virtue, we usually say, not that justice must give way to some other moral principle, but that what is just in ordinary cases is, by reason of that other principle, not just in the particular case. By this useful accommodation of language, the character of indefeasibility attributed to justice is kept up, and we are saved from the necessity of maintaining that there can be laudable injustice.

5.38 The considerations which have now been adduced resolve, I conceive, the only real difficulty in the utilitarian theory of morals. It has always been evident that all cases of justice are also cases of expediency: the difference is in the peculiar sentiment which attaches to the former, as contradistinguished from the latter. If this characteristic sentiment has been sufficiently accounted for; if there is no necessity to assume for it any peculiarity of origin; if it is simply the natural feeling of resentment, moralized by being made coextensive with the demands of social good; and if this feeling not only does but ought to exist in all the classes of cases to which the idea of justice corresponds; that idea no longer presents itself as a stumbling-block to the utilitarian ethics. Justice remains the appropriate name for certain social utilities which are vastly more important, and therefore more absolute and imperative, than any others are as a class (though not more so than others may be in particular cases); and which, therefore, ought to be, as well as naturally are, guarded by a sentiment not only different in degree, but also in kind; distinguished from the milder feeling which attaches to the mere idea of promoting human pleasure or convenience, at once by the more definite nature of its commands, and by the sterner character of its sanctions.

THE END.

찾아보기